Das große Buch
der feinen
Spirituosen

Ulrich Höschen

Das große Buch der feinen Spirituosen

Ein Führer durch die wichtigsten Erzeugerländer in Europa und Übersee

NAUMANN & GÖBEL

Das große Buch der feinen Spirituosen

© Naumann & Göbel Verlagsgesellschaft mbH in der
VEMAG Verlags- und Medien Aktiengesellschaft, Köln
Autor: Ulrich Höschen, Essen
Gesamtherstellung: Naumann & Göbel Verlagsgesellschaft, Köln
ISBN 3-625-10848-8

Faszinierende Vielfalt

In vielen Ländern werden unglaubliche Mengen minderwertiger Schnäpse produziert, beispielsweise gibt es in Moskau eine Fabrik mit dem Namen »Nol«. Hier verlassen täglich über eine Million Flaschen sogenannten Wodkas die Produktionshallen. Erzeugnisse dieser Art, die es natürlich auch in anderen Ländern gibt, haben den schlechten Ruf des Alkohols als »Volksdroge« begründet. Auf der anderen Seite aber hat gerade die Destillationstechnik auf die Entwicklung der verschiedenen Kulturkreise einen bedeutenden Einfluß genommen. Leider ist gerade dieser Faktor im Zuge der Internationalisierung in den letzten Jahrzehnten arg verzerrt worden. Weißer Rum wird heute in großem Maße in Österreich produziert. In Südafrika stellt man Pernod her und Schottischer Whisky wird in Japan gebrannt. Dies muß wahrscheinlich so akzeptiert werden, denn es trägt in nicht unerheblichem Maße auch zur Lebensqualität bei. Besonders deshalb erscheint es wichtig, einmal die Entstehungsgeschichte bekannter und auch weniger verbreiteter Spirituosen in den jeweiligen Ursprungsländern darzustellen. Wer will leugnen, daß spanischer Brandy die Sonne Andalusiens verkörpert und eisgekühlter Aquavit viel von der Lebensart unserer skandinavischen Nachbarn vermittelt. Gleiches gilt für den Kokoslikör aus Brasilien oder den französischen Pastis. In diesem Sinne will dieses Buch kein lückenlos gefülltes Spirituosenlexikon sein, sondern ein unterhaltsamer und informativer Begleiter durch die bunte Welt der »geistigen« Genüsse. Ähnlich wie bei kulinarischen oder vinologischen Erlebnisreisen sollte man auch hier einmal seiner eigenen Lieblingsspirituose untreu werden und den Gaumen mit neuen Eindrücken konfrontieren.

Ulrich Höschen

Inhalt

Aus der Kulturgeschichte der Spirituosen

Deutschland

Korn – *Bekömmliche Vielfalt* — 1
Weinbrand – *Tradition wird ernst genommen* — 1
Kräuterlikör – *Zwischen Elixier und Genuß* — 2
Wasser und Geist – *Unglaubliche Vielfalt der Aromen* — 2
Spezialitäten – *Vielseitig wie die Landschaft* — 3

Frankreich

Cognac – *Königlicher Weinbrand* — 3
Armagnac – *Im Schatten der Charente* — 4
Calvados – *Feiner Geist aus herben Äpfeln* — 5
Marc – *Das zweite Leben der Traube* — 5
Pastis – *Legitimer Erbe des Absinth* — 5
Vermouth und Quinquina – *Heilsame Appetitanreger* — 6
Klosterlikör – *Elixier und Genuß* — 6
Spezialitäten – *Brände, Liköre und Aperitifs für jeden Geschmack* — 6

Italien

Grappa – *Geadelter Geselle vom Lande* — 7
Bitter – *Bekömmliche Vielfalt* — 7
Vermouth di Torino – *Nicht nur trocken sehr beliebt* — 8
Spezialitäten – *Hochprozentiges für jede Gelegenheit* — 8

Spanien und Portugal

Brandy – *Andalusisches Feuer im Glas* — 9
Sherry – *Die Visitenkarte des spanischen Südens* — 9
Portwein – *Ein typisch britischer Portugiese* — 9
Spezialitäten – *Die Heimat köstlicher Liköre* — 10

Britische Inseln

Schottischer Whisky – *So eigenwillig wie das Land* — 10
Irischer Whiskey – *Der bescheidene Ahnherr* — 11
London Dry Gin – *Wacholder in Nadelstreifen* — 11
Spezialitäten – *Exotic-Drink und Honig-Likör* — 12

Inhalt

Skandinavien
Aquavit – *Lebenswasser des Nordens* — 126
Spezialitäten – *Nicht nur Klare, sondern auch Liköre* — 130

Belgien und Niederlande
Genever – *Unfreiwilliger Urahn des Gin* — 134
Liköre – *Mit Lucas Bols fing alles an* — 136
Spezialitäten – *Offen für neue Einflüsse* — 140

Österreich und Ungarn
Likör und Brand aus Aprikosen – *Der Duft aromatischer Früchte* — 144
Spezialitäten – *Von Kaffeehäusern und Almhütten* — 146

Balkanländer
Ouzo – *Sinnbild der griechischen Gastlichkeit* — 150
Spezialitäten – *Nektar der Götter* — 152

Osteuropa
Wodka – *Nicht nur die Seele Rußlands* — 156
Spezialitäten – *Traditionen werden wieder wach* — 160

USA und Kanada
Bourbon & Co. – *Charaktertyp durch Mais* — 164
Kanadischer Whisky – *In Europa oft unterschätzt* — 168
Spezialitäten – *Schmelztiegel vieler Kulturen* — 170

Karibik, Süd- und Mittelamerika
Rum – *Botschafter karibischer Träume* — 174
Tequila – *Kultgetränk der 90er Jahre* — 178
Spezialitäten – *Cachaça, Pisco und Liköre* — 180

Übersee
Asien – *Arrak, Liköre – aber auch Whisky* — 184
Afrika – *Europäische Tradition mit exotischem Flair* — 186
Australien – *Boten aus einer unbekannten, fernen Welt* — 188

Destillation – *Die Kunst der Alkoholherstellung* — 190
Gläser – *Vom Luxusgegenstand zum Gebrauchsgut* — 194
Kleines Spirituosenlexikon — 198
Register — 204

KULTURGESCHICHTE

Kulturgeschichte der Spirituosen

Gratwanderung zwischen Laster und Genuß

Seitdem die Menschheit ihre eigene Geschichte in Dokumenten festhält, kennt man auch Berichte über das Wohl und Übel des Alkohols. Zuerst war es natürlich der berauschende Wein, welcher über Jahrtausende die Aura des Magischen nie verloren hat. Der menschliche Forschungsdrang jedoch gab sich mit dem Vorhandenen nicht zufrieden, eine Entwicklung, die übrigens bis zum heutigen Tage unverändert anhält.

MEILENSTEINE

ca. 800 v. Chr.
In Ägypten wird die Technik der Destillation zur Herstellung von Schminke angewendet. In Indien kennt man bereits den Arrak.

356 n. Chr.
In Wales werden erste Methoden zur Destillation von Alkohol ausprobiert.

432
Der Heilige St. Patrick aus Schottland wird als Missionar nach Irland geschickt. Dort lernt er die Herstellung des »Lebenswassers« kennen.

8. Jahrhundert
Die Sarazenen breiten ihr Weltreich aus »Glaube und Schwert« bis in das Abendland aus. Auf diesem Wege gelangten auch die Kenntnisse der Destillation nach Spanien.

1170
Anglo-normannische Truppen lernen in Irland das hochprozentige »Lebenswasser« kennen.

1235-1313
In Montpellier lebt der Mediziner Arnaud de Villeneuve. Von ihm weiß man, daß er als erster Arzt die Medizin »Aqua Vitae« verschrieben hat.

1441
Eine Urkunde aus Auch verzeichnete, daß der gebrannte Geist Schmerzen lindert, das Gedächtnis frisch macht, den Menschen jung erhält und Freude und Wohlbefinden mit sich bringt.

Auch damals schon fürchtete man die Gefahren und Auswirkungen, die der Genuß alkoholischer Getränke für die Bevölkerung darstellte. Plinius der Ältere, der anno 79 nach Christus beim Ausbruch des Vesuvs ums Leben kam, hat uns das folgende Zitat hinterlassen: »Wenn man sieht, wieviel Mühe und Geld manche von uns aufwenden, um Wein zu beschaffen, hat man fast das Gefühl, es gäbe für diese Menschen kein anderes Lebensziel und kein anderes Lebensglück. Und doch führt der Wein nur dazu, unsere Vernunft zu umnebeln. Er fördert unsere schlechte Laune und bringt uns in Zorn. Ja, tausend Laster werden durch ihn erzeugt und viele böse Taten.«

DAS GEHEIMNIS DES WEINS

Wenngleich diese Erkenntnis nach wie vor aktuell ist, so ahnte Plinius natürlich noch nicht, welches Geheimnis der Wein den stets experimentierenden Menschen viele Jahrhunderte später offenbaren würde. Man entdeckte das Verfahren der Destillation. Auch heute noch vermitteln streng gehütete Re

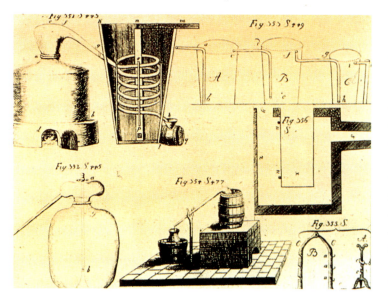

In Deutschland werden die Anfänge der Kornbrennerei in 15. Jahrhundert vermutet. Vor allem die Flamen, die 1567 vor dem spanischen Herzog Alba nach Brandenburg flüchteten, waren geschickte Destillateure. Frühe Aufzeichnungen zeugen von dem Interesse, die Methoden der Alkoholdestillation zu optimieren.

SPIRITUOSEN

Stets hat die Destillation von Alkohol die Menschen fasziniert. Viele Zeugnisse der damaligen Zeit dokumentieren diesen Vorgang in oft liebevoller Form. Besonders hübsch sind Holzreliefs, wie man sie vor allem in Skandinavien findet.
Dieses handgeschnitzte und bunt bemalte Schild zierte einmal das Tor einer Brennerei in Aalborg.

...epturen, aber auch der eigentliche Brennvorgang, eine besondere Faszination. Der Umgang mit den hochprozentigen Elixieren fordert ebenfalls Respekt.

DIE VEREINIGUNG VON FEUER UND WASSER

Nur ein schmaler Grat trennt den Genuß von der Übelkeit. Alkohol kann einerseits stimulierend und heilend wirken, auf der anderen Seite aber auch Gesundheit und Existenz zerstören.
Vielleicht ist es ja gerade dieser Widerspruch, sozusagen eine Vereinigung von Feuer und Wasser, der dem Alkohol in allen Kulturkreisen eine stets besondere Beachtung einbrachte – gegebenenfalls auch durch rigorose Verbote. Die Suche nach den »Erfindern« hochprozentiger Brände gestaltet sich ebenfalls geheimnisvoll. Vor allem ist es nach wie vor umstritten, wie der Alkohol aus dem Orient, wo zweifellos eine seiner Wiegen stand, den Weg in abendländische Gefilde gefunden hat. Vieles spricht für die weit verbreitete Theorie, daß ägyptische Mönche bereits sehr früh unter anderem die Fertigkeiten der Destillationstechnik nach Irland brachten. Von hier aus wurde die inzwischen weiter entwickelte Kunst der Alkoholbereitung – abermals durch Mönche – im nördlichen Europa verbreitet.

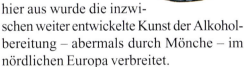

DER ARABISCHE EINFLUSS

Gleichzeitig geht man heute davon aus, daß die Destillationskunst durch die Araber in Südeuropa bekannt wurde. In diesem Zusammenhang ist erwähnenswert, daß man den Ursprung des Wortes »Alkohol« im Arabischen zu suchen hat, wobei es für die

Mit der wachsenden Beliebtheit des Alkohols wuchs auch die Zahl derer, die dem »Teufelszeug« den Kampf angesagt hatten.

1475
Schottische Steuerurkunden erwähnen zum ersten Male auch dort die Herstellung von »Aqua Vita«.

Ende des 15. Jahrhunderts
Ein Chronist im Norden Deutschlands berichtet erstmals von »aus Korn gebrannte Wyn«.

1493-1541
Theophrastus Bombastus von Hohenheim, bekannt geworden unter dem Pseudonym »Paracelsus«, gebrauchte in einer Schrift den Ausdruck »Alkohol«.

1620
Chevalier de la Croix Maron findet in einer dunklen Ecke seines weitläufigen Weinguts ein längst vergessenes Faß, gefüllt mit einem Weindestillat. Als er den Inhalt verkostet, macht er die Entdeckung, daß sich Branntwein nach langer Reife im Holzfaß geschmacklich erheblich verbessert.

1620
Die Pilgerväter erreichen Amerika und bringen Spirituosen nun auch in die Neue Welt.

1633
Die erste offizielle schriftliche Erwähnung des Wortes »Kornbranntwein« findet sich in einem Rezept des Alchemisten Angelus Sala.

1640
Auf Staten Island wird die erste Destillerie Nordamerikas gegründet.

Kulturgeschichte

1644
Der englische König Karl I. erhebt Steuern auf jedes im Lande verkaufte Pint Alkohol.

1663
Im holländischen Schiedam ist das größte Destillationszentrum der Welt entstanden. Es gibt dort über 400 Brennereien.

1791
Der amerikanische Präsident George Washington plant die Anhebung der Steuern auf Alkohol. Diese Ankündigung führt drei Jahre später zur sogenannten »Whiskey-Rebellion«

1831
Aeneas Coffey entwickelt den Patent-Brennapparat.

1850
Die Marquise d'Ivry bestimmt, daß der Weinbrand für die königliche Tafel aus dem Bas-Armagnac stammen müsse.

1853
Andrew Usher produziert erstmals Blended-Whisky.

1857
Ein Gesetz gestattet den Cognac-Händlern die Registrierung eigener Handelsmarken.

1870
Die Reblaus verwüstet die Weinbaugebiete Frankreichs und führt dadurch auch zu einer Umstrukturierung im Weinbrand-Geschäft.

1884
Die deutschen Kornbrenner schließen sich erstmals zu einer Berufsorganisation zusammen.

Deutung verschiedene Interpretationen gibt. Im Mittelalter hatten zunächst Mediziner und Apotheker die heilsame Wirkung der hochprozentigen Elixiere entdeckt.

Destillen hinter Klostermauern

Während dieser Zeit waren es vor allem die Klöster, in denen man sich auf das Brennen von Wein, Getreide und Obst verstand. Die Experimentierfreude findiger Mönche führte jedoch dazu, daß man die Destillationsmethoden immer weiter verfeinerte und somit neue, wohlschmeckende und berauschende Schnäpse und Liköre erzeugen konnte. Bereits im 15. Jahrhundert hatten sich viele Klöster mit oftmals nach streng gehüteten Rezepten hergestellten Spirituosen einen besonderen Ruf erworben.
Allerdings sollte die Erzeugung hochprozentiger Genüsse nicht länger nur den Mönchen vorbehalten sein. An vielen Orten entstanden Brennereien und vor allem in Holland blühten die neuen Produktionsstätten im großen Stil.
Die Hafenstadt Schiedam entwickelte sich schnell zum Zentrum der Spirituosenbrenner. Neue und fremde Produkte, besonders Früchte, Kräuter und Gewürze, die durch den regen Handel mit fernen Ländern

Alkohol als Volksgetränk – in nahezu allen Kulturkreisen gehören hochprozentige Getränke fast selbstverständlich zum gesellschaftlichen Leben.

ihren Weg hierher fanden, wurden zu verschiedensten Alkoholika verarbeitet. Nicht weniger als 400 Brennereien gab es Mitte des 17. Jahrhunderts im weltoffenen Schiedam. Die rege Branntweinindustrie macht den Schnaps in Europa bald zum »Volksgetränk«. Hiermit verbunden waren die seit Jahrhunderten hinlänglich bekannten, unliebsamen Folgen. So ist es nicht verwunderlich, daß sich überall Vereinigungen bildeten, die den Alkohol verteufelten. Die Herrschenden jedoch erkannten früh, daß selbst eine hohe Besteuerung den Durst des Volkes nicht einzuschränken vermochte und ließen ihre Untertanen zumeist gewähren, allerdings stets verbunden mit dem Blick auf das sich prall füllende Steuersäckl.

Die Prohibition

Wie gering der Einfluß des Staates letztendlich sein kann, zeigte die Zeit der Prohibition in den Vereinigten Staaten. Auch hier hatten sich nach 1900 aus den Western Saloons zahlreiche Bars entwickelt, welche der Verbreitung vor allem des Whiskey Vorschub leisteten. Die dieser Entwicklun

Nachdem neue Welten durch mutige Seefahrer entdeckt waren, dauerte es nicht mehr lange, bis ihnen die Kaufleute folgten und neue Waren in die Heimat brachten. So fanden nicht nur Sherry und Portwein, sondern auch exotische Früchte und Gewürze aus den Kolonien den Weg nach Europa. Sie bildeten die Grundlage für eine florierende Likörproduktion.

SPIRITUOSEN

vehement entgegenwirkenden Puritaner erreichten, daß Präsident Wilson zu Beginn des Jahres 1919 durch ein Verfassungsgesetz allen Amerikanern die Herstellung, den Verkauf, Handel und Transport sowie Ein- und Ausfuhr von Alkohol untersagte. Findige Tüftler wußten diese Verordnungen geschickt zu umgehen, indem sie eigenwillige Mixturen, oft versetzt mit für medizinische Zwecke lizenziertem Alkohol, produzierten.

Vor allem aber Schwarzbrenner und -händler hatten Hochkonjunktur. Ausländische Schiffe brachten die Spirituosen bis an die 12-Meilen-Grenze, wo sogenannte »Bootlegger« das Schmuggelgut, sinnigerweise »Moonshine« genannt, übernahmen und an Land schafften. In dunklen Kneipen, den berüchtigten »Speakeasies«, wurde die Ware verteilt und konsumiert. Im Jahre 1928 galt der Alkohol-Schwarzhandel mit über 800 000 Beschäftigten als größtes Gewerbe der USA. Trotz der immensen Preissteigerungen und der Beschaffungsprobleme wurde in der Geschichte des Landes niemals mehr getrunken als während der Prohibition.

Im Jahre 1933 warb Roosevelt für seine Präsidentschaft auf Plakaten mit der Aufhebung des Alkoholverbots – und wurde gewählt. Hiermit endete ein weiterer Versuch, dem Alkoholkonsum Einhalt zu gebieten, nicht zuletzt aufgrund politischer Interessen. Bis heute erfreuen sich hochprozentige Getränke hoher Beliebtheit, und nie zuvor gab es eine derart bunte Vielfalt unterschiedlicher Spirituosen.

Nachdem es im 19. Jahrhundert gelungen war, auch größere Mengen Alkohols in gleichbleibender und vor allem reiner Form herzustellen, entstanden zahlreiche Markenprodukte, deren Besonderheit in der zuverlässigen Qualität und dem wiedererkennbaren, typischen Geschmack bestand. Viele dieser Firmennamen haben sich im Laufe der Zeit ein bedeutendes Renommee erwerben können.

1896
Hugo Asbach verwendet in einer Preisliste zum ersten Mal den Begriff »Weinbrand«.

1905
In Frankreich wird die Regelung zum Schutz regionaler Bezeichnungen, das System der »Appellations d'Origine Contrôlleés«, zum Gesetz erhoben.

1906
Der Begriff »Whisky« wird durch den Stadtrat von Islington in Schottland amtlich definiert.

1920
Beginn der Prohibition in den Vereinigten Staaten von Amerika.

1922
Mit dem neuen Branntweinmonopolgesetz wird die gesamte deutsche Alkoholwirtschaft neu strukturiert.

1933
Präsident Roosevelt veranlaßt die Aufhebung der Prohibition in den USA.

12. Juli 1954
Die Bundesregierung hebt nach 18 Jahren das Kornbrennverbot auf.

1960
Bourbon-Whiskey wird in Europa als eigenständiger Whisky-Typ anerkannt.

1986
Gorbatschow erläßt in Rußland das »Abstinenzlergesetz« und verursacht dadurch chaotische Verhältnisse auf dem Wodkamarkt.

DEUTSCHLAND

Selten werden in einem Land die regionalen Spezialitäten derart verkannt wie in Deutschland. Ausgeprägte Traditionen bescheren dem Besucher kulinarische Leckerbissen und eine Vielzahl landestypischer Spirituosen. In den Weinbauregionen kennt man verschiedenste Brände, deren Seele die Traube ist. Entsprechend versteht man sich dort, wo ausreichend Obst angebaut wird, auf das Brennen hervorragender Geiste und Wässer. Im Norden schätzt man glasklare Getreidedestillate, allen voran der beliebte Korn. Die große Vielfalt sowie auch die hohe Qualität sind es wert, entsprechend gewürdigt zu werden. Weltbekannt sind die großen und anerkannten Markenspirituosen aus Deutschland.

DEUTSCHLAND

Korn

Bekömmliche Vielfalt

Zum Ende des 15. Jahrhunderts befand sich Europa im Umbruch. Christoph Columbus hatte gerade die Neue Welt entdeckt, und ein reger Handel verband die kulturellen Zentren. Alten Chroniken zufolge experimentierte man in einer norddeutschen Kleinstadt mit aus »Korn gebrannte Wyn«. Erstmals war es gelungen, den Alkohol nicht aus Wein, sondern aus Getreide zu gewinnen.

DEFINITION

Oft kommt es zu Mißverständnissen zwischen den Begriffen »Korn« und »Klarer«. Hier gilt die einfache Regel: Jeder Korn ist ein Klarer, aber nicht jeder Klare ist ein Korn. Nur wenn das Etikett die Worte »Korn« oder »Kornbrand« nennt, kann man sich der hohen Qualität des Inhalts sicher sein. Grundlage hierfür ist ein Paragraph aus dem Jahre 1909. Hierin ist die Bezeichnung »Korn« dem deutschen Sprachraum vorbehalten.
Das sogenannte »Reinheitsgebot« erfordert als Grundprodukt ausschließlich Roggen, Gerste, Weizen oder Buchweizen. Der Branntwein muß aus dem vollen und unbeschädigten Korn gebrannt werden. Es dürfen dem Destillat auch keine weiteren Geschmackszusätze oder anderer Alkohol beigemischt werden.

Natürlich schrieb man diesen Elixieren in erster Linie therapeutische Wirkungen zu, doch das in ausreichendem Maße zur Verfügung stehende Getreide machte die Herstellung des »Kornbranntweins« in großen Mengen möglich. Der Dreißigjährige Krieg bremste diese Entwicklung noch einmal, da man das Getreide zur Versorgung der geplagten Bevölkerung rationierte.

KORNBRANNTWEIN – EIN FRÜHES VOLKSGETRÄNK

Doch schon ab 1648, dem Jahr des Westfälischen Friedens, entwickelte sich der Klare vor allem im Norden allmählich zum Volksgetränk. So verwundert es nicht, daß schon bald die Obrigkeit ihren Einfluß auf die sich unkontrolliert ausbreitende Brennerzunft geltend machte.
Preußens Großer Kurfürst untersagte im Jahre 1653 das Brennen auf dem Lande zugunsten der Städte. Für die Bauern war dies ein harter Schlag, denn das Unterhalten einer Brennerei bedeutete für einen landwirtschaftlichen Betrieb einen doppelten Nutzen. Einerseits ließen sich Ernteüberschüsse bestens verwerten, auf der anderen Seite galt die Schlempe, also das Abfallprodukt der Brennerei, als hervorragendes Kraftfutter. Trotz vieler Mahnungen erlebte die Kornbrennerei am Ende des 17. Jahrhunderts eine wahre Blütezeit. Korn wurde nicht nur in alle deutschen Lande exportiert, sondern auch in das angrenzende Ausland.

Heute wird Korn in modernen Destillationsapparaten erzeugt. Das Brennergebnis ist von höchster Reinheit.

KORN

Erst im 18. Jahrhundert führten einige Fehlernten abermals zu Brennverboten durch die Landesfürsten. Im Jahre 1825 jedoch wurde endlich auch den Landwirten wieder das Brennen gestattet. Als Folge breiteten sich kleine Brennereien auf dem Lande sehr schnell aus. Der Korn war fortan in aller Munde und erfreute sich steter Beliebtheit.

VORTEIL FÜR DIE KARTOFFEL

Doch schon bald sollte wieder ein staatlicher Eingriff für Veränderung sorgen. Die preußische Steuer-Gesetzgebung räumte der Kartoffel gegenüber dem Korn als Grundprodukt für die Destillation einen großen Vorteil ein. Vor allem im Osten richteten sich viele Brennereien auf diese neuen Umstände ein und gaben der Kartoffel den Vorzug. Im Westen überlebte die Kornbrennerei, wobei vor allem in Westfalen ein erneuter Auftrieb zu verzeichnen war. Während dieser Zeit wollten vor allem die Berg- und Hüttenleute des Ruhrgebiets auf den Korn nicht verzichten.

Bereits im Jahre 1909 wurde im Rahmen der Aktualisierung des »Reichsbranntweinsteuergesetzes« das erste Reinheitsgebot bestimmt: »Unter der Bezeichnung Kornbranntwein darf nur ein Branntwein feilgehalten werden, der ausschließlich aus Roggen, Weizen, Buchweizen, Hafer oder Gerste hergestellt ist«. Wenngleich sich seit 1884 die Kornbrenner zu einem Verband zusammengeschlossen hatten, erlebten aufgrund der hohen steuerlichen Belastungen auch unzählige Schwarzbrenner »Goldene Zeiten«. Dunkle Wolken zogen im Jahre 1936 auf, als das Brennen von Brotgetreide wieder einmal verboten wurde, um dieses als Nationalreserve zu bunkern. Es dauerte 18 Jahre, bis die Bundesregierung am 12. Juli 1954 das Kornbrennverbot aufhob. Bald schon durfte sich der Korn wieder mit einer Vielzahl deutscher und internationaler Spirituosen messen. Doch dieser Wettbewerb ist dem klaren und reinen Klassiker bestens bekommen. Heute stellt der Korn ein Viertel der deutschen Spirituosenproduktion und ist

QUALITÄTEN

Nach einer EG-Verordnung von 1989 muß ein »Korn« mindestens 32 % Alkohol enthalten. Ein »Kornbrand«, auch als »Doppel- oder Edelkorn« bezeichnet, hat einen Alkoholanteil von mindestens 38 %. Edelkorn wird meistens zum Reifen gelagert.

KORN – IM NORDEN ZUHAUSE

Der Nordosten Deutschlands ist die traditionelle Heimat des Korns. Die meisten Brennereien befinden sich in Schleswig-Holstein und in Westfalen. Aber auch außerhalb dieser Region, beispielsweise in Düsseldorf oder am Niederrhein, findet man einige Hersteller dieser klaren Getreidespezialität.

DEUTSCHLAND

MARKEN

Strothmann
Aus dem Hause Bols-Strothmann in Minden gibt es neben dem Weizenkorn auch noch den »Kornett«, einen edlen Kornbrand aus Weizen und Gerste.

Auerhahn
Feiner Weizenbrand aus dem Hause Doornkaat.

Both
Neben dem Weizenkorn gibt es auch den Doppelkorn Both »Silber«.

Burekorn
Diese Spezialität aus dem Hause Jückemöller wird in Tonkrügen abgefüllt.

Corvit
Produkt aus dem Hause Doornkaat. Spezialität ist der »Classic«, ein feiner alter Weizenbrand.

Fürst Bismarck
Traditionsreicher Kornbrand aus Friedrichsruh im Sachsenwald.

Hasse
Der »Meisterkorn« aus der westfälischen Landbrennerei wird nach überlieferten Rezepten hergestellt.

Nissen
Weizenkorn aus dem Hause Dethleffsen.

so beliebt wie eh und je. Am Rande erwähnenswert ist die Tatsache, daß laut einer EG-Verordnung aus dem Jahre 1990 der Korn auch nur dort so genannt werden darf, wo Deutsch Amtssprache ist.

Wenngleich jede der heute rund 600 Kornbrennereien im Lande besondere Geheimnisse hegt und pflegt, so sind doch die Herstellungsmethoden sehr ähnlich.

WASSER UND GETREIDE

Stets bilden Getreide und Wasser die Grundlage. Hierbei gilt auch, daß nur das volle Korn, keinesfalls Mehl oder verunreinigtes Getreide, verwendet werden darf. Auch fremde Geschmackszusätze dürfen nicht zur Verarbeitung gelangen. Werden andere alkoholische Substanzen zugesetzt, ist die Be-

In dieser rustikalen Flasche befindet sich ein feiner Kornbrand. Der »Burekorn«, also der Bauernkorn, wird nach einem alten Verfahren doppelt gebrannt und in Eichenholz gelagert. Die Flaschen mit Salzglasur werden handwerklich gefertigt und mit einem Korken verschlossen.

zeichnung Korn nicht mehr zulässig. Auch das Herstellungsverfahren ist reglementiert: Zuerst wird durch Zusatz von Wasser die im Getreide enthaltene Stärke freigesetzt. Es entsteht die breiförmige Maische. Dieser wird im Vormaischbottich Gerstenmalz zugesetzt. Das Malz ruft eine Umwandlung der Stärke in Zucker hervor. Ist dieser Vorgang abgeschlossen, so füllt man die verzuckerte Maische in den Gärkessel. Hier wird Hefe hinzugefügt, um den Zucker in Alkohol und Kohlensäure umzuwandeln. Die so vergorene Maische wird nun ein erstes Mal destilliert. Es entsteht einerseits ein ziemlich derber Rohbrannt, auf der anderen Seite bleibt die entgeistete Maische, also die Schlempe, zurück. Dieser Rohbrannt wird nun ein zweites Mal destilliert und von unerwünschten Geschmacks- und Geruchsstoffen befreit. Nun erhält man einen qualitativ hochwertigen Feinbrannt, der aber aufgrund seiner hohen Alkoholkonzentration noch nicht trinkfertig ist. Erst durch Zusatz von reinem Wasser erreicht er seine endgültige Trinkstärke.

AUCH KORN REIFT IM FASS

Anschließend folgt nach einer Lagerung in Edelstahltanks die Abfüllung in Flaschen. In den letzten Jahren jedoch blieb auch der Korn vom Trend der Veredelung nicht verschont. Durch Lagerung im Eichenfaß erhält er eine zartgelbe Farbe und einen abgerundeten, milden Geschmack. Es sollte jedem Genießer selbst überlassen bleiben, ob er dieser Veredelung gebührenden Respekt zollt oder lieber die traditionelle, klare Form bevorzugt. Es ist jedoch nicht übertrieben, von einer Renaissance dieses traditionellen Schnapses zu sprechen. Nicht mehr nur an der Wirtshaustheke findet man den Korn als Begleiter zum Bier, sondern auch viele Barkeeper haben die Qualitäten des »Klaren aus dem Norden« längst erkannt und haben den Kornbrand in ihr Programm aufgenommen.

Der edle »Fürst Bismarck« erlangt seine endgültige Reife durch die Lagerung in Eschenholzfässern.

DIE FRUCHTIGEN SPEZIALITÄTEN

Der in Westfalen so beliebte »Aufgesetzte« war wohl das Vorbild, als man Ende der 60er Jahre die Idee entwickelte, den klassischen Korn mit Fruchtsäften zu aromatisieren.
Den großen Durchbruch schaffte der Apfelkorn, vor allem der »Appel« von Berentzen gilt als erfolgreichste Spirituosen-Innovation der Nachkriegszeit. Nachdem der Boom ein wenig eingeschlafen war, entstand in den letzten Jahren eine Entwicklung hin zu leichten und fruchtigen Spirituosen. Hiervon profitieren auch die Hersteller und bieten immer neue Geschmacksrichtungen an. Marktführer Berentzen hat auch dem Trend zu hochwertigen Schnäpsen Rechnung getragen und das Sortiment um edle Produkte wie den »Für Sich«, eine nach frischen Pfirsichen schmeckende Spezialität, erweitert.

Eine Besonderheit ist der »Winter Apfel« von Berentzen. Basis für die Herstellung ist hochwertiger Weizenkorn. Diesem werden der Saft von besten Äpfeln und eine winterliche Gewürzmischung beigegeben.
Man kann hierbei wirklich von einem natürlichen Erzeugnis sprechen, verzichten die Hersteller doch auf Farb-, Aroma- und Konservierungsstoffe. Im Trend der Zeit liegt auch der niedrige Alkoholgehalt von 18 %.

DEUTSCHLAND

Weinbrand

Tradition wird ernst genommen

In allen Ländern Europas warten die aus Wein gebrannten Spirituosen mit einer langen Geschichte auf. Ein Dokument aus dem 14. Jahrhundert belegt, daß man sich damals auch hierzulande auf die Herstellung solch hochprozentiger Destillate verstand. Allerdings war auch dabei der Ursprung eher medizinischer Natur, konnte man einen gebrannten Wein doch in Apotheken, vor allem als Medizin kaufen.

Der deutsche Weinbrand wird oft mit der Romantik am Rhein in Verbindung gebracht. Tatsächlich sind hier auch einige bedeutende Erzeuger beheimatet, wenngleich die Weine inzwischen fast ausschließlich aus dem Ausland stammen.

DEFINITON

Erst im Jahre 1971 wurde der Begriff »Weinbrand« offiziell für in Deutschland aus Wein hergestellten Trinkbranntwein geschützt. Ursprünglich bezeichnete man auch hierzulande die Weinbrände als »Cognac« oder »Cognacker Franz-Branntwein«. Man sagt, Hugo Asbach habe den Ausdruck »Weinbrand« erstmalig geprägt. Die Unterzeichnung des Versailler Vertrages im Jahre 1919 untersagte den deutschen Weinbrennern, weiterhin ihre Erzeugnisse »Cognac« zu nennen. Von diesem Zeitpunkt an bürgerte sich die Gattungsbezeichnung »Weinbrand« als legitimer Begriff ein.

Während des letzten Drittels des 19. Jahrhunderts hatte der deutsche Weinbrand noch kein rechtes Profil. Damit stand er allerdings nicht alleine da, denn auch in anderen Ländern hatte die zuerst in der Charente – der Cognac-Region – sich ausbreitende Reblauskatastrophe für unüberschaubare Verhältnisse gesorgt.

Die verwüsteten Weinberge Frankreichs und natürlich insbesondere der Charente konnten die zur Cognac-Erzeugung notwendigen Ausgangsweine nicht mehr hervorbringen, so daß man aus Deutschland, Ungarn, Italien oder sonst irgendwoher importierte Weine freudig aufnahm, um daraus »echten« Cognac zu erzeugen. In manchen Fällen wurde zur Herstellung dieses Produkts ein Zehntel Weindestillat mit neun Teilen anderem agrarischem Alkohol vermischt. Während dieser Zeit setzte sich der Begriff »Cognac« als Allerweltsbegriff fest. Die Deutschen benutzten ihn ebenso unbefangen für ihre Erzeugnisse wie Italiener, Ungarn oder Franzosen selbst.

GEDANKEN UM EINEN NEUEN NAMEN

Mittlerweile hatte der Ruf des ursprünglich hoch angesehenen französischen Weinbrands dermaßen gelitten, daß man sich in Deutschland Gedanken um einen neuen Namen machen mußte. Auch der seit dem 17. Jahrhundert gebräuchliche Begriff »Franz-Branntwein«, einstmals Gütezeichen für echten Brannt aus Wein, war der Gesundheit und dem Wohlbefinden zuträglichen Elixieren aus der Apotheke vorbehalten. Darüber hinaus bezeichnete man mit Branntwein inzwischen nicht nur Kornbrannt, sondern auch Kartoffelsprit und Melassedestillate. Im nachhinein lag es also nahe, das Gegenstück des Kornbrannts nun »Weinbrand« zu nennen. Tatsächlich belegen entsprechende Quellen, daß der Destillateur Hugo Asbach diesen Ausdruck als erster für seine Produkte verwendete. In einer Preisliste von 1896 erscheint unter den »Edelsten Erzeugnissen der Weinbrennerei« neben Cognac-Charente und

In vielen Fällen hat der deutsche Weinbrand sein traditionelles Image abgelegt. Der beliebte »Dujardin« präsentiert sich in junger Aufmachung auch als Basis für fruchtige Long-Drinks.

WEINBRAND

ASBACH URALT – EIN BEISPIEL FÜR MARKENTRADITION

Hugo Asbach, kaufmännischer Angestellter und Destillateur, gründete am 11. Mai 1892 in Rüdesheim das Unternehmen »Asbach«. Vorher verbrachte er viele Jahre in der Cognac-Region. Dort hatte er sowohl die Kunst der Weinbrennerei erlernt als auch im Verkauf für einen Cognac-Großhändler gearbeitet. Was lag also näher, als diese Kenntnisse zur Herstellung eines eigenen Weinbrands zu verwenden.

Nach mehreren Experimenten mit der Destillation verschiedener Weine entwickelte Hugo Asbach einen Weinbrand, von dem er glaubte, daß er den Geschmack der deutschen Verbraucher treffen könnte. Er nannte sein Produkt »Asbach Uralt«. Diese Bezeichnung sollte auf das wichtigste Kriterium, die Reife durch lange Lagerung, hinweisen. Im Jahre 1907 wurde die Marke beim Mainzer Amtsgericht angemeldet.

Schnell erfreute sich der deutsche Weinbrand steigender Beliebtheit, und der 1937 geprägte Slogan »Im Asbach ist der Geist des Weines« war allerorts zu lesen. Nachdem die Produktion während des Zweiten Weltkriegs eingestellt werden mußte, setzte man die Werbung während des Wirtschaftswunders fort. Im Jahre 1959 nutzte Asbach als eines der ersten Unternehmen das noch junge Medium Fernsehen. Jeder kannte damals den Spruch: »Wenn einem soviel Gutes widerfährt, das ist schon einen Asbach Uralt wert.« Nach und nach entwickelte sich der beliebte Weinbrand zu einem der bekanntesten Markenprodukte in Deutschland.

»Scharlachberg Meisterbrand« ist seit nahezu den 20er Jahren ein in Deutschland sehr bekannter Name. Interessanterweise findet man ihn besonders oft auf den Getränkekarten von Cafés und traditionellen Gaststätten.

Cognac-Cabinet auch ein Cognac-Weinbrand, der in Drei- und Viersterne-Qualität angeboten wurde. Im Jahre 1902 unterrichtet das Haus Asbach seine Kunden darüber, daß »für Cognac, der keinen Industriesprit enthält, der Name Cognac-Weinbrand zur Einführung gelangt.« Einige Jahre später, bei der Eintragung des Namens »Asbach Uralt« im kaiserlichen Patentamt, benutzt man bereits die Formulierung Weinbrand-Cognac. 1911 schließlich wird in einer Preisliste von der »Gesamterzeugung von Weinbrand« gesprochen. Der Begriff »Cognac« wurde also gänzlich fallen gelassen. Da Hugo Asbach seine Wortschöpfung nicht schützen ließ, bürgerte sich das Wort Weinbrand von nun an in Deutschland ein, obwohl die gesetzliche Grundlage dafür erst 1971 geschaffen wurde.

DIE HEUTIGE SITUATION

Heute stellt sich die Situation des deutschen Weinbrands ohnehin völlig anders dar. Von einzelnen Ausnahmen einmal abgesehen beziehen die großen Markenerzeuger ihre Brennweine aus Frankreich, hier vor allem

DEUTSCHLAND

MARKEN

Asbach
Asbach ist die bei weitem größte Weinbrandmarke auf dem deutschen Markt. Die Brennweine stammen aus der Charente und aus Italien. Zur Sicherstellung der Qualität unterhält das Haus Tochtergesellschaften in diesen Ländern. Neben dem Standardprodukt »Asbach Uralt« gibt es auch den besonders lange gelagerten und aus besten Grundweinen verschnittenen »Privatbrand«. Spitzenprodukt der Marke ist »Asbach Selection«, ein edler, in limitierter Menge hergestellter Weinbrand.

Bols
Bols »Alter Weinbrand« wird aus italienischen und französischen Weinen gebrannt und anschließend in Limousin-Fässern gelagert.

Both
Das Unternehmen aus Ahrweiler ist eine der ältesten Weinbrennereien Deutschlands. Bekannt sind die Produkte »Gold« und »Alt Gold«.

Chantré
Dieser Weinbrand ist ein bekanntes Markenprodukt aus dem Hause Eckes. Er zeichnet sich durch einen betont weinigen Charakter aus. Eine Spezialität ist der mit etwas Sahne versetzte »Chantré Cream«.

Decker
Das Familienunternehmen stellt seit 1860 Weinbrand her. Die Produkte »Kaiserberg« und »Dupont« zeichnen sich durch eine lange Reifezeit aus.

aus der Charente, und aus Italien. Die in Deutschland wachsenden Trauben werden nämlich fast ausnahmslos zu Wein verarbeitet. Damit die importierten Weine den langen Transport unbeschadet überstehen, werden sie in vielen Fällen durch Alkoholzusatz auf 23 % verstärkt. In den letzten Jahrzehnten sind sich die Erzeuger ihrer Position bewußt geworden und haben durch stetige Qualitätsverbesserung, aber auch aufgrund neuer Präsentationsformen, das Image des deutschen Weinbrands entscheidend steigern können.

EDLE WEINBRÄNDE AUS DEUTSCHLAND

Viele Häuser bieten neben ihren klassischen Standardprodukten auch edle Erzeugnisse im gehobenen und hohen Preissegment an. Ein Beispiel hierfür ist der »Asbach Selection Extra Old«, für den nur allerbeste Charente-Weine ausgesucht werden und nach einem zweistufigen Brenndurchgang Jahrzehnte in alten Eichenfässern reifen. Nach einem sorgfältigen Verschnitt wird der rare »Selection« in exclusive Glaskaraffen gefüllt.
Inzwischen ist jede vierte in Deutschland hergestellte Spirituosenflasche mit Weinbrand gefüllt. Diese Tatsache zeugt einerseits von der anhaltenden Beliebtheit dieses Produkts, auf der anderen Seite wird von den großen Herstellern erwartet, daß

Neben dem beliebten »Uralt« gehören zum Sortiment des Hauses Asbach auch der feine »Privatbrand« und der edle »Selection Extra Old«. Einen besonderen Leckerbissen stellen die hochprozentigen Pralinen dar.

die jeweiligen Brände in stets gleicher Qualität und natürlich auch mit wiedererkennbaren, markentypischen Geschmackseigenschaften erzeugt werden. Grundsätzlich unterscheidet sich die Herstellung deutscher Weinbrände kaum von den Me-

WEINBRAND

thoden in Frankreich, Spanien oder Italien. Sowohl der Destillationsvorgang als auch die anschließende Lagerung in Eichenfässern unterliegt natürlich auch gesetzlichen Vorgaben. Gebrannt wird in kontinuierlichen oder nicht kontinuierlich arbeitenden Anlagen. Für die Standard-Blends ist eine anschließende Lagerzeit von mindestens sechs Monaten in Fässern, die höchstens 1000 Liter fassen dürfen, vorgeschrieben. Werden Bezeichnungen wie »Alter Weinbrand« oder »Uralt« verwendet, so ist eine Reife von mindestens einem Jahr obligatorisch. Zur Lagerung greift man dann in den meisten Fällen auf kleinere Fässer mit einem Volumen von nur 300 Litern zurück. Als Zusatzstoffe sind, so wie in anderen Ländern auch, Karamel, Früchte und Nüsse zugelassen. Letztendlich kommt natürlich dem Verschnitt auch hier eine besondere Bedeutung zu. Aus den Bränden verschiedener Herkunft und vor allem unterschiedlichen Alters werden von erfahrenen Fachleuten harmonische Mischungen, die nicht selten aus 25 und mehr Destillaten bestehen, zusammengestellt.

GROSSE NAMEN – WENIGE FIRMEN

Im Zuge der Fusion traditioneller Familienbetriebe sind in den letzten Jahren einige große Unternehmen entstanden, unter deren Firmendächern sich die meisten der bekannten Weinbrandmarken zusammengefunden haben. Dabei hat gerade das persönliche Engagement der Firmengründer dazu geführt, daß die einzelnen Markennamen heute immer noch einen solch guten Ruf genießen. Neben dem an anderer Stelle ausführlich erwähnten Hause Asbach gilt dies auch für den Namen Both. Die beiden Winzersöhne Anton Josef und Peter Josef Both erwarben 1886 die Weinhandlung »Geschw. Risch« am Kanonenwall in Ahrweiler. Innerhalb weniger Jahrzehnte war aus dem bescheidenen Anwesen eine der bedeutendsten Weinbrennereien des Landes entstanden. Viel weiter zurück reicht die Geschichte des Hauses Dujardin. Bereits 1743 erhielt Henricus Melcher das verbriefte Recht, in Uerdingen am Niederrhein als »patentyrter Brannteweinbrenner« tätig werden zu dürfen. Allerdings begann erst sein Sohn mit der Herstellung von Weinbrand. Einer der bedeutendsten Weinlieferanten des Hauses war die Familie Dujardin auf dem Château des Mérigots in der Charente. Aus dieser Zusammenarbeit entstand schließlich die Firma Dujardin & Co, vorm. Gebr. Melcher.

Dujardin
Der »Imperial V.S.O.P.« wird aus Charente-Weinen gebrannt und anschließend zwei bis drei Jahre in Eichenfässern gelagert. Das Exclusivprodukt »Pierre Dujardin X.O.« reift mindestens acht Jahre. Die Weine stammen entweder aus der Grande oder der Petite Champagne.

Jakobi
In der Nähe von Stuttgart befindet sich die traditionsreiche Weinbrennerei Jakobi. Das bekannteste Produkt des Hauses ist der »Alte Weinbrand Jakobi 1880 V.S.O.P.«, dessen Brennweine aus der Charente und der Gascogne stammen.

Mariacron
Mariacron ist nach wie vor eine der meistverkauften Spirituosen Deutschlands. Er wird nach altem Rezept in der Klosterbrennerei Oppenheim hergestellt.

Melcher's Rat
Dieser im Hause Dujardin in Uerdingen hergestellte Weinbrand wurde nach dem ersten Brennmeister des Hauses benannt.

Scharlachberg
Die Marke Scharlachberg wird bereits seit den 20er Jahren in Bingen/Rhein hergestellt. Der »Meisterbrand« wird aus EG-Weinen hergestellt und anschließend sechs Monate gelagert.

Tisserand
Unter dem Markennamen »Tisserand Alter Weinbrand« erzeugt das Haus Pabst & Richards eine seit Jahren beliebte Spirituose.

DEUTSCHLAND

Kräuterliköre

Zwischen Elixier und Genuß

So verschieden wie die deutschen Landschaften so unterschiedlich sind auch die überall so beliebten Kräuterliköre und -schnäpse. Jede Region hat im Verlauf der vergangenen Generationen bestimmte Spezialitäten hervorgebracht. Die meisten von ihnen werden von kleinen Betrieben nach streng gehüteten, von Generation zu Generation vererbten Rezepten hergestellt und haben meist nur regionale Bedeutung. Allerdings wird kaum eines dieser vielen Elixiere des reinen Vergnügens wegen getrunken, vielmehr sagt man den Rezepturen stets eine heilende oder wenigstens wohltuende Wirkung nach.

DEFINITION

Genau genommen unterscheidet man zwischen Kräuter- und Bitterlikören. Kräuterliköre werden aus natürlichen Kräuterauszügen, ätherischen Ölen und Zucker hergestellt.
Bitter hingegen gewinnt man aus aromatischen Kräutern, Wurzeln, Früchten, Samen, Blüten, Hölzern und Essenzen. Es darf auch ein ganz geringer Anteil Wermutwein beigemischt werden. Eine Untergruppe sind die sogenannten Magenbitter. Sie müssen eine positive Wirkung auf Magen und Darm haben.

Grundsätzlich lassen sich die in Deutschland produzierten Kräuterspirituosen nicht einheitlich kategorisieren, denn viel zu unterschiedlich ist ihr jeweiliger Charakter.

VOM NIEDERRHEIN IN DIE GANZE WELT

Vor allem die Steigerung des Wohlbefindens steht bei dem weltweit bekannten Magenbitter »Underberg« im Vordergrund. Seit Generationen schätzt man seine verdauungsfördernde, zugleich aber auch beruhigende und entspannende Wirkung. Zusätzlich unterstreicht die unverwechselbare kleine Portionsflasche, eingewickelt in braunes Strohpapier, seine Originalität.
Grundlage der Herstellung sind erlesene Kräuter aus 43 Ländern, die durch ein von der Familie Underberg entwickeltes Geheimverfahren mit dem Namen »Semper Idem« verarbeitet werden. Hierbei ist ein schonender Auszug der Wirk- und Aromastoffe sowie der Vitamine garantiert. Das fertige Erzeugnis lagert monatelang in Fässern aus slowenischer Eiche, bevor es ausschließlich in kleinen Flaschen abgefüllt wird. Die Geschichte dieses ein-

Mit diesem typischen Zeichen bestellen Kenner schon seit Generationen ihren »Underberg«.

Tradition ist in Rheinberg lebendig. Auch heute noch steht das schmucke Stammhaus der Familie Underberg am Marktplatz. Auch das elegante Underberg-Glas wurde neu belebt.

zigartigen, inzwischen in über 100 Ländern der Erde bekannten Kräuter-Bitters beginnt 1846 im idyllischen Städtchen Rheinberg am Niederrhein. Dem Firmengründer Hubert Underberg war es gelungen, nach langjähriger und sorgsamer Entwicklung sein neues Produkt in einer großen Kropfhalsflasche, eingewickelt in gelb-braunes Strohpapier, unter dem Namen »Boonekamp of Maag-Bitter«, auf den Markt zu bringen

KRÄUTERLIKÖR

Im Jahre 1916 folgte dann die für die Zukunft so entscheidende Namensänderung. Der aromatische Magenbitter hieß von nun an nur noch »Underberg«.
Hundert Jahre nach seiner Erfindung hatte der Enkel des Firmengründers eine weitere entscheidende Marketing-Idee. »Underberg« wurde ab sofort ausschließlich in der auch heute noch unverwechselbaren Portionsflasche angeboten. Entsprechend lautete der Werbeslogan im Jahre 1949 kurz: »Ein Underberg in Originalverpackung«. Der überwältigende Erfolg dieser großartigen Maßnahme machte schon bald die Erweiterung der Produktionsstätten in Rheinberg und eine Zweigniederlassung in Berlin erforderlich. Inzwischen gilt ein Underberg nach einem vorzüglichen Menü als standesgemäßer Digestif.

STONSDORF LIEGT NICHT NUR IM RIESENGEBIRGE

Auf eine ähnlich erfolgreiche Entwicklung kann auch ein anderer großer deutscher Kräuterlikör zurückblicken. Begonnen hat alles am Fuße des Riesengebirges. Vor Jahrhunderten schon lebten hier Kräutersammler und Laboranten, die sich bestens darauf verstanden, aus der belebenden Würze von Kräutern, Moosen, Wurzeln und Beeren nach streng gehüteten Rezepturen einen heilsamen Trunk für den eigenen Bedarf zu brauen. Hieran hätte sich damals auch so schnell nichts geändert, wenn nicht im Jahre 1801 der Destillateur- und Braugeselle Christian Gottlieb Koerner in den kleinen schlesischen Ort Stonsdorf gekommen wäre, um sich hier niederzulassen. Nahezu zehn Jahre hat es dann allerdings noch gedauert, bis dieser ein eigenes, sehr wohlschmeckendes und bekömmliches Elixier entwickelt hatte, welches in seiner eigenen Branntweinschenke kredenzt und auch in Flaschen verkauft wurde. Koerner nannte seinen Haustrunk »Echt Stonsdorfer« und wurde damit sehr schnell in der ganzen Umgebung bekannt. In den nächsten Jahren erlebte die kleine Brennerei einen fabelhaften Aufschwung, so daß der Schwiegersohn des Firmengründers die Fabrikation nach Cunnersdorf bei Hirschberg verlegte. Der Tradition entsprechend wurde das neue Anwesen »Stonsdorferei« getauft.

Nach der Jahrhundertwende erwarb Otto Stabrin das Unternehmen von den Erben der Gründerfamilie und erhielt somit auch das alleinige Recht zur Herstellung von »Echt Stonsdorfer«.

Einen gravierenden Einschnitt hinterließen die Folgen des Zweiten Weltkriegs. Beide Söhne Otto Stabrins mußten ihren Besitz in Schlesien verlassen und gründeten 1957 vor den Toren Hamburgs, im schleswig-holsteinischen Harksheide, eine neue »Stonsdorferei«. Das einzige Startkapital war das kostbare Rezept für »Echt Stonsdorfer«. Es dauerte nicht lange, bis der Name wieder im ganzen Land präsent war. Heute ist die ehemals schlesische Kräuterspezialität wieder eine etablierte Marke.

MARKEN

Auerhahn
Neu ist der feine Auerhahn Kräuterlikör-Feinbitter. Hersteller dieses in einer tiefschwarzen, gerundeten Flasche angebotenen Likörs ist das Haus Doornkaat.

Dokator
Dieser herzhafte Kräuterlikör ist ein Produkt der 1855 in Flensburg gegründeten Firma A. Nissen.

Friesengeist
Sehr aromatischer Kräuterlikör aus dem ostfriesischen Wiesmoor. Es gibt zwei Geschmacksrichtungen.

Erst auf den zweiten Blick erkennt man, daß zwischen diesen beiden Stonsdorfer-Flaschen 75 Jahre liegen. Fünf verantwortungsvolle Generationen haben dazu beigetragen, daß der ewig junge Kräuterlikör geradewegs seinem 200jährigen Jubiläum entgegenstrebt.

DEUTSCHLAND

MARKEN

Jägermeister
Der berühmte Kräuterlikör wird von der Firma Mast in Wolfenbüttel hergestellt. Die immer noch bedeutenden Umsatzzuwächse zeugen von der Beliebtheit dieses Produkts.

Jagdschluck
Aromatische 32 %ige Kräuterspezialität der Firma Tisserand.

Maykamp
»Maykamp« ist ein Magenbitter, der ähnlich wie »Underberg« in Portionsflaschen verkauft wird.

Sechsämtertropfen
Aus dem fränkischen Fichtelgebirge kommt dieser aromatische Kräuterlikör. Neben der klassischen Variante gibt es eine alkohol- und kalorienreduzierte »Light«-Version sowie den kräftigen »Sechsämter Bitter«.

Stonsdorfer
Ursprünglich stammt der fruchtige, mit Heidelbeersaft aromatisierte »Stonsdorfer« aus dem schlesischen Städtchen Stonsdorf im Riesengebirge. Heute wird der beliebte Schnaps in Schleswig-Holstein hergestellt.

Underberg
Weltweit beliebter Magenbitter. »Underberg« wird seit 1846 im Niederrhein-Städtchen Rheinberg produziert. Markant sind die kleinen, in braunes Strohpapier eingewickelten Portionsfläschchen. Auch heute noch befindet sich das Unternehmen im Familienbesitz.

Internationale Beliebtheit genießt auch der »Jägermeister« aus dem Hause Mast in Wolfenbüttel. Dieser dunkelbraune Likör wird aus 56 Kräutern, Wurzeln und Früchten hergestellt. In den letzten Jahren ist es gelungen, seine führende Position unter den deutschen Markenspirituosen zu festigen und durch eine neue Produktionsstätte in Sachsen vor allem auf den Märkten Osteuropas große Erfolge zu verbuchen. Gleichzeitig hat man durch eine zeitgemäße Werbestrategie das ein wenig hausbakkene Image der Marke »Jägermeister« verjüngen können. So wird der aromatische Kräuterlikör mit dem Hirschgeweih auf der Flasche nicht nur als purer Schnaps, sondern auch als Basis für Long-Drinks und Cocktails propagiert.

LIKÖR AUS DEM SECHSÄMTERLAND

Auf das Destillieren wohltuender Liköre aus wildwachsenden Kräutern versteht man sich im Fichtelgebirge schon seit dem Mittelalter. Vor allem in der Region des sogenannten »Sechsämterlandes« – hierzu gehören unter anderem die Gemeinden Wunsiedel, Selb und Weißenstadt – entstanden schon sehr früh sogenannte »Fabricationen«, unter denen die 1850 gegründete »Spirituosen-Punschessenz-Fabrik G. Vetter, vormals

Das Image des »Jägermeisters« wurde in den letzten Jahren stark verjüngt. Man benutzt ihn heute gerne auch zum Mixen.

G. Koenig zu den besonders etablierten Namen gehörte. Als Gottlieb Vetter 1895 seinen neuen Likör, einen würzigen Halbbitter aus Beeren und anderen heimischer Kräutern präsentierte, lag es nahe, daß er den Namen »Sechsämtertropfen« tragen sollte. Das Sortiment des Hauses wurde vor einigen Jahren um den

KRÄUTERLIKÖR

Sechsämter Bitter« erweitert. Hierbei handelt es sich um einen Kräuterlikör mit 43 % Alkoholanteil, dessen Beeren- und Kräutermischung harmonisch auf den herben Charakter dieses neuen Produkts abgestimmt wurde.

ZUM BEISPIEL: DER FRIESENGEIST

Neben den großen Marken hat nahezu jede Region zwischen Flensburg und Oberstdorf eine besondere Kräuterspezialität. Ein Beispiel, um das sich eine besonders nette Geschichte rankt, soll an dieser Stelle genannt werden: Der »Friesengeist« aus Wiesmoor. Es fing damit an, daß ein gewisser Johann Eschen vor etwa 50 Jahren beim Torfstechen einen »Schatz« entdeckte. Dieser Schatz war ein kleines Fäßchen, gefüllt mit einer gelben, sirupartigen Flüssigkeit, die sehr gut duftete. Fachleute hielten den Inhalt für ein erstklassiges, sicherlich schwarz gebranntes Destillat, daß hier vor mindestens zehn Jahren offensichtlich von seinem Eigentümer »vergessen« worden war. Im Laufe der Zeit wäre die Begebenheit wahrscheinlich in Vergessenheit geraten, wenn nicht Johann Eschen zeitlebens versucht hätte, dem Geheimnis der Herstellung seines aromatischen Fundes auf die Spur zu kommen. Eines Tages, im Jahre 1961, stach er wieder einmal ein altes Eichenfaß an, welches er zwei Jahre zuvor mit Kräutern angesetzt hatte. Schon beim ersten Schluck war dem unermüdlichen Tüftler klar, daß der »Friesengeist«, wie er seinen Kräuterlikör nannte, ein zweites Mal das Licht der Welt erblickt hatte.

»Sechs Ämter«, so nannte man früher die Gemeinden im fränkischen Fichtelgebirge, gaben nicht nur der Landschaft ihren Namen. Nach ihnen benannte auch Gottlieb Vetter seinen würzigen Kräuterlikör.

WELTBEKANNTE LIKÖRE NACH ALTEN REZEPTEN AUS DEM KLOSTER ETTAL

Vielseitig ist das Spirituosen-Sortiment aus der Ettaler Klosterbrennerei.

Kaiser »Ludwig der Bayer« gründete im Jahre 1330 das altehrwürdige Benediktinerkloster Ettal. Es liegt hoch oben in den deutschen Alpen, in der Nähe von Garmisch-Partenkirchen und Oberammergau.

Neben dem Haupttätigkeitsfeld, der Führung des klostereigenen Internats, betreiben die Patres auch noch einige Gewerbebetriebe. Außer dem Hotel mit Restaurant, einer Druckerei, einem Verlag und einer Tischlerei bildet die Likörherstellung das wirtschaftliche Fundament der Abtei.

Die Kräuterliköre und Magenbitter, hergestellt aus Kräutern der heimischen Bergwelt, werden unter Zugabe feinster französischer Weindestillate fachkundig mazeriert und dann jahrelang in alten Eichenfässern bis zur endgültigen Reife gelagert. Das jahrhundertealte Originalrezept wird streng gehütet, denn nur zwei Mönche kennen jeweils die Zusammensetzung der verschiedenen feinen Spirituosen.

Das Klostertor steht nicht nur den Tagesbesuchern, sondern auch den Gästen des komfortablen Hotels offen.

»Ettaler Kloster Liqueur«, abgefüllt in den traditionellen Flaschen, ist in fünf Varianten erhältlich. Der süße »Kräuter Gelb« und der würzige »Kräuter Herb« stellen zwei typische Klosterliköre mit unterschiedlichem Alkoholgehalt dar. Der »Original Ettaler Kloster Magenbitter« sorgt in erster Linie für Wohlbefinden. Überhaupt rät Kellermeister Pater Josef: »Unsere Liköre eignen sich nicht zum Betrinken. Übermäßiger Genuß ist nicht gut, weder für Leib, noch für Seele. Denn einige der über 40 beim Ettaler Klosterliqueur verwandten Pflanzenextrakte wollen wohl dosiert sein und wie eine wertvolle Arznei eingenommen werden.« Ein Genuß sind auch der »Kloster Heidelbeer« und der »Kloster Geist«, beide aus feinsten Zutaten mit größter Sorgfalt destilliert.

Obwohl die Erzeugnisse aus dem alpenländischen Ettal inzwischen Weltruf genießen, baut man auf ein langsames und kontinuierliches Wachstum und belegt sich bei der Herstellungsmenge mit einer freiwilligen Selbstbeschränkung.

Wasser und Geist

Unglaubliche Vielfalt der Arome

Wenngleich in dem 1558 erschienenen »New gross Distillierbuch« von G. H. Ryff bereits von Erzeugnissen aus Steinobst und Beeren die Rede war, so kann man doch davon ausgehen, daß es sich hierbei um Branntwein handelte, der durch Zugabe von Früchten aromatisiert wurde. Obstbrennereien im heutigen Sinne kennt man erst seit etwa 300 Jahren. Sie sind aus einer bäuerlichen Tradition entstanden, die in erster Linie eine sinnvolle Möglichkeit war, Überschüsse aus üppigen Ernten zu verwerten.

Kirsche, Birne & Co.

Der wohl weltweit bekannteste Obstbrand aus Deutschland ist das »Schwarzwälder Kirschwasser«. Diese aufgrund von Herkunft und Herstellungsverfahren gesetzlich geschützte Spezialität ist jedoch nur eine Nuance der bunten Palette aromatischer Obstschnäpse.

Beliebte Wässer und Geiste sind:

**Himbeergeist
Williams Birne
Zwetschgenwasser
Mirabell
Aprikosengeist
Schlehengeist
Brombeergeist
Heidelbeergeist
Johannisbeergeist
Pflümliwasser
Wildkirsche
Holunderbeeren**

Einige Hersteller bieten auch Seltenes und Exotisches wie:

**Quitte
Walnuß
Pfirsich
Banane
Mandarine**

Aus einigen dieser Kleinbrennereien, von denen es in Deutschland heute noch 40 000 gibt, haben sich im Laufe der Zeit große und weltbekannte Marken entwickelt. Gerade das geänderte Verbraucherverhalten, eher weniger, aber dafür hochwertige Spirituosen zu genießen, hat den klaren Obstbranntweinen zu neuer Bedeutung verholfen. Nicht der schlichte Obstler, sondern individuelle und sortenreine Destillate sin[d] die Visitenkarten der namhaften Erzeuge[r]. Nach wie vor gilt der Schwarzwald als He[i]mat dieser aromatischen Spirituosen, wo[...]

Traditionell gilt der alemannische Raum als Heimat der Obstbrände. Aber auch in Rheinland-Pfalz, in Franken und im Allgäu gibt es bekannte Hersteller.

WASSER UND GEIST

bei das rund um die ganze Welt bekannte »Schwarzwälder Kirschwasser« nur eine Farbnuance aus dem bunten Kaleidoskop edler Obstdestillate ist.

VERSCHIEDENE BEGRIFFE

Wer sich schon einmal mit den verschiedenen Spezialitäten der Obstbrenner beschäftigt hat, wird die Begriffe »Wasser« und »Geist« kennen. Viele jedoch wissen nicht, daß es sich hierbei um genau definierte, durch gesetzliche Vorgaben geregelte Produktionsmethoden handelt. »Wässer« sind Branntweine aus Kern- oder Steinobst. Zu ihrer Herstellung werden die Früchte, getrennt nach Sorten, in Fässern oder Tanks

DIE OBSTBRANNTWEIN-REGION

Obstschnäpse sind eine typisch alemannische Spezialität. Man findet sie nicht nur im Südwesten Deutschlands, speziell im Schwarzwald und in der Ortenau, sondern auch in der Schweiz und den angrenzenden Regionen Frankreichs. Dort hat die Herstellung von Obstbränden ebenfalls Tradition.

Ein guter Obstbrand wird gerne als klassischer Aperitif genommen. Auch zum Kaffee oder Espresso machen Wasser und Geist eine gute Figur.

gegoren, wobei sich der natürliche Fruchtzucker in Alkohol umwandelt. Ist die Gärung abgeschlossen, wird die Maische ohne Zugabe von Fremdalkohol zweimal destilliert.

Anders hingegen erfolgt das Brennen von »Geisten«. Einige Früchte, besonders Beeren, haben von Natur aus zwar sehr viel Aroma, aber kaum Zucker, der sich in Alkohol umwandeln könnte. Um das Aroma aber voll erhalten zu können, werden beispielsweise Himbeeren, Heidelbeeren oder Brombeeren in Alkohol konserviert. Man nennt dieses Verfahren Mazeration. Hat der Alkohol genügend Aromastoffe vom Obst angenommen, destilliert man ihn ebenso wie ein »Wasser«. Wird dieser Vorgang sorgsam durchgeführt, so erhält man einen herrlich duftenden »Geist«. Dieser darf, abgesehen von der Herabsetzung auf Trinkstärke, keinerlei Veränderung mehr erfahren. Nun folgt eine Zeit der Reife, die bei einem guten Obstbrand mindestens zwei Jahre betragen sollte.

Zu den großen Erzeugern von internationalem Ruf gehört die Firma »Schladerer« im badischen Staufen. Der Gründer Sixtus Balthasar Schladerer begann das Obstbrennen

im väterlichen Haus bereits im Jahre 1813. Nach einer wechselvollen Familiengeschichte wird der Betrieb heute von der fünften Generation geführt und stellt ein breites Spektrum interessanter Obstbrände her. Neben dem beliebten Himbeergeist und der Williamsbirne steht das traditionelle »Schwarzwälder Kirschwasser« – diese Herkunftsbezeichnung ist streng reglementiert – auf der Beliebtheitsskala vorne an. Aber auch Raritäten wie das »Markgräfler Sauerkirschwasser« oder das »Zibärtle«, ein edler Brannt aus einer kleinen wildwachsenden Pflaumenart, werden von Kennern geschätzt. Eine besondere Stellung unter den Erzeugern edler Obstbrände hat sich die fränkische Firma Ziegler erworben. Zu ihren Prestigeträgern gehört der Wildkirschenbrand »Ziegler No. 1«. Die seltenen Wildkirschenbäume wachsen an Steinbrüchen in der Nähe des Mains und tragen sehr kleine Früchte mit einem aussergewöhnlich voluminösen Kern. Dieser

OBSTWASSER ODER OBSTLER

Das Obstwasser, im Volksmund schlicht »Obstler« genannt, gilt landläufig als rustikaler Mischobst-Brand. Hiermit tut man dieser traditionellen Spirituose, zumindest in Deutschland, arg unrecht. Das Gesetz definiert den »Obstler« hier als Kernobstbranntwein, der ausschließlich aus Äpfeln und/oder Birnen hergestellt werden darf. Im Zuge der Rückbesinnung auf Bodenständiges erlebt der Obstler eine Renaissance.

DEUTSCHLAND

MARKEN

Bartleshof
Die Elztalbrennerei im badischen Gutach ist bekannt für klassische Brände und einen guten Obstler.

Lantenhammer
Individuelle Brände aus dem Algäu. Die Destillate werden in Steingutfässern gelagert.

Riemerschmid
Die niederbayerische Brennerei bietet neben einem Obstler vor allem Exotisches wie einen Bananenbrand an.

Schladerer
Weltbekannte Schwarzwälder Spirituosenbrennerei. Neben dem »Original Schwarzwälder Kirschwasser« werden verschiedene edle Wässer und Geiste erzeugt.

Schüly & Hönninger
Gute Brände in alemannischer Tradition. Neben den Klassikern gibt es auch Geiste von Brombeeren und Heidelbeeren.

Schwarzer Adler
Wein- und Gastronomiespezialist Franz Keller stellt auch ein eigenes Kirschwasser sowie einen Williams-Birnen-Brand her.

Ziegler
Die einstmals kleine Brennerei im Fränkischen hat sich in den letzten Jahren durch hochwertige Erzeugnisse einen guten und inzwischen auch verbreiteten Namen machen können.

prägt den interessanten Mandelton der hochprozentigen Spezialität. Die Früchte werden in kleinen Destillieranlagen gebrannt und anschließend aus bis zu 25 Jahre alten Cuvées gemischt. Für einen Liter dieser Kostbarkeit benötigt man über 10 Kilogramm der seltenen Kirsche. Deshalb werden jährlich, je nach Ernteertrag, auch nur 3000 bis 5000 Flaschen per Hand abgefüllt, etikettiert und versiegelt.

GUTES AUS DEM ALLGÄU

Auch im Herzen der bayerischen Alpen ist man mit der Kunst der Herstellung edler Obstbrände vertraut. Ein Beispiel hierfür ist die traditionelle Destillerie Lantenhammer. Man bezieht hier ausgesuchtes Obst aus allen Teilen Europas, wobei die besten Williams-Birnen in Südtirol gedeihen und geschmacksintensive Waldhimbeeren in den Karpaten gesammelt werden. Mirabellen hingegen kauft man in Lothringen, und Äpfel liefern unter anderem Erzeuger aus dem Bodenseeraum. Vor der Destillation läßt man das Obst bis zur optimalen Reife ruhen, um anschließend durch einen langsamen Brennvorgang ein optimales Ergebnis zu erzielen. Eine große Rolle für das endgültige Resultat spielt die Lagerzeit. Im Hause Lantenhammer werden ausschließlich alte Steingutfässer verwendet, denn der Ton hält die Temperatur konstant und läßt einen Teil des Alkohols verdunsten. Je nach Produkt dauert dieser Prozeß bis zu drei Jahren. Anschließend werden verschiedene Jahrgänge vermählt, die in limitierter Auflage in den Handel gelangen.

Neben diesen namhaften und großen Betrieben, die man Verschlußbrennereien nennt, da sie keine Produktionsbegrenzung kennen und unter Aufsicht der Zollbehörden, sozusagen unter Verschluß, ihren Alkohol brennen, gibt es eine sehr große Zahl bäuerlicher Kleinbrennereien. Die sogennannten Abfindungsbrenner dürfen pro Jahr 300 Liter reinen Alkohol herstellen. Dem Fiskus ist es nicht möglich, die genaue Produktionsmenge all dieser kleinen Brennblasen zu kontrollieren. Deshalb werden sie pauschal durch eine Abfindung veranlagt. Viele dieser individuellen Betriebe erzeugen

höchst bemerkenswerte Obstbrände, d aber meist nur von regionaler Bedeutur sind. Dennoch lohnt es sich, auch hier ei mal auf »Entdeckungsreise« zu gehe Wenn alle Kleinbrenner ihre Kapazität au nutzten, so würde deren Ertrag ausreiche um 32 Millionen Flaschen mit 40 %ige Destillat zu füllen.

VIELE KLEINE BRENNRECHTE

Da sich eine solche Menge niemals vermar ten ließe, geht ein großer Teil davon an d staatliche Monopolgesellschaft, wo d Brannt geschmacklich neutralisiert wird, u als vielseitiges Grundprodukt für die alk holverarbeitende Industrie weiterverwer zu werden.

Eine Kuriosität am Rande sollte in diese Zusammenhang nicht unerwähnt bleibe Wer genügend eigenes Obst besitzt, ab nicht über ein Brennrecht verfügt und trot dem einen Teil seiner Ernte destillier möchte, gilt als Stoffbesitzer. 650 000 v ihnen sind vor allem im Süden Deutschlan registriert. Auf Antrag dürfen sie pro Pe son bis zu 50 Liter reinen Alkohol in eine legitimierten Brennereibetrieb maischen u destillieren lassen. Der Ertrag reicht für u

WASSER UND GEIST

Die meisten Hersteller führen in ihrem Angebot die klassischen Brände wie Kirschwasser, Himbeergeist oder Williams-Birne. Daneben gibt es besondere Spezialitäten, die nur von einigen Herstellern erzeugt werden. Insgesamt ist das Angebot vielfältig und läßt kaum eine Besonderheit aus. Eine Spezialität aus dem Allgäuer Hause »Lantenhammer« ist der einzigartige »Apfel & Williams Obstbrand«.

gefähr 180 Flaschen, die man mit einem eigenen Etikett versehen darf. Natürlich hat die Obstbrennerei nicht nur in Deutschland Tradition. Auch jenseits des Rheins, im Elsaß und in der nördlichen Schweiz, ist man stolz auf klar gebrannte Obstschnäpse. Einen besonders guten Ruf genießen die verschiedenen, sehr aromatischen Eaux de Vie der französischen Brenner. Zu den Spezialitäten gehören die Poire Williams, die Framboise, der Quetsch, aber auch Mirabelle und Alisier, ein Vogelbeerendestillat. In der Schweiz hat man sich besonders dem Kirschwasser verschrieben, produziert aber auch Brände aus anderen Früchten. Grundsätzlich sollte es jedem Genießer selbst überlassen bleiben, auf welche Art und Weise er seine Lieblingsspirituose trinkt. Im allgemeinen läßt sich jedoch sagen, daß niedrige Temperaturen jedes Aroma lähmen. Insofern empfiehlt sich eine ideale Trinktemperatur zwischen 8 und 12 Grad. Beliebt ist es auch, Obstbrände für Mixdrinks zu verwenden. Hiergegen ist prinzipiell nichts einzuwenden, Spitzenprodukte aber sollten pur aus einem hochstieligen, tulpenförmigen Glas getrunken werden. Es ist auch darauf zu achten, angebrochene Flaschen alsbald zu leeren, denn der Sauerstoff ist der Qualität nicht zuträglich und nimmt dem Brand sein Aroma.

QUALITÄT AUS DER SCHWEIZ

Ebenso wie das Uhrmacherhandwerk oder der Schweizer Bankverein sind die edlen Obstbrände aus dem Land der Eidgenossen nicht fortzudenken. Südlich des Schwarzwalds und der Vogesen schließt sich die schweizerische Obstbrand-Region an. Die herrliche Landschaft wird durch den Bodensee, den Neuchâteler See, den Genfer See und den Vierwaldstätter See eingegrenzt. Wenngleich auch hier das Brennen verschiedener Obstsorten Tradition hat, so genießt der Kirschbrand doch die größte Beliebtheit. Es gibt ungefähr 800 gewerbliche Kirschbrenner in der Schweiz. Zu den bekanntesten Herstellern gehören:

Dettling – Spezialität ist ein 10 Jahre gelagertes Kirschwasser.
Etter – Spezialität ist »Alter Zuger Kirsch«.
Fassbind – Spezialität ist »Vieux Kirsch du Righi«.
Morand – Spezialität: »Kirsch Vieux«.

Zu den besten Bränden der Schweiz gehören die Erzeugnisse der Firma Fassbind in Oberarth/Schwyz. Die Destillation erfolgt nicht mit den gängigen Brennapparaten, sondern mit speziell entwickelten und zum Patent angemeldeten Spezialgeräten. Für den »Vieux Kirsch du Righi« verarbeitet man die kleinen, schwarzen und zuckersüßen Bergkirschen aus der Righi-Region.

Deutschland

Vielseitig wie die Landschaft

Zur deutschen Gemütlichkeit gehört neben Wein und Bier auch ein guter Schnaps.

Deutschland ist stolz auf sein Bier. Obwohl die neuen europäischen Einfuhr bestimmungen den Verkauf anderer Brauereierzeugnisse ermöglichen, haben diese neben den traditionell nach dem Reinheitsgebot hergestellten Bieren kaum eine Bedeutung. Ähnlich verhält es sich auch mit dem Spirituosenkonsum. Hier stehen reine und unverfälschte Produkte wie Korn Weinbrand oder auch klare Obstbrände sowie hochwertige Kräuterliköre au der Beliebtheitsskala ganz oben an.

DOORNKAAT – KLASSIKER IN DER MARKANTEN FLASCHE

Zweifellos gehört »Doornkaat« zu den bekanntesten Markenspirituosen Deutschlands. Im Supermarktregal findet man die markante grüne Flasche ebenso wie im Fachhandel. Auch aus der Gastronomie ist der »Doornkaat« nicht fortzudenken. Die dreifach gebrannte ostfriesische Kornspezialität wird bereits seit 1806 nach einem alten Familienrezept hergestellt. Allerdings hat man sich im Laufe der Jahre auch dem veränderten Kundengeschmack angepaßt. So hebt sich »Doornkaat« der neuen Generation deutlich von der starken Wacholdernote früherer Jahre ab. Nach wie vor jedoch handelt es sich um ein Qualitätsprodukt, für das pro 0,7 Liter-Flasche 15 000 Weizenkörner benötigt werden.

Im Prinzip entspricht die Herstellungsmethode in der ersten Phase dem des Korns. Allerdings hat man bei Doornkaat einige Verfahren spezialisiert, unter anderem gibt es eigens entwickelte Gärbottiche, um ein besonderes Kornfeindestillat erzeugen zu können. Dieses wird nach längerer Lagerzeit noch einmal mit frischen Wacholderbeeren destilliert und anschließend mit aufbereitetem Tiefbrunnenwasser auf eine Trinkstärke von 38 % Alkoholgehalt herabgesetzt.

Die Entwicklung der jeweiligen Spirituose hängt natürlich unmittelbar mit den zu Verfügung stehenden Grundprodukten zu sammen. So findet man klare Getreide schnäpse vor allem im Norden des Lande während in den Weinbauregionen vorran gig Trauben und Wein destilliert werden.

NICHT JEDER »KLARE« IST EIN KORN

Die Urform des klaren Schnapses ist der a anderer Stelle ausführlich beschrieben Korn. Grundlage für diesen Begriff ist ei reiner Getreidebrannt, wie man ihn per ge setzlicher Definition nur im deutsche Sprachraum kennt. Darüber hinaus gibt aber noch eine Vielzahl anderer Korn spirituosen, die ihren besonderen Charak ter durch Zugabe von Kräutern, Gewürze oder ähnlichen natürlichen Aromastoffen e halten und im allgemeinen als »Klare« b zeichnet werden.

In dieser Kategorie gehört der aus dem os friesischen Städtchen Norden stammend »Doornkaat« zweifellos zu den beliebteste Schnäpsen Deutschlands. Eine Spezialit aus dem gleichen Hause ist der anläßlic des 175jährigen Jubiläums erstmals wiede produzierte »Gründerbrand«. Hierbei ha delt es sich um eine klassische Kornspir tuose eigener Prägung, abgefüllt in ein speziellen Flasche, die der ursprüngliche Doornkaat-Flasche nachempfunden ist. Eine weitere Besonderheit ist der edle »Pr vat«, ein 40 %iger feiner alter Korngeneve

SPEZIALITÄTEN

...er aus besten Ingredienzien dreifach gebrannt und aufwendig veredelt wird. Als Zeichen höchster Brennkunst werden die limitierten Flaschen im Glas jeweils einzeln numeriert.

BELIEBTER WACHOLDER

Wacholder wird seit etlichen Generationen als Aromaspender für klare Schnäpse geschätzt. Zu den bekanntesten Marken gehört der aus dem Rheinland stammende »Uerdinger«. Seit der Firmengründer Henri Melcher anno 1804 dem französischen Kaiser Napoleon Bonaparte seinen Wacholderschnaps kredenzte, wird diese Kornspezialität unverändert nach einem geheim gehaltenen Rezept in Uerdingen gebrannt. Einen guten Ruf genießen auch die Marken »Strothmann« und »Wippermann«. Bereits im 15. Jahrhundert kannte man in dem kleinen westfälischen Dorf Steinhagen ein Rezept zur Herstellung eines Getränks aus Wacholderbeeren, dem man heilende Kräfte zuschrieb. Die Rezepturen wurden

Ein traditioneller Wacholderschnaps kommt aus dem Hause Strothmann.

»Schinkenhäger« ist eine beliebte Steinhäger-Marke. Die Fantasie der Hersteller sorgt inzwischen auch in diesem Bereich für Geschmacksvielfalt.

STEINHÄGER – DER BESONDERE WACHOLDER

»Echter Steinhäger« unterscheidet sich von anderen Wacholderschnäpsen vor allem dadurch, daß heute mit dem Namen der westfälischen Stadt nur noch Erzeugnisse benannt werden dürfen, die auch dort hergestellt werden. Eine weitere gesetzliche Grundlage schreibt zur Produktion die Verwendung von Wacholderlutter vor. Hierbei handelt es sich um ein 5 %iges Destillat aus reiner Wacholder-Maische, das anschließend mit Korn und frischen Beeren noch ein weiteres Mal gebrannt wird.

DEUTSCHLAND

MARKEN – KLARE SCHNÄPSE

Berentzen
Das Haus Berentzen bietet neben einem »Original Steinhäger« im typischen Tonkrug auch Wacholderschnäpse in anderen Geschmacksvarianten.

Doornkaat
Nach streng gehütetem Rezept hergestellte Kornspirituose mit Wacholderaroma. Spitzenprodukt ist »Doornkaat Privat«.

Hulstkamp
Klarer aus Korn, der über Wacholder destilliert wird.

Jückemöller
Jückemöller ist eine der ältesten Korn- und Steinhägerbrennereien und wurde 1897 in Steinhagen gegründet.

Original Schlichte
Der »Original Schlichte« wird in gläserne, grüngranulierte Glasflaschen – »Kruken« genannt – gefüllt und gilt als die älteste Steinhäger-Marke.

Strothmann
Neben dem klassischen Wacholder gehört der »Wacholder mit Boonekamp« zu den Besonderheiten des Hauses Strothmann.

Uerdinger
Der beliebte Markenwacholder vom Niederrhein hat eine lange Tradition.

Wippermann
Deutschlands größter Wacholder-Hersteller befindet sich in Lemgo.

Vorzugsweise eisgekühlt genießt man den Klaren aus dem äußersten Norden Deutschlands. »Bommerlunder« kann auf eine lange Tradition zurückblicken.

in den bäuerlichen Familien streng gehütet, zumal die Destillation nur für den Eigenbedarf gestattet war. Erst 1688 lockerte man diese Verordnung und gestattete der Gemeinde, diese nun »Steinhäger« genannte Spezialität gewerblich herzustellen und in der Region zu verkaufen. Es sollte jedoch noch zwei Jahrhunderte dauern, bis der Schnaps aus Korn und Wacholder im ganzen Land bekannt sein würde. Nach wie vor wird der Klare aus Westfalen in der typischen Steingutflasche abgefüllt und ge-

nießt inzwischen auch in weiteren Varianten, beispielsweise aromatisiert mit Beeren oder Kräutern, ungetrübte Beliebtheit.

HOCH GESCHÄTZTES KÜMMELAROMA

Spätestens seit zu Beginn des 20. Jahrhunderts der skandinavische Aquavit seinen Siegeszug auch in Deutschland begonnen hatte, ist dieser herbe Klare auch in unserem Lande heimisch geworden. Begonnen hat alles mit dem Einfuhrverbot ausländischer Spirituosen durch das Deutsche Reich in den 20er Jahren. Schnell reagierte man im dänischen Aalborg und gründete ein

SPEZIALITÄTEN

deutsche Niederlassung in Berlin. Da der Name »Aalborg« exclusiv für Aquavit aus eben dieser Stadt geschützt ist, nannte man den in Deutschland produzierten Kümmelschnaps entsprechend dem Firmensignet »Malteserkreuz«.

Ein ursprünglich deutscher Aquavit ist der »Bommerlunder«. Er wird von der Firma Dethleffsen in Flensburg hergestellt. Man erzählt sich, das Rezept habe ein Offizier im Jahre 1760 dem Gastwirt des »Krugs von Bommerlund« für Kost und Logis überlassen. Dieser hat es dann später an Christian Dethleffsen veräußert. In den 60er Jahren galt »Bommi mit Pflaume« als besondere Spezialität. Auch heute noch gibt es diese stark gesüßten, nach einem besonderen Rezept eingelegten Pflaumen zum Bommerlunder im Fachhandel zu kaufen. Diese nostalgische Köstlichkeit ist auf jeden Fall einen Versuch wert!

WODKA – KLAR ODER ROT

Im Zuge der Internationalisierung beliebter Spirituosen wird Wodka natürlich auch in Deutschland hergestellt. Viele Marken sind jedoch im unteren Preis-Segment angesiedelt und in erster Linie in den Regalen von Supermarkt-Ketten zu finden.

Ein Name jedoch kann sich schon seit mehreren Jahrzehnten unter den etablierten Anbietern behaupten. »Puschkin Vodka« in der unverkennbaren, hohen Flasche ist ein kristallklarer, durch Aktivkohle gefilteter und anschließend ein weiteres Mal destillierter Wodka von hoher Qualität. Wer erinnert sich nicht an den legendären »Puschkin mit Kirsche«? Selbst die Besucher des Zirkus »Roncalli« wurden als Werbegag vom beliebten »Puschkin-Bären« begrüßt. Auch heute wieder liegt der Hersteller H. C. König aus Steinhagen mit dem »Puschkin Red« voll im Trend der fruchtigen Spirituosen. Das innovative Produkt wird aus Wodka und dem Saft herber Blutorangen hergestellt. Es ist sehr gut zum Mixen, beispielsweise mit Sekt, geeignet und schmeckt aber auch pur. Ein ähnliches Produkt ist der »Rote Rogoschin« aus dem Hause Bols-Strothmann. Allerdings hat man hier den Wodka mit Schlehenlikör aromatisiert. Der meistverkaufte deutsche Wodka allerdings nennt sich »Gorbatschow«. Eine Familie mit diesem Namen mußte nach der Oktoberrevolution aus Rußland emigrieren und ließ sich in Berlin nieder. Da man aber über die nötigen Kenntnisse zur Herstellung des beliebten russischen Wässerchens verfügte, wurde die Produktion ab 1921 in Berlin aufgenommen. Schließlich muß auch noch eine Kümmel-Spezialität Erwähnung finden, die man vor allem in Hamburg schätzt. Mit dem plattdeutschen Wort »Köm« bezeichnet man einen Kümmelbranntwein, der sein unverwechselbares Aroma durch die verschiedenen Kräuter erhält

Klar, »Red« oder mit Kirsche? »Puschkin Vodka« liegt mit seinen Produkten schon seit vielen Jahren im Trend der Zeit.

MARKEN – AQUAVIT UND WODKA

Angelburger
Milder, typischer Aquavit aus dem Hause Dethleffsen in Flensburg.

Bommerlunder
Deutscher Aquavit mit eigenem Charakter. Das Rezept stammt aus dem 17. Jahrhundert.

Hamburger Michel
Milder Aquavit mit über hundertjähriger Tradition.

Kronenkreuz
De Danske Spritfabrikker stellt den »Kronenkreuz-Aquavit« seit 1975 in Berlin her.

Malteserkreuz
Die deutsche Version des klassischen »Aalborg Aquavit«. Die Marke ist seit den 20er Jahren hierzulande bekannt.

Rogoschin
Rogoschin ist die Wodkamarke der Firma Bols-Strothmann. Sehr beliebt: »Roter Rogoschin«.

Puschkin Vodka
Bekannter Wodka aus deutscher Herstellung. Eine im Trend liegende Spezialität ist »Puschkin Red«.

Wodka Gorbatschow
Der meistverkaufte deutsche Wodka stammt aus Berlin.

De geele Köm
Feine Kümmelspirituose nach einem traditionellen Rezept von G. Dethleffsen.

DEUTSCHLAND

MARKEN – LIKÖRE

Cottbus
Als »Cottbusser Spirituosen Spezialität« wird der »Likendeeler Eismint« in einer blauen und einer grünen Version angeboten.

Echte Kroatzbeere
Nach einem alten schlesischen Rezept wird dieser Brombeerlikör heute von der Firma Moritz Thienelt in Düsseldorf produziert. Eine weitere Spezialität ist der »Frühstücks-Kümmel«.

Eckes
Eckes »Edelkirsch« ist der bekannteste deutsche Kirschlikör.

Gilka
Ehemals in Berlin ansässige Spirituosenfirma. Heute werden der berühmte »Kaiser-Kümmel«, den man schon im deutschen Kaiserhaus zu schätzen wußte, und der stärker aromatisierte »Gilka-Vit« in Essen hergestellt.

Grassl
Die bedeutende deutsche Gebirgsenzian-Destillerie betreibt fünf Brennhütten im Berchtesgadener Land. Neben dem typischen Enzian gibt es noch weitere Geschmacksvarianten.

Helbing
Seit über 150 Jahren wird dieser Kümmel in Hamburg destilliert.

Keuk
Der Likörhersteller aus Braunschweig ist vor allem durch den »Türkischen Mokka« landesweit bekannt.

und anschließend im Eichenfaß lagert. Man nimmt ihn sehr gern zur Herstellung von Teepunsch auf friesische Art.
Neben Kornspirituosen spielen Schnäpse auf Weinbasis – natürlich abgesehen von Weinbrand – in Deutschland kaum eine Rolle. Lediglich Tresterbrände genießen derzeit im Kielwasser von Grappa & Co. verstärkte Aufmerksamkeit. Dabei handelt es sich allerdings nicht mehr um die typischen hefelastigen und derben Schnäpse, wie man sie besonders von der Mosel und auch anderen Weinbauregionen kannte, sondern um duftige, feine und oft sortenreine Destillate in aufwendig gestalteten Flaschen. Wie schon erwähnt: Grappa läßt grüßen!

EINZIGARTIGE LIKÖRSPEZIALITÄTEN

Die Zahl der Liköre, die in Deutschland produziert werden, ist fast so groß, wie die hierfür denkbaren Ausgangsprodukte. Zwischen einem klaren Schnaps und einem typischen Likör ist der »Gilka Kaiser Kümmel« einzuordnen. Im Prinzip entspricht sein Destillationsverfahren dem des Aquavits, doch anschließend wird er leicht gesüßt. Eigentlich handelt es sich dabei um einen traditionellen »Berliner Kümmel«, auch wenn sich die Firma Gilka heute in Essen befindet. Eine andere Spezialität dieses Hauses ist der »Gilka-Vit«, ein Kümmellikör mit unübersehbarem Anis- und Fenchelaroma. Ein Klassiker hingegen und seit vielen Jahren beliebt ist »Eckes Edelkirsch«, der aus dem herbfruchtigen Saft der Marascakirsche hergestellt wird und in Deutschland der meistgetrunkene Fruchtlikör seiner Art ist. Ähnliche Liköre stellt unter anderem auch die Firma Vetter in Wunsiedel her.
Ein weiterer, sehr beliebter Fruchtsaftlikör war ursprünglich in Schlesien beheimatet. Heute hat man bei Moritz Thienelt in Düsseldorf das alleinige Recht zur Produktion von »Echte Kroatzbeere«, einem säuerlich fruchtigen Brombeerlikör.
Das Berliner Unternehmen Mampe erzeugt seit vielen Jahren nach holländischem Vorbild unter dem Namen »Halb und Halb« eine Mischung aus bitterem und süßem Orangenlikör. Als »Grüne Pomeranze« gibt es den durch die Verarbeitung frischer Schalen

SPEZIALITÄTEN

grünlichen Bitterorangenlikör auch pur. Heutzutage ein wenig aus der Mode gekommen ist der »Persico«, ein mit Pfirsichöl und anderen Ingredienzien aromatisierter Likör. Auch Schlehen werden gerne als Grundlage für einen etwas herberen Fruchtlikör verwendet. Der bekannteste unter ihnen heißt »Schlehenfeuer« und enthält neben Wildfrüchten auch karibischen Rum.

OSTPREUSSISCHE TRADITIONEN

Bis in das Jahr 1598 zurück reicht die Entstehungsgeschichte des »Danziger Goldwassers«. Dieser heute in der Bundesrepublik produzierte Likör wird aus Kornsprit und aromatischen Zusätzen wie Kardamom, Koriander, Wacholderbeeren, Kümmel, Lawendel, Selleriesamen, Nelken, Zimt sowie Zitronen und Bitterorangenschalen hergestellt. Anschließend setzt man auch noch Orangenblüten und Rosenwasser zu. Die besondere Attraktion aber ist das in der Flasche schwebende, fein verteilte Blattgold. Es wirkt sich weder geschmacklich noch in sonst irgendeiner Weise auf den Genuß aus, sondern dient lediglich der Originalität dieser nach wie vor beliebten Spezialität.

Auf einen ostpreußischen Ursprung blickt auch die 1914 in Wiartel gegründete Likörfabrik »Kosaken-Kaffee« zurück. Seit 1952 hat das Unternehmen seinen Sitz allerdings im schleswig-holsteinischen Preetz. Das bekannteste Produkt des Hauses ist der 28 % Mokkalikör, aber auch eine andere Tradition aus der alten Heimat wird hier weiter lebendig gehalten. Der »Bärenfang«, ein sehr süßer Honiglikör, ist ein gleichfalls traditionelles Produkt des Hauses. Zu seiner Herstellung werden pro hundert Liter Likör rund 25 Kilogramm Bienenhonig verarbeitet.

Auch die Firma »Keuk« aus Braunschweig verfügt mit dem Kaffee-Likör »Türkisch Mokka« über einen sehr beliebten Bestandteil des Sortiments.

Die Neugier auf recht ungewöhnliche Geschmackserlebnisse führt dazu, daß ständig neue Spirituosen auf den Markt kommen. Einige stellen sich bald als modisches Strohfeuer heraus, andere können sich im Laufe der Zeit etablieren. Der Tropic-Liqueur »Jambosala« ist hierfür ein gutes Beispiel. Eine neue Spezialität, der Pfefferminzlikör »Likendeeler Eismint«, kommt aus Cottbus und trägt der Tatsache Rechnung, daß die Sommer hierzulande immer heißer werden. Er wird in zwei Varianten angeboten und eignet sich zum puren eiskalten Genuß ebensogut wie zum Mixen.

DEUTSCHER WHISKY REIFT IN RINTELN AN DER WESER

Auch wenn es unglaublich klingen mag, so stimmt es doch. Der einzige bedeutende deutsche Whisky reift in großen Eichenfässern in Rinteln an der Weser. Bis in die 70er Jahre hinein war »Racke rauchzart« sogar die stärkste Whisky-Marke in Deutschland überhaupt. Sie wurde im Jahre 1959 unter dem Label »Red Fox« geschaffen, dann aber aufgrund schottischer Interventionen, der Name klinge zu englisch, zwei Jahre später in »Racke rauchzart« umgetauft.

Seitdem hat sich das Erscheinungsbild stets geändert und dem Zeitgeschmack entsprechend angepaßt. Besonders die Flasche wurde immer schlanker. Der rote Fuchs als Markensymbol jedoch blieb stets erhalten.

Die Destillate zur Herstellung dieses milden Whiskys werden nach wie vor in Schottland hergestellt. Heute ist »Racke rauchzart« hinter »Ballantines« und »Johnnie Walker« die drittstärkste Whiskymarke in der Bundesrepublik.

Kosaken-Kaffee
Das bekannte Unternehmen stammt ursprünglich aus Ostpreußen und hat sich nach dem Krieg in der Bundesrepublik völlig neu etabliert.

Mampe
Alteingessene Berliner Spirituosenfirma. Das bekannteste Produkt ist der Orangenlikör »Halb und Halb«.

Riemerschmidt
Im Jahre 1835 in München gegründete Sprirituosenfirma. Zum Angebot gehören viele Likörspezialitäten, besonders auch mit exotischem Flair. Von großer Bedeutung ist auch die Enzianbrennerei.

Tisserand
Tisserand bietet ein sehr vielfältiges Likörprogramm. Neben den verschiedenen Frucht-Spezialitäten, zu denen auch »Williams Christ« oder »Green Bananas« gehören, sind vor allem »Kirsch-Whisky«, »Kakao-Nuß« und »Edel Mokka« beliebt.

Schlehenfeuer
Herber Wildfruchtlikör mit karibischem Rum.

Vetter
Vetter aus Wunsiedel stellt neben den »Sechsämtertropfen« verschiedene aromatische Liköre her. Die bekanntesten sind »Jambosala« sowie »Cocosala«, »Banasala«, aber auch Edelliköre wie »Danziger Goldwasser«, »Ebereschenlikör« und »Eis-Kümmel«. Enzian, Bärwurz und Jagertee sind ebenfalls bekannte Produkte des Sortiments.

FRANKREICH

Traditionell gilt Frankreich als das Land der Feinschmecker und Genießer. Aber auch für hochprozentige Spezialitäten ist allerorts gesorgt. Es ist schon erstaunlich, mit welcher Fantasie französische Schnapsbrenner Wein, Früchte, Obst, Korn, Gewürze und Kräuter in aromatische Brände, Liköre und Aperitifs verwandeln können. Jede Region ist stolz auf ihre oft vor Nachahmern geschützten Spezialitäten. Wer aus dem reichhaltigen Angebot unserer westlichen Nachbarn nur Cognac und Calvados kennengelernt hat, dem sind bisher manch sinnliche Gaumenfreuden verborgen geblieben.

FRANKREICH

Cognac

Königlicher Weinbrand

Überall in der Welt erkennt man den Cognac als feinste aus Trauben destillierte Spirituose an. Schon über 300 Jahre dauert diese wechselvolle und auch von Rückschlägen gezeichnete Karriere. Die Legende führt die Entdeckung des Cognacs auf das Jahr 1650 zurück. Damals soll der Ritter de la Croix-Maron einen Alptraum gehabt haben, in dem der Teufel versuchte, seine Seele zu rauben, um sie anschließend zum Sieden zu bringen. Als dies auch beim zweiten Versuch nicht gelingen wollte, schreckte der Ritter auf und hatte eine folgenschwere Idee: Durch zweimaliges Brennen müsse es möglich sein, die Seele des Weins zu gewinnen.

DER BODEN

Das einmalige Zusammentreffen von Klima, Bodenbeschaffenheit und Meeresnähe macht die Charente zum idealen Anbaugebiet für den Wein, aus dem einmal der Cognac werden soll. Auf 83 000 Hektar wachsen hier die Trauben für den »Trank der Götter«, wie ihn der berühmte französische Schriftsteller Victor Hugo einmal nannte. Im Jahre 1850 bewies der Geologe Coquand den eindeutigen Zusammenhang zwischen den Eigenschaften des Bodens und der Qualität der Weine. In der Charente wird er vor allem durch Kreide geprägt. Hierdurch wird die Feuchtigkeit sowohl bei Trockenheit als auch in regnerischen Sommern optimal reguliert.

Soviel zur Legende. Heute wissen wir dank entsprechender Dokumente, daß die ersten Destillationsversuche in dieser Region bereits zu Anfang des 15. Jahrhunderts gemacht wurden.

Allerdings bedurfte es noch vieler Experimente, bis man endlich in der Lage war, die Brennblase so einzusetzen, wie es noch heute geschieht. Natürlich gibt es auch historisch belegbare Fakten, die eine solch ausgeprägte Brennerei-Kultur in dieser Region begründen. Ursprünglich galt die Stadt Cognac als Handelsmetropole für Salz, später auch für Wein. Schnell entwickelten sich beste Verbindungen mit ganz Nordeuropa. Im 12. Jahrhundert war England einer der wichtigsten Handelspartner, aber auch Skandinavien und die Niederlande hatten Bedarf an den Produkten aus der Charente. Bald schon verdrängte der ausgezeichnet

COGNAC

Wein das Salz und wurde der bedeutendste Exportartikel der Charente. Während des 16. Jahrhunderts jedoch war die Weinproduktion in einem solchen Maße angestiegen, daß dies gravierende Absatzschwierigkeiten zur Folge hatte. Gleichzeitig sank aber die Qualität, und die alkoholarmen und sauren Weine litten stark unter dem langen Seetransport.

DESTILLATION ALS NOTLÖSUNG

Den holländischen und englischen Kaufleuten blieb kein anderer Ausweg, als die minderwertigen Rebsäfte am Ende ihrer Reise zu destillieren, damit sich wenigstens mit dem so erzeugten Schnaps noch ein Geschäft machen ließ. Dies erkannten nun auch die Händler der Charente. Von nun an brannten sie ihre Weine vor dem Export und kamen sogleich wieder ins Geschäft mit ihren nordeuropäischen Handelspartnern. Erst als einige Wirtschaftskrisen die großen Schnapsvorräte unverkäuflich machten, entdeckte man, daß die lange Lagerzeit den Destillaten nicht geschadet hatte, sondern im Gegenteil, eine erhebliche Qualitäts- und Geschmacksverbesserung nach sich zog. Unentwegt arbeitete man nun an der Verfeinerung der Herstellungsmethoden und bereits gegen Ende des 17. Jahrhunderts eröffneten einige Verkaufskontore, deren Verbindungen in die ganze Welt reichten. Nach und nach entstanden große Unternehmen, so daß man schon 1819 mit der Gründung der Firma Bisquit von einem frühen »Markenprodukt« sprechen konnte. Zu dieser Zeit kannte man bereits Richard Hennessy, einen jungen Iren, der 1765 eine eigene Firma gründete, oder Thomas Hine, der seit 1755 selbständig arbeitete. Auch Rémy Martin erfreute sich schon eines bekannten Namens. Der Handel war inzwischen soweit etabliert, daß jährlich fast 28000 Fässer verschifft wurden. Ein Wandel stellte sich seit der Mitte des 18. Jahrhunderts ein, denn nun wurde Cognac immer öfter auf Flaschen gefüllt,

Zu den traditionsreichen Marken gehört auch Cognac »Bisquit«. Das seit 1819 bestehende Unternehmen befindet sich in dem kleinen Städtchen Rouillac. Die Bisquit-Domäne ist das größte zusammenhängende Weinbaugebiet der Region.

DIE TRAUBEN

Die Zahl der Rebsorten, aus denen der für die Cognac-Herstellung benötigte Wein gewonnen wird, besteht aus drei durch gesetzliche Reglementierungen festgelegte Sorten. Die Winzer dürfen nur die weißen Trauben Ugni blanc, Folle blanche und Colombard anbauen. Die hochwertige Ugniblanc-Traube hat im Laufe der Zeit die Oberhand gewonnen und stellt den überwiegenden Teil der Ernte. Hierfür hat man inzwischen eigens für das Charente-Gebiet spezielle Maschinen entwickelt.

FRANKREICH

Die Charente ist die Heimat des Cognac

Die Cognac-Region ist aufgrund gesetzlicher Vorgaben streng begrenzt. Wie Kreise ziehen sich die Lagen, die man in Frankreich als »Cru« bezeichnet, um das malerische Städtchen Cognac.

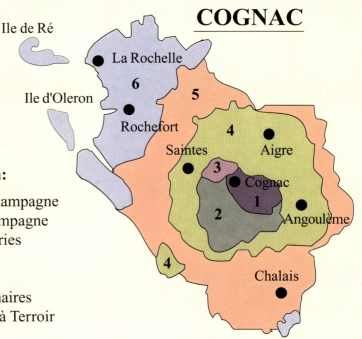

Die Regionen:

1. Grande Champagne
2. Petite Champagne
3. Les Borderies
4. Fins Bois
5. Bons Bois
6. Bois Ordinaires oder Bois à Terroir

Die Fässer

Cognac darf nur in Fässern aus Eichenholz des Limousin oder Tronçais reifen. Das gespaltene Holz der 60 bis 90 Jahre alten Bäume lagert erst drei Jahre im Freien, bevor es zu Faßdauben verarbeitet wird.

Der Inhalt der Cognac-Fässer beträgt meist zwischen 270 und 350 Litern Füllmenge.

in Kisten verpackt und anschließend exportiert. Von dieser Entwicklung profitierte eine weitverzweigte Zulieferindustrie, die nicht zuletzt den Wohlstand in der Region festigte. Inzwischen kannte man Cognac bereits in der Neuen Welt aber auch auf den Inseln des Indischen Ozeans.

Folgen der Reblauskatastrophe

Einen unglaublichen Rückschlag brachte das Jahr 1875. Die Reblaus befiel die Weinstöcke und vernichtete bis zum Ende des Jahrzehnts den gesamten Rebbestand. Damals war die Charente das größte Weißwein-Anbaugebiet Europas. Es dauerte über 20 Jahre, bis die Wiederbepflanzung Erfolge zeigte. Nach vielen Versuchen fand man unter Verwendung nordamerikanischer Reben einen Weg, Weinstöcke zu züchten, die

»Hardy« wurde 1863 gegründet und ist eine der wenigen, noch in Familienbesitz befindlichen Cognac-Marken. Zur Philosophie des Hauses gehört die Pflege von Kunst und Tradition.

den Angriffen des Schädlings trotzten. Nun waren die Weichen für einen neuen Anfang gestellt. Allerdings hatten die letzten Jahre auch die Winzer finanziell sehr geschwächt, so daß sie auf die Hilfe der großen Cognac-Händler angewiesen waren. Diese unterstützten nun die Weinbauern beim Aufbau neuer Rebanlagen. Gleichzeitig stellte sich ihnen aber ein neues Problem: Aufgrund der Beliebtheit des Cognacs gab es inzwischen zahlreiche Nachahmer, die vor allem während der Cognac-Knappheit ihre Position stärken konnten.

EIN DENKWÜRDIGES JAHR – 1909

So wurde im Jahre 1909 per Gesetz eine Aufteilung der einzelnen Gebiete für die Cognac-Erzeugung festgelegt. Diese entsprachen den Grenzen, wie sie sich eigentlich schon seit 1860 eingebürgert hatten. Auch heute noch gilt diese Aufteilung. Sie besteht aus sechs Anbaugebieten.

Sozusagen das Herz mit der Stadt Cognac ist die Grande Champagne. Hier wird der beste Cognac erzeugt. Sehr kreidereiche Böden sorgen für ein bukettreiches Destillat. Die Petite Champagne umschließt im Süden die Grande Champagne wie ein Hufeisen. Dort ist der Kreideanteil ein wenig geringer, und die Weine zeigen sich feinblumig und feurig.

Die kleinste Region heißt Les Borderies und schließt unmittelbar an die Grande Champagne an. Ihre fetten, lehmhaltigen Böden bringen einen körperreichen Wein ohne besondere Feinheit hervor.

Das Anbaugebiet Fins Bois umschließt die drei vorher genannten Regionen wie ein Ring. Hier wird der größte Teil des Gesamtertrags der Charente erzeugt. Die Bons Bois sind ein waldiges Gebiet, das die äußere Grenze der Region bildet. Hier erzeugte Brände gelten als besonders feurig.

GLÄSER

Auch für den Cognac gilt eine »Goldene Regel«, die sich letztendlich auf alle

Spirituosen gleichermaßen anwenden läßt: Das Glas muß eine Form haben, bei dem sich das Aroma der Nase konzentriert darbietet. Gleichzeitig muß das Verhältnis zwischen dem im Glas befindlichen Weinbrand und dem zur Verfügung stehenden Luftraum stimmen. Nur so kann sich das edle Getränk richtig entfalten. Von Kennern werden deshalb die schmalen, tulpenförmigen Gläser, in denen sich der Cognac optimal präsentieren kann, bevorzugt.

FRANKREICH

MARKEN

J. R. Brillet
Dieser Name ist schon seit dem 17. Jahrhundert mit dem Weinbau in der Grande Champagne verbunden. Besonderheit: Der 30jährige »Héritage« in einer besonders wertvollen Flasche.

Camus
Die fünftgrößte Cognac-Marke ist gleichzeitig der größte Familienbetrieb der Branche. Das Haus war ehemals Lieferant des russischen Zaren und pflegt auch heute wieder gute Kontakte mit Rußland.

Courvoisier
Das große Cognac-Haus besitzt keine eigenen Weinberge. Zeitweilig galt »Courvoisier« als meistverkaufter Cognac, mußte diese Position aber in den letzten Jahren wieder abgeben.

Croizet
Das Unternehmen wurde in den ersten Jahren des 19. Jahrhunderts gegründet und hat sich einen Namen bei der Wiederbepflanzung nach der Reblausplage gemacht. Das Angebot reicht von einfachen Cognacs bis zu alten und sehr alten Vorräten.

Delamain
Die Spuren dieser alten, mit dem französischen Königshaus verwandten Familie reicht bis 1625 zurück. Man kauft mindestens 15jährige Cognacs, die anschließend in alter Eiche lange reifen können.

Den nordwestlichen Bereich bilden die Bois Ordinaires. Weine aus dieser Gegend sind nicht sehr bedeutsam und stellen nur einen Anteil von 3 % des Gesamtertrags. In den 30er Jahren unseres Jahrhunderts wurde die Bezeichnung der Crus innerhalb der Regionen gesetzlich geregelt. Die Deklaration »Grande Fine Champagne« beispielsweise gebührt nur einem Cognac, der ausschließlich aus Trauben dieser Region hergestellt wurde, während das Prädikat »Fine Champagne« einen Traubenanteil von mindestens 51 % aus der Grande Champagne verlangt.

STRENGE ÜBERWACHUNG

Erst seit 1941 überwacht die französische Staatsverwaltung, das »Bureau National Interprofessionnel du Cognac« (B.N.I.C), die Produktion der edlen Brände. Neben der Prüfurkunde stellt diese Behörde auch das berühmte »Gelbe Zertifikat« (Acquit-à-caution régionale jaune d'or) aus. Diese Urkunde befindet sich in jeder Cognac-Kiste,

Die meisten der großen Cognac-Firmen veranstalten gut organisierte Führungen für ihre Besucher.

egal in welches Land der Erde sie auch immer exportiert wird. Kaum eine Spirituose wird so stark von geographischen und geologischen Gegebenheiten geprägt wie der Cognac. So hat jede Region ihre besonderen Eigenschaften, seien es die frischen Meeresbrisen oder der Einfluß des kontinentalen Klimas im Osten. Auch die verschiedenartige Beschaffenheit der Kreideböden wirkt sich jeweils unterschiedlich aus,

*»Prince Hubert de Polignac« ist ein anspruchsvoller Markencognac, den man in den Qualitäten V.S., V.S.O.P. und X.O. in den meisten Fachgeschäften kaufen kann. Wenngleich der große Familienname Tradition vermuten läßt, so handelt es sich bei dem Hersteller dieser Erzeugnisse doch um die einzige große Winzergenossenschaft der Region Cognac.
Die adelige Familie gestattete im Jahre 1947 die Benutzung ihres Namens als Cognac-Marke.*

COGNAC

Nicht zu vergessen ist natürlich auch die Rebsorte, aus welcher der Brennwein gekeltert wird. Das Gesetz läßt hier eine Vielzahl verschiedener Typen zu, in der Praxis jedoch besetzt die Ugni blanc, auch Saint Émilion genannt, rund 80 % der Anbaufläche. Der Rest entfällt auf die Sorten Folle blanche und Colombard, während einige andere Züchtungen in der Statistik kaum eine Rolle spielen. All diese Voraussetzungen sind dahingehend ausgerichtet, einen Wein zu erzeugen, der nicht durch gute Trinkeigenschaften glänzt, sondern als reines Ausgangsprodukt für den Destillationsprozeß dient. Dieser Vorgang ist auch heute noch durch Tradition geprägt.

Die endgültigen Eigenschaften des Cognacs werden nicht durch zufällige Faktoren, sondern einerseits durch die Zeit der Reife im Eichenholzfaß und andererseits durch die Kunst des Verschneidens geprägt. Wichtige Faktoren sind Zeit und Ruhe.

COGNAC IST...

Eine offizielle Begriffsbestimmung lautet demzufolge: »Cognac ist das Resultat einer Destillation von naturreinen Weißweinen, die innerhalb der abgegrenzten Region Cognac geerntet und mit dem alten Destilliergerät aus der Charente, den örtlichen Gewohnheiten entsprechend, destilliert werden.« So vollzieht sich der Brennvorgang wenig spektakulär. Zuerst wird der Wein auf etwa 60° Celsius erwärmt, um anschließend in traditionellen Brennblasen, den Alambics, über offenem Feuer zweimal gebrannt zu werden. Nach dem ersten Durchgang erhält man den sogenannten Brouillis mit einem Alkoholgehalt von 25-30 %. Vom zweiten Brand, dem Bonne Chauffée, verwendet man ausschließlich den Mittellauf. Hierbei handelt es sich um ein reines Destillat zwischen 60-70 % Alkoholgehalt. Zwischen 7 und 10 Liter Wein werden benötigt, um einen Liter Cognac zu produzieren. Nach dem Brennvorgang beginnt ein komplizierter Prozeß der Reife und des Verschnitts. Noch ist das Destillat wasserklar und wird erst später seine typische Farbe erhalten. Ein wichtiger Faktor hierfür ist die Faßlagerung. Ideales Holz für deren Herstellung kommt aus den Eichenwäldern von Limousin, östlich von der Region Cognac gelegen. Das poröse Holz ist stark tanninhaltig und eignet sich besonders gut zur Lagerung des Cognac, da es zwar luftdurchlässig, aber auch extrem wasserdicht ist. Eine Alternative bilden die Fässer aus Tronçais-Eiche. Diese Wälder befinden sich westlich von Burgund und sind im 17. Jahrhundert von dem französischen Staatsmann Colbert angelegt worden, um Holz für den Bau der französischen Flotte zu erhalten. Diese Stämme weisen weniger Tannin auf als die der Limousin-Eiche und sind deshalb besonders für Cognacs mit kürzeren Lagerzeiten geeignet. Ihre Herstellung

Dor
Kleines, sehr individuelles Haus. In den Beständen befinden sich noch eigene Cognacs aus der Zeit vor der Reblaus. Es besteht eine Sondergenehmigung zur Angabe der Jahreszahlen auf den Etiketten.

Frapin
Traditionsreiches Haus mit bewegter Familiengeschichte. Das Sortiment ist vielseitig, wobei die hochwertigen Brände aus eigenem Anbau stammen.

Hardy
Die Familie stammt wohl aus England und ließ sich Ende des 19. Jahrhunderts in der Charente nieder. Die Cognacs aus diesem Haus haben einen ausgezeichneten Ruf.

Hennessy
Die größte Firma in Cognac ist mit ihren Bränden heute in der ganzen Welt bekannt. Beachtliche Vorräte alter Jahrgänge stellen auch die Qualität für die Zukunft sicher.

Hine
Ende des 18. Jahrhunderts lieferte der Einwanderer Thomas Hine faßweise Cognac in seine Heimat, um ihn englischen Aristokraten zu verkaufen. Auch heute noch gehören Mitglieder der Familie zur Geschäftsleitung.

Lagrange
Diese 1961 gegründete Cognacmarke ist ein Fantasiename des bekannten Hauses »Martini & Rossi«.

FRANKREICH

Marnier
Auch das für seinen Likör bekannte Haus genießt mit seinen Cognacs einen guten Ruf.

Martell
»Martell« ist die älteste der großen Cognac-Firmen. Auch ihr Gründer, Jean Martell, kam 1715 aus England.

Otard
Berühmtes Cognac-Haus ohne eigene Weinberge und Destillieranlagen.

Prince Hubert de Polignac
Die einzige große Winzergenossenschaft mit einem Markenprodukt in Cognac.

Rémy Martin
Die 1724 gegründete Firma hatte Ende des 19. Jahrhunderts nahezu keine Bedeutung mehr. Ein neues Management schaffte die Wiederbelebung in den vergangenen Jahrzehnten. »Rémy Martin« ist heute der Inbegriff des modernen Cognacs.

Renault
Klassische Cognac-Handelsfirma, die als erste Cognac in Flaschen verkaufte.

Louis Royer
Das traditionsreiche Cognac-Haus gehört heute zum japanischen Getränkekonzern »Suntory«.

gestaltet sich nach bestimmten Regeln, die teilweise gesetzlich vorgeschrieben sind. So wird das Holz der mindestens 50 Jahre alten Bäume nicht gesägt, sondern gespalten. Anschließend muß es mindestens 3 Jahre unter freiem Himmel abgelagert werden. Während dieser Zeit waschen Wind und Regen die bittersten Tannine heraus. Anschließend folgt die Arbeit in der Küferei. Früher hatten die meisten Fässer ein Fassungsvermögen von 205 Litern. Dieses relativ geringe Volumen führte dazu, daß die darin gelagerten Cognacs einen starken Holzton annahmen. Im Laufe der Jahre haben sich jedoch Fässer mit 350 Litern Inhalt bewähren können, wenngleich es auch größere, sogenannte Tonneaux, gibt. Während der Cognac im Faß reift, nimmt ihm das Holz einen Teil seiner Schärfe, auf der anderen Seite erhält er einen leicht goldenen Farbton. Dieser Reifeprozeß zieht sich über einen langen Zeitraum hin, wobei natürlich auch jedes Faß je nach Alter einen anderen Einfluß auf das Destillat hat.

DER LETZTE SCHLIFF

Deshalb ist es nun die Aufgabe des Kellermeisters, stets das richtige Faß einzusetzen. In den ersten Monaten sind dies vorrangig junge Fässer, und mit fortschreitender Reife greift man auf immer ältere Gebinde zurück, da diese ihre Gerbsäure bereits abgegeben haben.

Die Geheimnisse der Lagerzeit sind ebenfalls ein unerschöpfliches Thema. Von offizieller Seite registriert man die Phasen der Reife, wobei die Zählung jeweils am 31. März beginnt. Man bezeichnet ein Destillat während der Zeit zwischen dem Lesezeitpunkt und dem darauffolgenden 31. März als Compte 00. Nach dem 1. April wird der Cognac als Compte 0 deklariert. Überschreitet ein Cognac am 1. März das Alter von einem Jahr, bezeichnet man ihn als Compte 1. Von nun an wird jedes Jahr aufwärts bis Compte 6 gezählt. Diese Bezeichnung gilt dann für alle Cognacs, die älter als 6 Jahre sind. Darüber hinaus gibt es keine offizielle Kontrolle mehr. Demnach bleibt eine längere Lagerzeit jedem Erzeuger selbst überlassen.

Während der Reifezeit folgen alle Cognacs einer bestimmten Entwicklungskurve. Zuerst steigt die Qualität kontinuierlich an, dann verlangsamt sich dieser Vorgang und kommt schließlich vollends zum Stillstand. Aus diesem Grunde werden auch edle Qualitäten spätestens ab dem 40. Jahr auf große Glasflaschen gefüllt, um hier, abgeschottet von äußeren Einflüssen, ihren Zustand nicht mehr zu verändern.

Während der langjährigen Faßlagerung verdunstet stets ein Teil des Destillats. Man beziffert diesen »Anteil der Engel« auf 3 bis 4 % pro Jahr. Deshalb wird dem Faß über die Jahre behutsam destilliertes Wasser oder ein Gemisch aus demselben mit schwachem Cognac hinzugefügt, damit schließlich die gewünschte Trinkstärke erreicht wird.

Ist die Zeit der Reife im Holz abgeschlossen, folgt ein weiterer wichtiger Schritt. Vor der Abfüllung auf Flaschen müssen die Brände ihren typischen, markenspezifischen Charakter erhalten. Karamel gilt hierbei als legitimes Mittel, dem Destillat eine intensivere Farbe zu geben, ohne den Charakter zu verändern. Die weitverbreitete Ansicht, eine dunkle Farbe lasse auf eine lange Lagerzeit im Faß schließen, ist ein Irrtum. Selbst nach mehreren Jahrzehnten präsentiert sich ein Destillat ohne Zusätze nur

COGNAC

leicht goldgelb. Die größte Erfahrung verlangt die abschließende »Mariage«, so nennt man den Vorgang des Verschnitts. Es gilt als besondere Kunst, verschiedene Jahrgänge und Sorten derart miteinander zu vermischen, daß eine einheitliche Qualität erzielt wird. Nun kann der endgültig fertiggestellte Cognac in mehr oder weniger edle Flaschen gefüllt werden.

VERWIRRENDE ETIKETTEN

Für Verwirrung sorgen oft die Etiketten mit ihren verschlüsselten Altersangaben. Seit 1974 dürfen auf den Flaschen die Jahrgänge nicht mehr in Zahlen angegeben werden. Diese Tatsache führte zur Verwendung von unterschiedlichsten Bezeichnungen, die im nebenstehenden Kasten näher erläutert werden. Es gibt gute Gründe dafür, Cognacs, die älter als sechs Jahre sind, nicht zu deklarieren. Aufgrund der komplizierten Verschnitte verschiedener Jahrgänge ist eine Kontrolle ohnehin kaum möglich. Grundsätzlich ist ein Cognac nach 8 oder 10 Jahren bei sauberer Destillation, tadelloser Lagerung und kunstvollem Verschnitt einem schwächeren Produkt mit erheblich längerer Reifezeit überlegen.
Über 95 % der edlen Spirituosen gehen in den Export. Daran haben die vier großen Erzeuger Martell, Hennessy, Rémy Martin und Courvoisier einen Anteil von über 70 %. Den Rest bestreiten eine Vielzahl individueller Kellereien und Handelshäuser mit oft sehr hoch geschätzten Namen.

Das Beste vom Besten! Der Cognac »Louis XIII« aus dem Hause Rémy Martin verbindet die Erfahrung der Destillationskunst mit der Geduld, die man aufwenden muß, damit die edlen Brände in wertvollen, jahrhundertealten Eichenfässern reifen können. Die gläserne Karaffe ist die Reproduktion eines Originals aus dem Jahre 1569. Zu jeder Karaffe gehört ein kleines, aufwendig gestaltetes Büchlein mit der jeweiligen laufenden Nummer dieser echten Cognac-Rarität.

DIE ALTERSBEZEICHNUNGEN

Jeder Cognac besteht aus Destillaten unterschiedlichen Alters. Deshalb gibt es auch keinen Jahrgangs-Cognac. Die Reifezeit und die entsprechenden Cognac-Bezeichnungen sind gesetzlich festgelegt.

*** **V. S.** (Very Special) **Fine** **De Luxe** **Sélection**	bezeichnen Cognacs, die mindestens dreieinhalb, im Durchschnitt aber über fünf Jahre gelagert wurden.
V.S.O.P. (Very Superior Old Pale) **V.O.** (Very Old) **V.S.O.** (Very Superior Old) **Grande Fine** **Grande Sélection** **Réserve**	bezeichnen Cognacs, die mindestens viereinhalb, im Durchschnitt aber 8–12 Jahre gelagert wurden.
X.O. (Extremly Old) **Age Inconnu** **Extra** **Vieux** **Napoléon** **V.X.O.** (Very Extremly Old)	bezeichnen Cognacs, die mindestens sechseinhalb, im Durchschnitt aber 20–40 Jahre gelagert wurden oder noch älter sind.

FRANKREICH

Armagnac
Im Schatten der Charente

Kaum ein anderer edler Weinbrand wird in Deutschland so oft mißverstanden und unterschätzt wie der Armagnac. Erst seit einigen Jahren bietet der Fachhandel ein breit gefächertes Sortiment dieser feinen Spirituose an. Seinen heutigen Stellenwert verdankt er nicht zuletzt vielen engagierten Gastronomen, die seine Qualitäten entdeckten und ihm einen gebührenden Platz innerhalb ihrer Digestifauswahl einräumten. Stets erliegt man dem Vorurteil, beim Armagnac handele es sich sozusagen um den »kleinen Bruder« des schon wegen seines Rufs viel höher gewürdigten Cognacs.

DIE TRAUBEN

Zur Erzeugung der Weine für die Armagnac-Destillation bevorzugt man die Rebsorten Folle Blanche, Saint Émilion, Colombard, Jurançon und Baco 22 A, eine Kreuzung aus der Folle-Blanche und der amerikanischen Noah-Rebe. Diese Traube wird allerdings nur im Bas-Armagnac-Gebiet angebaut.

Hier in der Gascogne, auf den Hügeln und in den Tälern von Garonne und Adour mit ihrer herrlichen Reblandschaft, entstanden die ersten Weinbrände.

Diese Behauptung läßt sich aber leicht widerlegen. Bereits im Jahre 1461, also viel früher als der Cognac, wurde der Armagnac erstmals in einer Urkunde erwähnt. Man kann allerdings davon ausgehen, daß es sich hierbei in erster Linie um ein nicht sehr schmackhaftes Elixier mit medizinischer Wirkung handelte.

DREI KULTUREN ALS VORAUSSETZUNG

Allerdings dauerte es dann nicht mehr lange, und man erzeugte durchaus trinkbare Weinbrände, die als legitime Vorläufer des heutigen Armagnacs bezeichnet werden dürfen. Die Voraussetzungen dafür, so sagt man, haben drei Kulturen geschaffen. Den Grundstein legten bereits die Römer mit ihren Weinbaukenntnissen. Die Gallier selbst verfügten über die Kunst der Faßherstellung, und die arabischen Eroberer schließlich hinterließen die Technik der Destillation.
Der Alambic, ihr Destillationsapparat, gilt als Vorläufer des heute verwendeten Armagnac-Brenngeräts. Doch anfänglich reichte die Bekanntheit des herben Weinbrands kaum über das Département Gers hinaus. Hierfür sorgten jedoch alsbald die Bewohner dieser rauhen Berglandschaft, die Armagnaken, welche als wilde Landsknechte im mittelalterlichen Europa zu zweifelhaf-

»Millésimés«, also Armagnacs alter Jahrgänge, sind der besondere Stolz des Hauses »Cles de Ducs«. Die Flaschen für diese Raritäten erkennt man an der Bordeaux-Form, auch »Pot Gascon« genannt.

ARMAGNAC

Das traditionelle Armagnac-Brenngerät garantiert, daß dem Wein nur das Beste entzogen wird.

...em Ruf gelangten. Die weitere Verbreitung übernahm anschließend die niederländische Handelsflotte.

Transportbeschränkungen auf der Garonne und ein Weinumschlagsverbot in Bordeaux für Weine aus der Gascogne führten letztendlich dazu, den größten Teil der Produktion zu destillieren, um ihn lagerfähig zu machen. Mitte des 19. Jahrhunderts hatte sich bereits ein florierender Armagnac-Handel entwickelt. Inzwischen wurde auch das typische Brenngerät optimiert, und der durch diese Entwicklung gewachsene Wohlstand der Erzeuger und der Handelshäuser ermöglichte eine langfristige Lagerung der edlen Brände unter wirtschaftlichen Aspekten. Man sagt dem Armagnac nach, er sei ein Spiegel der gegensätzlichen Landschaft, die ihn hervorbringt. In seinem vielfältigen Bukett findet man die weichen und milden

HOCHPROZENTIGES AUS DER GASCOGNE

Nach einer Verordnung aus dem Jahre 1909 darf Armagnac nur in drei festgelegten Regionen erzeugt werden.

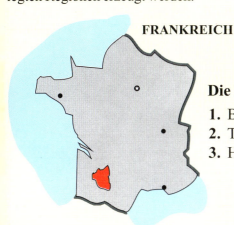

Die Regionen:
1. Bas-Armagnac
2. Ténarèze
3. Haut-Armagnac

ARMAGNAC

APPELLATION D'ORIGINE CONTRÔLLÉE FÜR ARMAGNAC

Name, Herkunft und Herstellungsverfahren des Armagnac sind gesetzlich geregelt. Obwohl es nur drei Armagnac-Regionen gibt, hat das Gesetz noch eine vierte Variante der Appellation d'Origine Contrôllée vorgesehen:

Armagnac
(Appellation Armagnac Contrôlée)
Diese Herkunftsbezeichnung deklariert ausschließlich Verschnitt von Bränden, die aus mindestens zwei verschiedenen anerkannten Armagnac-Regionen stammen. Oftmals sind sie sogar in drei Herkunftsgebieten produziert worden.

Haut-Armagnac
(Appellation Haut-Armagnac Contrôlée)

Ténarèze
(Appellation Ténarèze Contrôlée)

Bas-Armagnac
(Appellation Bas-Armagnac Contrôlée)

Jede dieser drei Herkunftsbezeichnungen setzt den Ursprung von Wein und Destillat aus einer der jeweiligen Einzelregionen voraus.

FRANKREICH

MARKEN

Castarède
Das 1832 in Lavardac gegründete Unternehmen ist die älteste nach wie vor bestehende Armagnac-Firma. Noch heute befindet sie sich im Besitz der Familie Castarède, die den Armagnac als erste am Hof Ludwig des XV. einführte. Das Haus hat keine eigene Brennerei. Vielmehr werden alte Erzeugnisse aus dem Bas-Armagnac eingekauft und in ebenfalls alten Fässern ausgebaut.

Chabot
Das 1828 von der Familie Chabot in Labastide d'Armagnac gegründete Unternehmen gehört heute zur Camus-Gruppe. Mit über einer Million verkauften Flaschen in 80 Ländern gehört dieser Armagnac auch in Deutschland zu den erfolgreichsten Marken.

Château de Laubade
Das alte Schloß in Nogaro ist eine der vorzüglichen Adressen. Sie gilt als Pionier für Einzellagen. Destillate aus der eigenen Brennerei werden drei Jahre in frischer Montlezun-Eiche gelagert.

Clés des Ducs
Namhafte Firma mit großen Vorräten an altem Armagnac. Im Verkauf protegiert man aber junge Erzeugnisse.

Flarambel
Mitten im Ténarèze gelegenes, historisches Château. In traditioneller Form werden edle Brände limitiert hergestellt

---

Eindrücke ebenso wieder wie herbe und feurige. Die Farben reichen von hellem Gold über Dunkelbraun bis Rostrot. Der beste Armagnac stammt aus dem Tiefland, dem Bas-Armagnac um Eauze, aber auch das Haut-Armagnac mit der Hauptstadt Auch und die Landschaft Ténarèze erzeugen Qualitätsbrände.

EINFLUSS DURCH SAND UND KREIDE

Die Bodenbeschaffenheit der einzelnen Regionen wirkt sich in merkwürdiger Form auf die Qualitäten aus. Während die Kreideböden der Charente erlesene Cognacs hervorbringen, wachsen die Trauben für die schwächsten Armagnacs auf den Kreideböden des Haut-Armagnac. Diese Destillate werden oftmals nicht zu Armagnac verarbeitet, sondern vielmehr als Grundstoff für die in dieser Region ebenfalls ansässige Likörproduktionen verwendet. Die feinste Armagnacs stammen von den Sandböde des Bas-Armagnac, während die Tonerd des Ténarèze einen leichten und schnelle alternden Weinbrand hervorbringt. Name Herkunft und Herstellung des Armagna sind durch die »Appellation Contrôllée gesetzlich geregelt.

Um eine Flasche mit dem begehrten Etike des Bas-Armagnac versehen zu können, sin strenge Voraussetzungen zu erfüllen. Unte anderem muß das Destillat hundertprozen tig aus dieser Region stammen, und auc die Weiterverarbeitung darf nur hier gesche hen. Neben der A.C. für die drei Einze regionen hat man noch eine vierte eingeführ Mit dem Prädikat »Appellation Armagna Côntrollée« bezeichnet man den Verschni von Bränden, die mindestens aus zwei ver schiedenen Armagnac-Regionen stammer Als Trauben für den Brennwein haben sic

ARMAGNAC

die weißen Rebsorten Folle-Blanche, Saint-Émilion, Colombard und Jurançon durchsetzen können. Der spezifische Charakter der Weine dieser Reben zeichnet sich durch einen hohen Säuregehalt und wenig Alkohol aus. Sie eignen sich deshalb kaum als Trinkwein, bringen aber alle Vorraussetzungen für ein gehaltvolles Destillat. Dieses erzeugt man traditionell durch die kontinuierliche Säulendestillation, allerdings ist seit 1972 als Alternative auch die zweifache Destillation nach dem Alambic-Verfahren erlaubt. Aufgrund des kontinuierlichen Brennverfahrens bleiben dem Armagnac Bestandteile des Weines, die bei der Cognacbereitung ausgeschieden werden, er-

Die Ursprünge der Hauses Montesquiou reichen bis in das 11. Jahrhundert zurück. Die Armagnacs dieser Marke stammen ausschließlich aus der Bas-Armagnac-Region und Ténarèze.

DIE ALTERSANGABE EIN BUCH MIT SIEBEN SIEGELN

Anders als der Cognac kennt, man beim Armagnac Jahrgangsbezeichnungen. Diese sagen jedoch nur aus, daß die Grundweine aus dem angegebenen Jahr stammen.

Noch komplizierter sind die vollends ohne System gewählten Bezeichnungen für Verschnitte, denn sie verwirren den Verbraucher in den meisten Fällen.

Grundsätzlich sollte man wissen, daß die Deklarierung immer nur das Alter des jüngsten Weins eines Verschnitts tragen darf. Zudem ist die Information wichtig, daß Armagnac in der Flasche nicht altert und deshalb der Reifeprozeß zum Stillstand kommt.

Über die Dauer des Faßlagers sagt das Etikett also nichts aus. Wurde der '51er Armagnac bereits nach einjähriger Faßreife in Flaschen gefüllt oder hat er vor der Abfüllung 10, 20 oder gar 30 Jahre im Holz reifen können? Vielleicht hat man das Faß sogar in mehreren Etappen geleert, so daß jede Abfüllung einen anderen Alterungsprozeß durchlebt hat. Grundsätzlich sollte man sich ohnehin nicht durch sensationelle Altersangaben blenden lassen, sondern vielmehr dem eigenen Geschmack die Präferenz vorbehalten.

*** bis *****	bezeichnet Armagnacs, die mindestens ein bis drei Jahre gelagert wurden.
V.S. (Very Special) **Sélection** **De Luxe**	bezeichnet Armagnacs, die mindestens drei Jahre gelagert wurden.
Superieur **Premièr Choix** **Grande Sélection**	bezeichnet Armagnacs, die mindestens vier Jahre gelagert wurden.
Réserve **V.O.** (Very Old) **V.S.O.P.** (Very Sup. Old Pale) **Grande Fine**	bezeichnet Armagnacs, die mindestens fünf Jahre gelagert wurden.
Extra **Napoléon** **Vieille Réserve** **Hors d'Age** **X.O.** (Extremely Old)	bezeichnet Armagnacs, die über fünf Jahre gelagert wurden.

Älterer Armagnac darf unter einer beliebigen der vorstehenden Bezeichnungen verkauft werden.

FRANKREICH

B. Gelas & Fils
Dieses Armagnac-Haus wurde 1865 von Baptiste Gelas gegründet. Im Jahre 1919 erwarb man zwei weitere Destillerien und vergrößerte den Betrieb stetig. Heute werden die Erzeugnisse aus dem Bas-Armagnac in der ganzen Welt geschätzt.

Janneau
Die Firma gehört zu den ältesten Armagnac-Häusern der Region. Es werden vor allem Armagnacs aus edelsten Destillaten in anspruchsvoller Ausstattung angeboten.

J. de Malliac
Bereits im 12. Jahrhundert ließ sich die Familie Malliac in Montréal-de-Gers nieder. Heute führt die Familie Bertholon das traditionelle Château. Man macht sich hier besonders für die Angabe des Abfüll- und Destillierdatums auf der Flasche stark.

Laberdolive
Gérard Laberdolive führt die Tradition seines Vaters auf dem kleinen Gut Labastide mit Respekt fort. Weine der »Domaine d'Escoubes« oder der »Domaine du Pillon« werden als Jahrgangs-Armagnac in alten Eichenfässern gelagert. Man entdeckt hier seltene Jahrgänge von 1904 aufwärts.

Lafontan
Das in Castelnau-d'Auzan ansässige Armagnac-Haus produziert seit dem Ende des letzten Jahrhunderts gute Brände in verschiedenen Qualitäten.

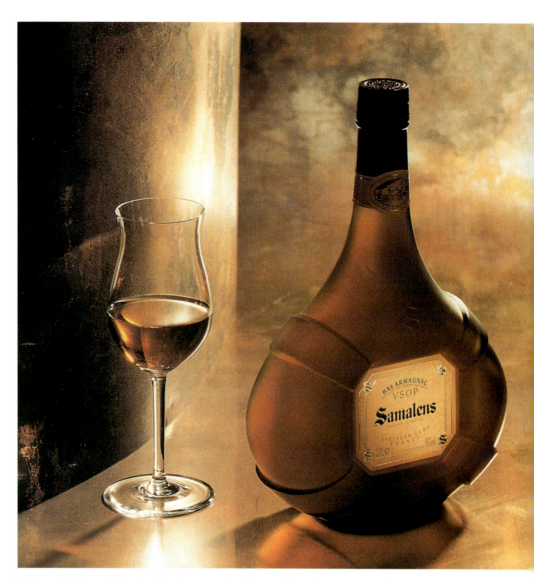

Die Armagnacs des angesehenes Hauses »Samalens« stammen immer aus der Region Bas-Armagnac.

halten. Ein kompliziertes System aus durchlöcherten Platten und Röhren sorgt dafür, daß unerwünschte Bestandteile ausgeschieden werden, die wertvollen Duft- und Geschmacksstoffe des Mostes hingegen voll erhalten bleiben.

DAS GEHEIMNIS DER AROMASTOFFE

Um dem Armagnac einen besonders ausgeprägten Geschmack zu verleihen, dürfen dem Brennwein Aromastoffe wie Haselnüsse, Kräuter oder Pflaumen beigegeben werden. Die Herstellung des Armagnac unterliegt der strengen Kontrolle des Bureau National Interprofessionnel de l'Armagnac (B.N.I.A.). Hier werden jedes Jahr Begleitscheine für bestimmte limitierte Mengen, sogenannte Aquits, ausgestellt. Behördliche Vorschriften bestimmen auch, daß nur zwischen Oktober und April nach der jeweiligen Traubenernte gebrannt werden darf. In den imposanten Reifekellern zieren Jahreszahlen die einzelnen Fässer mit jeweils 225 Litern Inhalt. Heute verwendet man aber auch größere Gebinde mit einem Volumen bis zu 420 Litern. Sie werden aus der sogenannten »Schwarzen Eiche«, wie sie in der Gascogne beheimatet ist, hergestellt. In diesem dunklen Eichenholz altert das Destillat sehr schnell und erhält ein typisches durch Holz und Wein gleichermaßen geprägtes Bukett. Im Faß verbleibt der Armagnac mindestens zwei, höchstens jedoch 40 Jahre, denn fortan wird er keinesfalls besser, sondern es beginnt ein unaufhaltsamer Abstieg. Hinzu kommt, daß auch der jährlich auf 4 % zu beziffernde Schwund seinen Tri

ARMAGNAC

...ut fordert. In den Kellern lagern die Fässer ...n zwei Reihen übereinander. Junge Destil...te kommen zuerst in die oberen, frischen ...nd ungebrauchten Barriques, nach einer ...ngemessenen Zeit werden sie dann in die ...nteren, älteren Fässer umgefüllt.
...m die gewünschte Trinkstärke zu erlan...en, gibt man dem Destillat während der ...agerzeit nach und nach eine Mischung aus ...estilliertem Wasser und schwachem Arma...nac bei.

DIE BEDEUTUNG DES JAHRGANGS

...er Jahrgang, »Millésimé« genannt, spielt ...eim Armagnac eine bedeutende Rolle. ...ährend die bekannten Weinbrände, egal ...b in Italien, Spanien, Frankreich oder ...eutschland, als Markenprodukte bekann...er Häuser stets ihre typischen Eigenschaf...en durch streng gehütete Verschnittechniken ...halten, behält der unverfälschte Armagnac ...eine jahrgangsspezifischen Merkmale bei. ...s ist aber auch erlaubt, den Weinbrand als ...erschnitt in den Handel zu bringen. In die...em Fall werden vor allem unterschiedliche ...ahrgänge miteinander vermählt, um eine ...leichbleibende Qualität zu erzielen. Nach ...er Reifezeit wird der Armagnac entweder ...n moderne Großtanks gefüllt oder auf Fla...chen gezogen. Nun büßt er nichts mehr von ...einen Eigenschaften ein. Offiziell wird die ...agerzeit lediglich fünf Jahre kontrolliert. ...ährend dieser Zeit über...acht das B.N.I.A. ...en Reifeprozeß und ...eklariert alle Destil...te ähnlich wie beim ...ognac mit Alters...onten. Ist der Jahr...ang auf der Flasche ...icht durch eine Zahl ...ermerkt, so gibt es ...ch hier verschiedene

...ie Zeit der Reife ...ehört zu den wichtig...en Etappen der ...rmagnac-Erzeugung. ...ie Eichenfässer ...erden in zwei Reihen ...bereinander gestapelt.

Buchstaben-Codes. Allerdings basiert auch nach Ablauf von fünf Jahren jede Angabe auf Vertrauen. Die von den Erzeugern gewählten Fantasiebezeichnungen schließen nicht aus, daß in einzelnen Fällen die Faßlagerzeit überschritten wurde.

Im Département Gers gibt es nicht die grossen, international vertretenen Häuser wie in der Charente. Vielmehr sind es kleinere, mit sehr viel Engagement geführte Betriebe, die unter Kennern einen ausgezeichneten Namen haben.

Entsprechend hat sich auch die Präsentation der edlen Brände in den letzten Jahren gewandelt. Ursprünglich kannte man die typische Bocksbeutelform als traditionelle Armagnacflasche. Inzwischen aber sind der Fantasie bei der Gestaltung der gläsernen Gefäße keine Grenzen mehr gesetzt.

Selbstverständlich genießt man Armagnac aus einem dünnwandigen Schwenker, der sowohl die Duftstoffe sammelt als auch der Handwärme kaum Widerstand entgegenbringt. Eher umstritten ist die (Un)sitte, den Armagnac aus einer warmen, eben geleerten Kaffeetasse zu trinken.

Nicht unerwähnt bleiben sollten die beliebten »Pruneaux de l'Armagnac«, in Armagnac eingelegte Pflaumen. Weniger bekannt ist die Tatsache, daß auch das Aroma anderer Früchte mit dem Armagnac bestens harmoniert. Spezialitäten wie »Framboises de l'Armagnac« oder der »Clémentines de l'Armagnac« sind unbedingt einen Versuch wert.

Larressingle
Eine der ältesten Firmen in Armagnac. Das Château befindet sich bereits seit 1250 in den Händen der Familie. Eine eigene Brennerei besitzt die Firma in Condom nicht. Dafür sind die Keller mit den alten Armagnacs besonders bemerkenswert.

Marquis de Montesquieu
Das Haus in Eauze wurde erst 1936 zwecks Verkaufs des auf den eigenen Gütern erzeugten Armagnacs gegründet. Heute wird teilweise Armagnac von kleinen Produzenten zugekauft. Die großen – »Kathedrale« genannten – Keller enthalten 3500 Fässer. Hier reifen beste Qualitäten.

Sempé
Das weltbekannte Unternehmen hat seinen Sitz in Aignan. Das Haus gehört zu den größten Armagnac-Firmen. Sempé besitzt nur etwa 20 Hektar eigene Weinberge. Die meisten Trauben werden zugekauft.

Samalens
1882 eröffnete Jean-François Samalens in Laujuzan eine Brennerei mit Kellerbetrieb. Als der Vertrieb 1970 von Rémy-Martin übernommen wurde, bildeten vor allem die alten Armagnacs ein unschätzbares Kapital des auch heute weitgehend im Familienbesitz befindlichen Hauses. Typische Bas-Armagnac Erzeugnisse.

FRANKREICH

Die kleinen, herben Äpfel sind typisch für die Calvados-Herstellung. Es werden aber auch süße und bittere, den Geschmack beeinflussende Sorten verarbeitet.

Calvados

Feiner Geist aus herben Äpfeln

Keinem Apfelschnaps der Welt ist ein solcher Bekanntheitsgrad zuteil geworden wie dem berühmten Calvados aus der Normandie. In dem rebenlosen, nordöstlichen Landesteil Frankreichs kannte man schon sehr früh die Methode, aus dem dort wachsenden Obst einen wohlschmeckenden Most herzustellen. So übernahm der Cidre, also der Apfelmost, hier die Rolle des Weins. Deshalb lag auch der Schluß nahe, daß man bereits im frühen 16. Jahrhundert erste Versuche unternahm, diesen Apfelwein zu brennen.

APPELLATION CONTRÔLÉE

Seit 1942 bestehen für den Calvados gesetzliche Reglementierungen.

Appellation Calvados Contrôlée
Dieser Calvados hat eine gesetzlich geregelte Herkunftsbezeichnung und kommt aus einem der genau definierten Produktionsgebiete. Eine Ausnahme bildet hier nur die Region »Pays d'Auge«.

Appellation Calvados du Pays d'Auge Contrôlée
Hier erzeugter Calvados muß bestimmte Voraussetzungen erfüllen. Das Destillat darf nur durch zweimaligen Brennvorgang nach der Charente-Methode hergestellt werden. Aus dem »Pays d'Auge« stammen die besten Calvados.

Es sollte jedoch noch eine Weile dauern, bis der inzwischen sehr beliebte Apfelschnaps im 19. Jahrhundert entsprechend seiner Herkunft, nach dem Département Calvados, benannt wurde. Heute ist das Produktionsgebiet auf elf Bezirke begrenzt, von denen das Pays d'Auge im Jahre 1946 eine »Appellation d'Origine Contrôlée« zuerkannt bekam. Eine spanische Armada Galeone mit dem Namen »El Calvador«, die 1588 vor der normannischen Küste strandete, soll dem Département Calvados und damit dem inzwischen so beliebten Apfelbranntwein seinen Namen gegeben haben. Unter welcher Bezeichnung das Cidre-Destillat bis zu diesem Zeitpunkt bekannt war, ist nicht überliefert.

DIE ERSTEN RICHTLINIEN

Bereits 35 Jahre zuvor belegt eine Tagebucheintragung des Adeligen Gilles de Gouvervill aus Mesnil-en-Val auf der Halbinsel Cotentin, daß er »sydre« brenne. Ein weiteres Dokument aus dem Jahre 1580 zeugt von Richtlinien zur Herstellung von Apfelbranntwein. Trotzdem blieb das hochprozentige Apfeldestillat für viele Jahrhunderte den Bewohnern der Normandie vorbehalten.
Erst nach dem Ersten Weltkrieg, als Soldaten aus allen Regionen Frankreichs Bekanntschaft mit dem aromatischen Apfelschnaps gemacht hatten, wuchs seine Beliebtheit im ganzen Lande. Dies hatte zu Folge, daß sich auch Produzenten außerhalb des Départements Calvados dieser Bezeichnung bedienten. Ein Schutz des Namens erwies sich über viele Jahre als sehr schwierig.

Für eine schicksalhafte Wende sorgte ausgerechnet die Treibstoffknappheit während des Zweiten Weltkriegs. Eine Verordnung der französischen Regierung forderte die Beschlagnahmung aller Spirituosen, um daraus Brennstoff für Militärfahrzeuge zu erzeugen. Hiervon ausgenommen waren nur Produkte mit geschützter Herkunftsbezeichnung. Diese wurde nur für den Calvados aus dem Pays d'Auge erteilt.

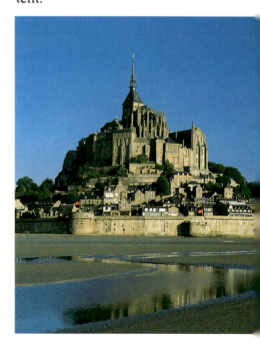

CALVADOS

NORMANNISCHER APFELBRAND

Die Regionen:
1. Cotentin
2. L´Avranchin
3. Mortainais
4. Calvador
5. Domfrontais
6. Pays d´Auge
7. La Vallée de l´Orne
8. Pays du Merlerault
9. Pays de la Risle
10. Perche
11. Pays de Bray

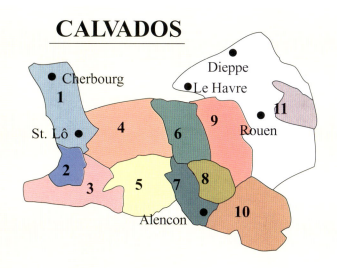

Hiermit verbunden sind strenge Produktionsrichtlinien, die nicht zuletzt dazu beigetragen haben, daß dem Calvados in den letzten Jahrzehnten ein hoher Image- und Qualitätsgewinn zuteil wurde. Nicht mehr die Masse, sondern individuelle Erzeugnisse sind heute mehr denn je gefragt. Entscheidend für die Qualität und den Geschmack des Cidre und damit natürlich auch des Calvados, sind die verschiedenen Apfelsorten, von denen es hier über 200 gibt.

ÄPFEL UND BIRNEN

Kaum bekannt ist die Tatsache, daß zur Abrundung des Aromas auch noch Birnenmost in geringen Mengen beigemischt wird. Hierbei werden allerdings Anteile von 15 % nicht überschritten. Eine Ausnahme bildet der Bezirk Domfrontais, wo der Birnenanteil dominiert und bis zu 70 % beträgt. Für diesen sehr individuellen Calvados wird derzeit eine eigene »Appellation d´Origine Contrôlée« angestrebt.

Zur Verarbeitung gelangen nur Äpfel und Birnen, die vollkommen ausgereift sind. Deshalb folgt nach der Ernte eine mehrwöchige Lagerzeit. Erst dann werden sie gestampft und gekeltert, um anschließend mindestens einen Monat zu gären. Zu diesem Zeitpunkt beträgt der Alkoholgehalt des Cidre etwa 4 %. Um einen erstklassigen Calvados zu brennen, wird der Most in einigen Fällen noch bis zu einem Jahr gelagert. In der Region Auge ist im Gegensatz zu den übrigen Bezirken ein besonderes Destillationsverfahren vorgeschrieben. Wie beim Cognac wird hier ein Rückfluß-Brennkolben verwendet. In zwei unabhängigen Brennvorgängen gewinnt man ein Destillat von 72 % Vol. Die anderen Calvados-Bezirke sind nicht auf die Brennblase festgelegt, haben aber reglementierte Produktionsmengen. Nach der Destillation wird der Schnaps traditionell in alten Cidre-Fässern aus Limou-

Das traditionelle Brennverfahren ist gesetzlich vorgeschrieben. In der Region Pays d'Auge findet die zweimalige Destillation im traditionellen Alambic-Brennkolben nach der »Charentaiser Methode« statt.

FRANKREICH

MARKEN

Boulard
Familienunternehmen mit Tradition. Die Brennerei befindet sich in Coquainvilliers, mitten im Pays d'Auge. In Deutschland gibt es neben dem »Calvados Boulard« die Pays d'Auge-Qualitäten »Fine«, »Grande Fine« und »Hors d'Age«.

Busnel
Busnel ist der älteste große Calvados-Produzent. Seit 1820 werden in Pont l'Evêque hochwertige Brände hergestellt. Es gibt den Calvados »La Normandie« sowie »Vieille Réserve« und das Top-Produkt »Hors d'Age«.

Calvador
Der »Calvador« ist eine Marke aus dem Hause Château du Breuil im Pays d'Auge. Alle Flaschen tragen auf dem Etikett die Faßnummer und den Altersvermerk »Très Vieux«.

Dauphine
Seit 1964 befindet sich die Distillerie Normande du Pays d'Auge in einem idyllischen Schloßgut. Die Produkte des Hauses werden im Ausland unter verschiedenen Namen auf den Markt gebracht.

Gilbert
Dieser Familienname hat unter den Calvados-Herstellern seit vielen Generationen einen guten Klang.
Das Stammhaus befindet sich in dem kleinen Ort Milly. In Deutschland kann man drei Qualitäten kaufen.

Die aromatischen Destillate lagern viele Jahre in großen Limousin-Eichenfässern, bis sie ihre endgültige Reife erlangt haben.

Erst der Verschnitt schafft den endgültigen Calvados, der von den meisten Herstellern in verschiedenen Qualitäten angeboten wird.

DER POMMEAU – EINE GESCHICHTE IN DREI AKTEN

Die Entstehung eines neuen Likörs

1. Akt:
Pont Audemer/Normandie 1948-53
Edmund Chort-Mutel, Sohn einer alteingesessenen Brennerfamilie hat die Idee, einen Likör auf Basis von Calvados und Apfelsaft herzustellen. Nach langwierigen Experimenten glaubt Chort-Mutel, das endgültige Rezept gefunden zu haben. Er nennt seinen in Eichenfässern gereiften Likör »Pommeau«.

2. Akt:
Pont Audemer/Normandie 1981
Nach jahrzehntelangem Kampf mit den Behörden dürfen alle Cidre- und Calvadosproduzenten den Pommeau vertreiben.

3. Akt:
Institut National des Appellations d'Origine. 17.3.1991
Die »A.O.C. Pommeau de Normandie« wird endlich erteilt.

DIE ALTERSBEZEICHNUNGEN

Altersangaben sind beim Calvados nicht vorgeschrieben. Falls das Alter doch auf dem Etikett angegeben wird, müssen die folgenden Bezeichnungen verwendet werden. Bei Verschnitten ist jeweils das Alter des jüngsten Destillats angegeben.

***	mindestens zwei Jahre alt	**Age Inconnu**	
Vieux	mindestens drei Jahre alt	**Extra**	sechs Jahre und älter
Réserve		**Hors d'Age**	
		Napoléon	
V.O. (Very Old)	mindestens vier Jahre alt		
V.S.O.P. (Very Special Old Pale)			

CALVADOS

sin-Eiche gelagert. Im Zuge der Individualisierung gibt es heute aber auch Experimente mit anderen Fässern.

Seit dem 1. Juli 1995 ist eine Mindestlagerzeit von zwei Jahren vorgeschrieben.

DIE ENTSCHEIDUNG DES KELLERMEISTERS

Letztendlich beobachtet der Kellermeister den Reifeprozeß, gleicht die natürliche Verdunstung aus und ist für den Verschnitt verantwortlich. Vor dem Abfüllen in Flaschen wird der Calvados durch Zugabe von destilliertem Wasser auf eine Trinkstärke von 40-50 % Vol. reduziert.

Ein junger »Calva«, wie die Einheimischen ihn nennen, gibt sich ausgesprochen feurig. Nach mehrjähriger Reife zeigt er sich dann als runder und trockener Branntwein, der in seiner Duft- und Geschmacksintensität dem Weinbrand ähnelt, seinen unverwechselbaren Charakter aber durch ein starkes Apfelaroma unterstreicht.

Besonders gern reicht man den Calvados als Digestif, doch an dieser Stelle ist auch erwähnenswert, daß er eine bedeutende Rolle in der Küche der Normandie spielt. Hier gilt Calvados nicht nur als beliebter Aromaspender, sondern wird auch gerne zwischen den Gängen als Appetitanreger getrunken, wo er das »Trou Normande«, das Loch im Magen, schafft. So entsteht Platz, um weitere Spezialitäten der normannischen Küche genießen zu können.

La Traque
»La Traque« ist der Markenname der Firma »Cidreries du Calvados« aus Livarot. Die drei in Deutschland vertretenen Qualitäten werden in schwarzen, versiegelten Flaschen angeboten.

Marquis d'Aguesseau
Neben dem »Jules Pommier«, einem guten Basisprodukt, wird auch der »Vieille Fine Calvados« und der 10jährige »Grande Fine Calvados« angeboten.

Or-Fee
In L'Aigle befindet sich das im Jahre 1907 gegründete Familienunternehmen »Les Caves de Normandie«. Das vielfach ausgezeichnete Haus glänzt mit individuellen Erzeugnissen, unter anderem auch Jahrgangsabfüllungen.

Pâpidoux
Die Erzeugnisse der »Distillerie de Cormeilles« haben in Deutschland eine marktführende Position. Im Angebot befinden sich »Pâpidoux Fine«, »V.S.O.P.« und der »Pâpidoux X.O.«.

Père Magloire
Das im Jahre 1821 gegründete Haus Père Magloire in Pont l'Eveque ist eine der ältesten Apfelbrandmarken. Unter anderem wird der zwölf Jahre alte »Vieux Calvados Hors d'Age« angeboten.

Roger Groult
Das seit vier Generationen im Familienbesitz befindliche Gut »Au Clos de la Hurvonière« produziert sehr gute Brände.

FRANKREICH

Marc

Das zweite Leben der Traube

Burgund ist nicht nur für seine guten Weine bekannt, sondern auch für den hervorragenden »Marc de Bourgogne«.

In nahezu allen Weinbauregionen der Welt hat man stets Wege gefunden, die Rückstände der Kelterung für die Branntweinherstellung zu nutzen. Ursache hierfür ist der Wunsch, die zur Verfügung stehenden Rohstoffe optimal zu nutzen. So war es also ursprünglich eine eher aus der Not geborene Idee, das vermeintliche Abfallprodukt nutzbar zu machen. Kleine Brennereien entstanden, die vorrangig für den Hausgebrauch und die Nachbarschaft einen eher derben, ländlichen Schnaps produzierten.

In Frankreich entstand jedoch schon sehr früh eine Kultivierung des »Marc« genannten Tresterschnaps'. Diese Entwicklung konnte die italienische Schwester Grappa erst in den letzten Jahren nachholen. Grundsätzlich ist die Herstellung der Tresterbranntweine in allen Ländern eng miteinander verwandt. Dennoch hat der französische Marc einige Besonderheiten, die es rechtfertigen, ihm ein eigenes Kapitel zu widmen. Die Herstellung von Trestern ist in Frankreich gesetzlich geregelt. Die Bezeichnung »Marc«, verbunden mit der Herkunft, ist an einen genau definierten Herstellungsprozeß gebunden.

Der »Marc« ist ein sehr individueller Schnaps, der vor allem von kleinen Erzeugern mit sehr viel Engagement hergestellt wird.

KONTROLLIERTE HERSTELLUNG

So darf beispielsweise ein Alkoholgehalt des Destillats von 70 % nicht überschritten werden. Ebenso ist die Mindestmenge nicht alkoholischer Anteile gesetzlich geregelt

MARKEN

Allexant
Modernes Gut mit eigener Brennerei in Beaune.

Bertrand
Zu den Spezialitäten der Distillerie Artisanale J. Bertrand im elsässischen Pfaffenhofen gehört auch der »Vieux Marc«.

Bouchard
Bouchard Père & Fils ist eines der größten Handelshäuser in Burgund.

Château Mont Redon
In Châteauneuf-du-Pape werden diese ausdrucksstarken Marcs erzeugt.

Joseph Drouhin
Angesehener Erzeuger im Burgund. Es werden verschiedene Qualitäten angeboten.

Domaine de la Romanée-Conti
Das wohl angesehenste Weingut Burgunds. Hier werden neben großen Weinen auch edle Marcs erzeugt.

MARC

Die wichtigsten Vorgaben der Appellation beziehen sich auf regionale Beschränkungen. So kennt man den Gewürztraminer aus Lothringen, Marcs aus der Champagne, der Franche-Comté, aus dem Jura, der Region Loire, Savoyen, Bougey und Aquitanien sowie dem Languedoc, der Provence und Marcs aus Burgund. Französische Trester werden in der Regel aus roten Trauben gewonnen. Nach der Lese sammeln die Winzer den Treber in einem Behälter, der luftdicht abgeschlossen wird. Später wird Wein zugegeben, und es entwickelt sich langsam der Gärprozeß, bei dem sich Zuckerrückstände in Alkohol verwandeln.
Bei weißen Trauben hingegen beginnt der Gärprozeß erst durch die Zugabe von Wasser und Bierhefe. Man wendet dieses Verfahren allerdings, von wenigen Ausnahmen einmal abgesehen, nur beim Marc vom Gewürztraminer an.

DIE HEIMAT DES MARC

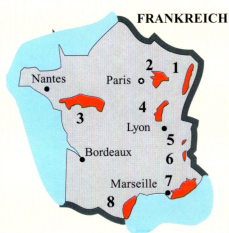

FRANKREICH

Selten: Die verspielte Flasche mit edlem Marc.

Im allgemeinen wird in Frankreich überall dort, wo Wein angebaut wird, auch Tresterschnaps gebrannt.
In einigen Regionen jedoch hat er auch überregionale Bedeutung erlangt.

Die Regionen

1. Elsaß und Lothringen
2. Champagne
3. Loire
4. Burgund
5. Jura
6. Savoyen
7. Provence
8. Languedoc

GUTE QUALITÄT DURCH MODERNE METHODEN

Ursprünglich sorgten Wanderbrennereien für die Destillation der zumeist geringen Mengen. Erst in den letzten Jahrzehnten gelang es auch modernen Betrieben, dem hohen Anspruch an die Qualität gerecht zu werden.
Zumeist werden Rückfluß-Brennkolben, wie man sie auch für die Cognacdestillation verwendet, eingesetzt. Das Erhitzen geschieht entweder durch Dampf oder im Wasserbad, da der Trester eine direkte Flamme nicht verträgt. Die feinen Marcs werden oftmals nur aus den Schalenrückständen gebrannt, so daß der durch Kerne und Stiele hervorgerufene, gerbsäurehaltige Beigeschmack gar nicht erst entsteht.
Vor allem in den Regionen Jura, Burgund, Franche-Comté und Champagne gelten diese eleganten Destillate als Spezialität. Ihren endgültigen Schliff allerdings erhalten die Marcs durch eine dreijährige Lagerung im Holzfaß. Die Entwicklung zu hochwertigen Spirituosen hat jedoch dazu geführt, daß man immer öfter edle Marcs mit bedeutend längerer Faßlagerung findet.
Der mittlerweile unüberschaubar wuchernde Kult immer neuer Präsentationsformen und fantasievoller Namen, wie er bei den unzähligen Grappe inzwischen üblich ist, blieb dem ohnehin edlen Marc bislang glücklicherweise erspart.

Gisselbrecht
Im Elsaß-Städtchen Ribeauvillé produziert man verschiedene Marcs. Die Lagerung erfolgt in Glasballons unter dem Dach der Brennerei.

Henri Marie
Der Hausherr von Château Montfort gilt als »König des Jura«. Er verkauft drei Fünftel des Weins der Region, aber auch sehr gute Marcs.

Joseph Merlin
Traditionelles Weingut in Saint Chamas/Provence. Die edlen Brände stammen aus den Trauben des eigenen Weinbaus. Die Lagerung erfolgt in alten Cognac-Fässern.

Lehmann
Die Brennerei befindet sich im elsässischen Bischoffsheim. Spezialität: Marc de Gewürztraminer.

Massenez
Diese Brennerei gehört zu den angesehensten Betrieben im Elsaß. Sie befindet sich in Dieffenbach au Val. Zum Programm gehören verschiedene Marcs vom Gewürztraminer.

Nusbaumer
Im kleinen Städtchen Ville befindet sich die wohl bekannteste Brennerei des Elsaß. Neben vielen Eaux-de-Vie gehört ein erstklassiger Marc d'Alsace de Gewürztraminer zum Angebot.

Schlumberger
Mit dem Namen dieses Hauses verbindet man in erster Linie Wein und Sekt. Es gibt aber auch einen guten Marc.

FRANKREICH

Pastis

Legitimer Erbe des Absinth

Unter den anishaltigen Spirituosen, die man in nahezu allen Kulturkreisen kennt, nimmt der Pastis eine besondere Rolle ein. Man assoziiert mit ihm sofort die leichte französische Lebensart und denkt vor allem an seinen »Vorgänger«, den legendenbehafteten Absinth. Tatsächlich soll dieser anregende Aperitif, den man auch »Grüne Fee« nannte, gegen Ende des vorigen Jahrhunderts viele Künstler nicht nur inspiriert, sondern auch in den Ruin getrieben haben.

GEHEIMNIS DER TRÜBUNG

Pastis enthält ätherische Öle, die sich in 45 %igem Alkohol vollkommen auflösen. Verdünnt man den Pastis mit Wasser und reduziert somit den Alkoholgrad, können diese Öle nicht mehr emulgieren und bilden kleinste, schwebende Tröpfchen, die das Getränk milchig und trüb erscheinen lassen.

Dabei hatte alles ganz harmlos begonnen. Im schweizerischen Couvet, nahe der französischen Grenze, lebte ganz arglos die Madame Henriod. Ihr war die stärkende und heilende Wirkung des Aniskrauts bekannt geworden. Sie mixte daraus ein alkoholhaltiges Elixier, welches der im gleichen Ort ansässige Arzt Dr. Ordinaire seinen Patienten mit großem Erfolg verschrieb. Nach dessen Tod erwarb ein gewisser Major Dubied diese Rezeptur. Er hatte erkannt, daß es sich hierbei nicht nur um eine Medizin, sondern um ein wohlschmeckendes und vor allem berauschendes Getränk handelte. Mit seinem Schwiegersohn, Henri-Louis Pernod, gründete er im Jahre 1798 ein Destillerie in Couvet. Deren Produkte erfreuten sich sehr schnell auch im benachbarten Frankreich großer Beliebtheit. Daraufhin beschloß man, dort eine weitere Brennerei zu eröffnen.

EINE BELIEBTE MEDIZIN

In der napoleonischen Armee wurde der Absinth nach wie vor als Medizin verordnet, doch die Soldaten fanden Gefallen an dem aromatischen Elixier und brachten es mit in ihre Heimat. Überall im Lande entstanden kleine Destillationsbetriebe und traten in den Wettbewerb mit der den Markt beherrschenden Firma Pernod. Längst hatte der Absinth die Cafés und Bistros im ganzen Land erobert. Um den grünen Anisschnaps trinken zu können, legte man ein Stück Würfelzucker auf einen speziellen mit Löchern versehenen Löffel und goß darüber klares Wasser in das mit Absinth gefüllte Glas. Pablo Picasso hat in zahlreichen Kleinplastiken dieses Modegetränk des Fin de Siècle vor dem Vergessen bewahrt. Der unglaubliche Erfolg rief sehr schnell die Neider auf den Plan. Man verteufelte die »Grüne Fee« und machte sie für den moralischen Verfall der Menschheit verantwortlich.

Vor allem in Frankreich, aber auch in anderen Ländern beherrschen drei große Marken den Pastis-Markt.

Pastis

Die richtige Mischung

Nach wie vor träufeln einige Zeitgenossen ihr Wasser über ein Stück Zucker in das Pernod-Glas. Doch diese traditionelle Geste ist heute nicht mehr notwendig, denn die modernen Apéritifs sind von vorneherein sehr süß. Normalerweise mischt man den Pastis je nach Geschmack mit der vier- bis fünffachen Menge klaren kalten Wassers. Bei Verwendung von Eiswürfeln dürfen diese erst nach dem Wasser in das Glas gegeben werden, da sonst das Aroma des Pastis zerstört wird. In seltenen Fällen wird der Anisschnaps auch pur getrunken. In den letzten Jahren mischt man ihn auch mit Cola, Orangensaft oder Bitter Lemon. Unter den Franzosen hat auch die Zugabe von beispielsweise Granatapfel- oder Pfefferminzsirup Tradition.

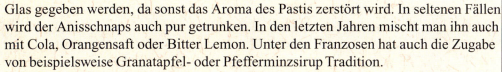

lich. Alkoholgegner kämpften Seite an Seite mit Nationalisten, denn der Absinth stammte ja schließlich aus der Schweiz. Zu guter Letzt fand man heraus, daß Absinth »gefährlich giftig ist und in seinen essentiellen Ölen Thuyol enthält, das durch seine Wirkung auf das Nervensystem zum Delirium Tremens führen kann«. Diese Erkenntnis führte dazu, daß die Schweiz im Jahre 1910 als erstes Land ein absolutes Absinthverbot erließ. Frankreich und Deutschland folgten dieser damals unpopulären Maßnahme einige Jahre später.

Die Franzosen hatten sehr schnell nach Alternativen gesucht und bereits 1932 waren wieder Aperitifs auf Anisbasis im Handel. Im gleichen Jahr stellte Paul Ricard in Marseille ein neues Getränk vor, das sich von anderen Anisschnäpsen in erster Linie durch die Zugabe von Süßholz und Karamel unterschied.

Der »Echte« aus Marseille

Er nannte es den »Echten Pastis aus Marseille« und hatte damit auf Anhieb den Geschmack des Volkes getroffen. Das Wort Pastis leitet sich von einem provençalischen Dialekt ab und bedeutet »Mischung«. Schnell entwickelte sich seine Firma zu einer der bedeutendsten Spirituosenhersteller im Lande. Eine Unterbrechung brachte dann der Zweite Weltkrieg, denn die Vichy-Regierung sprach ein Verbot für die Erzeugung von Anisspirituosen mit mehr als 16 % Alkoholgehalt aus. Als diese Beschränkung im Jahre 1951 aufgehoben wurde, nahm das Haus Pernod die Gelegenheit zum Anlaß, den »Pernod 51« – später nannte man ihn »Pastis 51« – als neues Produkt vorzustellen. Nun entbrannte ein harter Wettbewerb zwischen den marktbeherrschenden Firmen »Ricard« und »Pernod«. Jeder kennt die fantasievollen Plakate und Emailleschilder, die in den 50er und 60er Jahren für die Produkte der beiden Unternehmen warben. Dieser Konkurrenzkampf wurde 1974 durch die Fusion von Pernod und Ricard beendet.

Stern-Anis war die Basis

Heute ist Pastis mit einem Konsumanteil von 40 % das beliebteste hochprozentige Getränk Frankreichs. Neben dem Marktführer gibt es aber noch eine große Anzahl anderer Hersteller mit zumeist regionaler Bedeutung. Ursprünglich war Stern-Anis die Basis für den Pastis nach Marseiller Art. Jedoch stellten sich schon sehr früh Lieferengpässe dieser aus Asien stammende Pflanze ein. Deshalb suchte man nach Alternativen, die beispielsweise verschiedene Fenchelsorten bieten.

Längst ist Pastis auch über die Grenzen Frankreichs hinaus ein beliebter Aperitif geworden. Deshalb braucht man nicht unbedingt in einem Pariser Straßencafé oder unter dem blauen Himmel der Provence zu sitzen, um ein Stück französischer Lebensart genießen zu können.

Marken

Pernod
Ursprünglicher Absinth-Ersatz. Eigenständiger, bernsteinfarbener Aperitif. Weltweit vertretene Marke.

Ricard
Erster echter »Pastis de Marseille«. Seit 1932 auf dem Markt. Inzwischen die beliebteste Marke in Frankreich.

Pastis 51
Marseiller Pastis aus dem Hause Pernod. Nach dem Produktionsverbot im Jahre 1951 in den Handel gekommen.

Berger
1920 im schweizerischen Couvet gegründete Firma. Kurz danach folgte der Umzug nach Marseille. Die Firma bietet heute einen Pastis im traditionellen Stil an.

Pastis Duval
Kleine, beliebte Marke aus der Provence. Sie gehört heute zu »Martini & Rossi«.

Casanis
Destillations-Pastis, der nach dem Zweiten Weltkrieg auf Korsika entstanden ist.

Henri Bardouin
Relativ neues Produkt auf Basis zahlreicher Gewürzpflanzen. Typischer Provence-Pastis.

Jean Boyer
Klassischer Vertreter des parfümierten Pastis. Erst seit wenigen Jahren auf dem Markt.

FRANKREICH

Vermouth und Quinquina

Heilsame Appetitanreger

In Frankreich schätzt man die appetitanregende Wirkung des Wermut und nimmt ihn vor einer ausgiebigen Mahlzeit gerne als Aperitif.

Nachdem die wohltuende Wirkung des Wermuts gegen Ende des 18. Jahrhunderts auch über die Region des italienischen Piemont hinaus bekannt geworden war, dauerte es nicht mehr lange, bis auch in Frankreich eine eigene Produktion ins Leben gerufen wurde. Ein Auslöser für diese Beliebtheit, so wird berichtet, war Sonnenkönig Ludwig XIV. Er bestellte bei einem Turiner Händler den »Rossolis«, einen Likör aus Rosen und Orangenblüten. Hierbei handelte es sich um ein wirksames Gegenmittel, um die aus der am Hofe üblichen Völlerei entstehenden Verdauungsprobleme zu bekämpfen.

DIE CHINARINDE

Heute werden die Chinarindenbäume hauptsächlich auf Java und Sumatra kultiviert. Sie können bis zu 30 Meter hoch werden. Ihre ursprüngliche Heimat sind die Anden, wo sie in Höhen bis zu 3700 Metern vorkommen. Die eigentliche Chinarinde wird vom Stamm, den Ästen und den Wurzeln gewonnen. Das Endprodukt ist sehr bitter, geruchlos und belebend. Es enthält über 20 Nährsubstanzen, von denen Chinin die wichtigste ist.

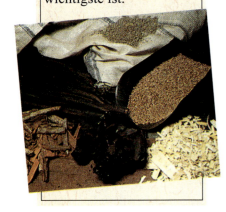

Schließlich lag es nahe, ein solches Getränk auch im eigenen Lande herzustellen. Schon bald entwickelte sich das Städtchen Chambéry, nordöstlich von Grenoble, zum Zentrum der französischen Wermutproduktion. Der in Savoyen ansässige Likörhändler Joseph Chavasse beobachtete, wie sich der Turiner Wermut auch in Frankreich durchzusetzen begann. Also entwickelte der findige Kaufmann ein eigenes Wermutrezept, basierend auf regionalen Weinen. Die hierfür erforderlichen Kräuter ließen sich in den nahen Alpen in reicher Auswahl und notwendiger Menge finden.

DIE CHANCE DES HYPPOLITE DOLIN

Hyppolite Dolin, der Schwiegersohn des Likörhändlers, ahnte den Erfolg und gründete eine Firma zum Vertrieb dieses trockenen, weniger stark aromatisierten Wermuts. Um sich von der italienischen Konkurrenz zu unterscheiden, nannte er sein Produkt »Vermut de Chambéry« – ohne »h« am Ende. Der Erfolg war diesem Getränk von Anfang an beschieden, und sehr bald war der Name »Dolin« nicht nur in Frankreich ein Begriff.

Ähnlich erfolgreich verlief auch die Geschichte eines anderen großen Wermuts, dem »Noilly Prat«. Die Firma ist auch heute noch ein in familiärer Tradition geführtes Unternehmen. Französischer Wermut basiert ausschließlich auf weißen Weinen, wobei die trockenen Geschmacksrichtungen überwiegen. Eine gesetzliche Vorgabe verlangt, daß der Alkoholgehalt zwischen 15 und 18 % liegen muß. Auch der Mindestanteil des Weins ist festgelegt. Der besondere Typ des »Vermut de Chambéry« erhielt im Jahre 1932 eine A.O.C., die den in dieser Region heimischen Herstellern vorbehalten ist. Die verwendeten Zutaten jedoch müssen nicht unbedingt aus

Über den seltsamen Namen des beliebten Aperitifs »Byrrh« existieren nur Legenden. Man sagt, es handele sich dabei um die Initialen der fünf Kinder des Firmengründers.

Vermouth und Quinquina

»St. Raphael« ist sowohl in der Version »Gold« als auch »Rouge« einer der beliebtesten Aperitifs Frankreichs.

Besonders der hochwertige Noilly-Prat »French Extra Dry« ist aus der feinen Küche kaum noch fortzudenken.

dieser Gegend stammen. Grundsätzlich unterscheidet sich der französische Typ von seinem italienischen Pendant durch eine dunklere Farbe und einen leicht oxidierenden Geschmack, der manchmal ein reiferes Alter suggeriert.

Eine französische Spezialität besonderer Art sind die dem Wermut verwandten, aber sehr individuellen Quinquinas oder »Chinaweine«. Prinzipiell werden sie zu den gleichen Gelegenheiten getrunken wie der Wermut und haben somit auch einen legitimen Platz an dieser Stelle. Der Name »Chinawein« führt uns allerdings nicht nach Asien, sondern auf den südamerikanischen Kontinent. Die Inkas bezeichneten die Baumrinde mit dem Wort »Kina«. Es ist davon auszugehen, daß bereits die spanischen Eroberer das Wort »China« davon ableiteten. Seitdem man beobachtet hatte, daß kranke Tiere die Wurzel eines ganz bestimmten Baumes anknabberten – nämlich die des Chinarindenbaumes – hat man seine heilende Wirkung auch für den Menschen genutzt. Im 17. Jahrhundert verzeichnete der Brite Sir Talbor unglaubliche Erfolge, indem er sowohl den Sohn Ludwig des XIV. als auch die spanische Königin vom Fieber befreite. Jahre später wurde das mysteriöse medizinische Geheimnis aufgedeckt. Talbor hatte Pulver vom Chinarindenbaum mit Wein vermischt. Von nun an war die Chinarinde in der Medizin akzeptiert. Erst 1820 gelang es, den Wirkstoff Chinin aus der Rinde zu isolieren. Ein wirksames Mittel zur Bekämpfung der Malaria war gefunden. Nebenbei hatte man festgestellt, daß Chinin in geringer Dosierung die Muskelkraft kurzfristig heraufsetzt.

Quinquina – ein neuer Typ

Dieses Argument machten sich auch die Spirituosenhersteller zunutze und präsentierten einen chininhaltigen Aperitif neuen Typs, den sie »Quinquina« nannten.

Neben der unterschiedlichen Aromatisierung basieren diese Getränke im Gegensatz zum Wermut nicht nur auf weißen, sondern auch auf roten Weinen. Zu den Mitstreitern der ersten Stunde gehörten die Gebrüder Simone und Pallade Violet. Ursprünglich verdingten sie sich in Thuir als Stoffhändler, bis sie im Jahre 1866 einen Weinkeller eröffneten. In den Händen hielten sie ein altes Familienrezept, das von einem Mönch, der im Ausland lebte, aufgeschrieben wurde. Nach dieser Vorgabe mischten sie ein Getränk. Dieser neue, aromatische Aperitif bekam den Namen »Byrrh«. Schon nach kurzer Zeit war er so beliebt, daß größere Produktionsanlagen gebaut wurden. Weitere Firmen entdeckten im Laufe der Jahre diesen Markt und brachten ihrerseits ähnliche Produkte in den Handel. Letztlich gleicht jedoch kein Marken-Aperitif dem anderen.

Marken

Dolin
Hierbei handelt es sich um den ursprünglichen »Vermout de Chambéry«. Sein Rezept stammt aus dem Jahr 1821.

Noilly-Prat
Weltbekannte, französische Wermutmarke. Der trockene »French Extra Dry« reift in Eichenfässern unter freiem Himmel.

Byrrh
Sehr beliebter und bereits 1866 kreierter Quinquina-Aperitif. Er reift im größten Eichenholzbottich der Welt.

St. Raphael
Das ursprüngliche Rezept geht auf einen Pariser Arzt zurück. Im Jahre 1897 stellte er seinen Quinquina unter dem Namen »St. Raphael« vor.

Dubonnet
Das erfolgreiche Getränk eroberte unter dem Namen »Quinquina Dubonnet« erst Paris und später den Rest der Welt.

Lillet
Dieser Aperitif stellt eine Besonderheit dar. Er wird auf Basis von Weißweinen, Kräutern, Auszügen der Chinarinde und Armagnac hergestellt.

Cap Corse
Dieser Quinquina, hergestellt von der »Société des Vins du Cap Corse«, kommt, wie der Name schon sagt, von der Insel Korsika, wo derartige Getränke besonders geschätzt werden.

FRANKREICH

Klosterliköre

Elixier und Genuß

Unter den französischen Klosterlikören haben es zwei Namen zu Weltruhm gebracht. Bis es dazu kam, sind allerdings einige Jahrhunderte vergangen. »Bénédictine« und »Chartreuse« sind typische Vertreter einer Likörgattung, die eigentlich den Kräuterlikören zuzuordnen ist, aber gerade wegen ihrer legendenumwobenen Geschichte spielen sie doch eine besondere und eigenständige Rolle.

MARKEN

Bénédictine D.O.M.
Weltbekannter Klosterlikör, der allerdings heute von einem weltlichen Unternehmen hergestellt wird.

Chartreuse
Auch heute noch wird diese Spezialität von Kartäusermönchen hinter Klostermauern hergestellt. Es gibt eine gelbe und eine grüne Variante sowie das hochprozentige Elixier.

Natürlich gibt es auch noch weitere ausgezeichnete Abtei-Spirituosen, die jedoch vor allem regionale Bekanntheit genießen. Auf den vor der Bucht von Cannes gelegenen Lerinschen Inseln befindet sich ein Kloster, in dem die Mönche nach alter Tradition den »Lérina Verte«, einen Kräuterlikör aus 44 Ingredienzien, herstellen. Darüber hinaus gibt es noch den »Lérina Jaune« mit Mandarinenaroma.
Ein weiteres Beispiel ist das Zisterzienserkloster »Aiguebelle« in der Nähe von Montélimar. Hier produzieren die Mönche in modernen Destillationsanlagen ebenfalls wohlschmeckende Kräuterliköre.

BÉNÉDICTINE — DER INBEGRIFF DES KLOSTERLIKÖRS

Der französische Klosterlikör schlechthin ist sicherlich der »Bénédictine«. Seine Entstehung geht auf den Bruder Bernardo Vincelli zurück, dessen Rezept aus dem Jahre 1510 die Grundlage für das heute so beliebte Elixier bildet. Rund um das normannische Benediktinerkloster »Fécamp«, in dem er lebte, fanden sich eine Vielzahl von Kräutern und Pflanzen. Ursprünglich be-

Bénédictine D.O.M. ist längst ein weltweit geschätzter Kräuterlikör. Man trinkt ihn pur, als Digestif oder auf Eis genauso wie als »B & B«, eine Mischung aus gleichen Teilen Bénédictine und Brandy.

schäftigte sich der Mönch mit der Wirkun[g] dieser Naturgaben für heilende und stärker[n]de Zwecke. Schließlich braute er aus 27 aus[ge]suchten Kräutern einen alkoholhaltigen

Trank, der für die Mönche ein willkomme[nes] Labsal nach ihrem harten Tagwerk da[r]stellte. Als die Abtei während der Französ[i]schen Revolution zerstört wurde, hatten vo[r]rausschauende Pères die wichtigsten Doku[]mente, darunter auch das wertvolle Rezep[t] in Sicherheit gebracht.
Es sollte allerdings nahezu 100 Jahre dau[]ern, bis der Kaufmann Alexandre Le Gran[d] unter alten Urkunden ein Stück Pergamen[t] entdeckte. Darauf hatte die Formel für de[n] heute so beliebten Kräuterlikör die Wirre[n] der Zeit überdauert. Nach vielen Experimen[]ten gelang es ihm, das immer noch se[hr] streng gehüte Geheimnis so zu überarbe[i]ten, daß sich der »Bénédictine« auf weltl[i]cher und kommerzieller Basis herstellen lie[ß]. Das Verfahren ist sehr kompliziert und ba[]siert auf verschiedenen Grundmischungen[,] die teilweise destilliert werden. Eine davo[n] enthält hauptsächlich Fruchtsubstanzen un[d]

KLOSTERLIKÖRE

Seit 1863 wird »Bénédictine« in dem architektonisch einem Kloster nachempfundenen »Palais Bénédictine« in Fécamp hergestellt.

wird mazeriert. Diese Substanzen lagern in Eichenfässern, bis sie ihre endgültige Reife erreicht haben. Anschließend werden sie gemäß der traditionellen Rezeptur vermischt, vor der Abfüllung in Flaschen noch einmal acht Monate gelagert. Die typische Flasche entspricht auch heute noch dem Entwurf von Alexandre Le Grand. Ein Wachssiegel macht sie unverkennbar, und die Aufschrift D.O.M. (Deo optimo Maximo – dem besten und größten Gott geweiht) erinnert an den Ursprung. Schon in den ersten Jahren wurde der aromatische Likör derart erfolgreich verkauft, daß der Firmengründer ein riesiges Anwesen im Stil einer nachempfundenen Benediktinerabtei errichten ließ. Der Gebäudekomplex beherbergt auch derzeit noch die Brennerei, Lagerräume, eine kostbare Bibliothek und ein Kunstmuseum. Heute hat der »Bénédictine« allerdings keinerlei Beziehungen zu einem religiösen Orden mehr.

GEHEIMNIS HINTER KLOSTERMAUERN

Im Gegensatz dazu wird der berühmte »Chartreuse« nach wie vor von Klosterbrüdern hergestellt. Auch seine Entstehungsgeschichte birgt so manches Geheimnis. Man erzählt sich, daß Marschall François d'Estrées im Jahre 1605 dem Gründer eines Kartäuserklosters im Grande-Chartreuse-Gebirge bei Grenoble ein Geheimmanuskript schenkte. Es enthielt die Anleitung für ein Gesundheit und langes Leben versprechendes Rezept. Dieses Dokument geriet jedoch zunächst einmal wieder völlig in Vergessenheit. Erst im Jahre 1737 entdeckte der Kartäuserbruder Jérôme Maubec das alte Schriftstück wieder und experimentierte alsbald mit unzähligen Ingredienzien. Das Ergebnis war ein hochprozentiger grüner Kräuterlikör. Doch schon bald erzwang die Französische Revolution die Auflösung des Klosters.

WERTVOLLES REZEPT

Glücklicherweise gelang es einem Mönch, das wertvolle Rezept zu retten. Er übergab es einem Apotheker aus Grenoble, der es den Brüdern später wieder zur Verfügung stellte. Während dieser bewegten Zeit gelang es den Kartäusern, eine gelbe, mildere Variante des Kräuterlikörs zu entwickeln. Zu Beginn des 20. Jahrhunderts gab es wieder einen entscheidenden Einschnitt. Das Gesetz über die Kongregation zwang alle französischen Ordensbrüder, das Land zu verlassen. Sie ließen sich im spanischen Tarragona nieder und produzierten hier den inzwischen beliebten Likör nach den alten Rezepturen weiter.

Zur gleichen Zeit wurde die Handelsmarke »Chartreuse« in Frankreich verkauft. Die neuen Produzenten erreichten aber niemals die Qualität des Originals und mußten schon bald Konkurs anmelden. Ende der 20er Jahre kehrten die Mönche in ihr französisches Domizil zurück und begannen mit der traditionellen Likörherstellung, bis 1935 ein Erdrutsch die Brennerei zerstörte. Daraufhin zog man nach Voiron um, wo der edle Kräuterlikör auch heute noch hergestellt wird.

Nach wie vor ist das Rezept ein großes Geheimnis, das nur dem Abt des Klosters Grande Chartreuse und drei ausgewählten Mönchen bekannt ist. Neben mehr als 130 Kräutern bildet ein edler Wein die Grundlage für die Destillation. Dieser wird unter Aufsicht der heiligen Brüder gepflanzt, geerntet und in Aigues-Vives destilliert. Anschließend reift das hochprozentige Elixier über fünf Jahre in alten Eichenfässern. Der sehenswerte Reifekeller ist mit über 164 Metern der längste der Welt und damit eine besondere Attraktion.

Der zweite große Klosterlikör Frankreichs ist der »Chartreuse«. Diese nach alter Tradition von Kartäusermönchen hergestellte, hochprozentige Spezialität gibt es in der milden gelben sowie einer stärkeren grünen Variante.

Frankreich

Brände, Liköre und Aperitifs für jeden Geschmack

Aus dem unüberschaubaren Angebot französischer Spirituosen lassen sich an dieser Stelle nur einige ausgewählte Spezialitäten entsprechend würdigen. Neben Cognac und Armagnac nehmen sich andere Weinbrände nahezu unscheinbar aus, obwohl sie in Frankreich allerorts zu kaufen sind. Auch Genever hat an der nördlichen Atlantikküste Tradition, wird aber in diesem Buch an anderer Stelle entsprechend beschrieben.

Zu den besonders erwähnenswerten Spezialitäten der französischen Destillationskunst gehören die vielen Obstbrände, unter denen besonders die Eaux-de-Vie aus dem Elsaß bei uns beliebt sind.

DIE JUNGE KUNST DER OBSTBRENNEREI

Die Obstbrennerei hat noch nicht eine solch lange Tradition wie die Korndestillation. Wahrscheinlich hat man schon sehr früh Kirschwasser gebrannt, der erste Schnaps aus wildwachsenden Himbeeren jedoch wurde erst im Jahre 1913 von Eugène Massenez hergestellt. Grundsätzlich unterscheidet sich das Herstellungsverfahren nicht von dem der Brände aus der Schweiz und den deutschen »Geisten« und »Wässern«. Letztendlich können die Regionen Elsaß, Schwarzwald und die Nordschweiz mit vielen kulturellen Gemeinsamkeiten aufwarten. Über das Elsaß hinaus kennt man sich auch in der Haute Saône mit der Destillation von Kirschen aus.

Die Anzahl der in Frankreich hergestellten Liköre ist ebenso groß wie die Menge der aromatischen Grundprodukte, deren Genuß man sich auch in flüssiger Form vorstellen kann. Es ist also kaum möglich, an dieser Stelle alle Produkte vollzählig vorzustellen. Liköre sind gesüßte, aromatisierte Spirituosen, deren Basis jeweils Alkohol, versetzt mit Duft- und Farb- sowie Geschmacksstoffen aus Pflanzen, Früchten, Kräutern, Samen, Blüten oder Wurzeln ist. Um einen Überblick schaffen zu können, muß man die verschiedenen Liköre in einzelne Gruppen unterteilen. Am Anfang standen mit Sicherheit die Kräuterliköre, deren Ursprung auf die Tatsache zurückzuführen ist, daß man bittere Medizin mit Zucker oder Honig versüßte. Eine typisch französische Besonderheit ist der »Génépy«. Die für seine Herstellung erforderliche Pflanze ist das Alpenkraut Beifuß. Das Verfahren beruht auf der Formel 3 mal 40. Man lege 40 Beifußpflanzen 40 Tage in Alkohol ein und versetze sie mit einem Sirup aus 40 Zuckerstückchen.

Beliebt sind auch Liköre auf Minzbasis. Der bedeutendste unter ihnen ist der »Get 23«.

Aufgrund seiner unvollkommenen Englischkenntnisse nannte der Firmengründer sein giftgrünes Produkt »Pippermint Get«.

AROMATISCHE EAUX-DE-VIE

Eau-de-Vie, das »Wasser des Lebens«, wird in Frankreich aus verschiedenen Früchten hergestellt. Hier eine Auswahl der wichtigsten Sorten:

Abricot – Aprikose
Airelle – Preiselbeere
Alisier – Maulbeere
Aubépine – Weißdorn
Burgeon de Sapin – Tannenspitzen
Cassis – Schwarze Johannisbeere
Coing – Quitte
Eglantine – Hagebutte
Fraise – Erdbeere
Fraise de Bois – Walderdbeere
Framboise – Himbeere
Griotte – Sauerkirsche
Groseille – Rote Johannisbeere
Cerise – Kirsche
Mirabelle – Mirabelle
Mûre Sauvage – Brombeere
Myrtille – Heidelbeere
Pêche – Pfirsich
Poire William – Williamsbirne
Pomme – Apfel
Prune – Pflaume
Quetsch – Zwetschge
Reineclaude – Reneklode

SPEZIALITÄTEN

»Cointreau« ist einer der weltbekannten französischen Liköre. Auch noch nach über 100 Jahren präsentiert sich diese Orangenspezialität jung wie eh und je. Am liebsten trinkt man »Cointreau« pur auf Eis.

Ein weiterer berühmter französischer Name ist »Grand Marnier«. Der Kirschlikör ist nur eine Facette aus dem vielseitigen Spirituosensortiment des Hauses.

Seine Entstehung geht auf die Gebrüder Pierre und Jean Get zurück, die das Rezept bereits 1769 entwickelten. Ein Kuriosum beruht auf den unvollkommenen Englischkenntnissen des Firmengründers. Er nannte das giftgrüne Produkt »Pippermint Get«. Dieser Fehler wurde nie korrigiert, und so wird die Bezeichnung auch heute noch verwendet.

BELIEBTE PFEFFERMINZE

Dem Geschmack der vor einem Jahrhundert so beliebten Minzpastille ähnelt der farblose 24 %ige Pfefferminzlikör »Giffard Menthe Pastille«, der heute in nahezu jedem Spirituosenregal Frankreichs vorzufinden ist.

Als sehr aromatischen Geschmacksträger schätzt man auch den Anis. Damit untrennbar verbunden ist der Name von Marie Brizard. Die 1714 geborene Tochter eines Böttchers schuf einen der ältesten französischen Liköre. Ursprünglich widmete sie ihr Leben den Kranken, bis sie als Dank für ihre Hilfe von einem Seemann jenes denkwürdige Rezept erhielt, das noch heute die Grundlage für den weltbekannten Anisette-Likör bildet.

Eine marktbeherrschende und damit herausragende Rolle spielen die beiden Orangenliköre »Cointreau« und »Grand Marnier«. Gerade der Cointreau war für die damalige Zeit ein sehr innovatives Produkt. Ein Konditormeister gleichen Namens entwickelte diesen Likör. Sein Geschmack basiert auf den Schalen von Orangen. Er überzeugt durch sein feines Aroma und einen geringen Zuckergehalt. Vor allem die mar-

LIKÖR-MARKEN

Beyer
Das Haus Léon Beyer in Eguisheim gehört zu den etablierten Weinerzeugern im Elsaß. Zusätzlich gibt es auch edle Obstbrände und exotische Branntweinerzeugnisse.

Dopff
Die Tradition der Familie Dopff im elsässischen Riquewihr reicht bis in das Jahr 1574 zurück. Erstklassige Obstbrände!

La Duchesse
Die bekannte Brennerei befindet sich in Luxeuil/Haute Saône und produziert verschiedene »Grandes-Eaux-de-Vie«.

Massenez
Das Traditionshaus, in dem 1913 der erste Himbeergeist hergestellt wurde, führt heute in Dieffenbach-au-Val eine hochmoderne Brennerei.

Nusbaumer
In Villé, am Ostrand der Vogesen gelegen, befindet sich die »Spezialitätenbrennerei J. Nusbaumer«. Hier entstehen hocharomatische Obstbrände.

Pascall
Diese edlen Brände stammen aus der »Distillerie La Cigogne« in Fougerolles. Zu den Spezialitäten gehören Edelobstbrände.

Rouyer
Ebenfalls in Villé ansässige Traditionsbrennerei. Die Edelobstbrände sind weit über die Region hinaus bekannt.

FRANKREICH

LIKÖR-MARKEN

Cherry-Rocher
Das Traditionshaus wurde 1705 in La-Côte-Saint-André gegründet. Es verdankt seinen Namen dem Kirschlikör »Cherry-Rocher«, für dessen Herstellung sieben Sorten Kirschen benötigt werden.

Cointreau
Vor über 100 Jahren entwickelter, klarer Orangenlikör. In begrenzter Menge wird der edle »Cointreau Gold 44« hergestellt. Im Sortiment ist auch der Passionsfruchtlikör »Passoa«.

Cusenier
Das Mitte des 19. Jahrhunderts gegründete Unternehmen gehört heute zu den führenden Spirituosenproduzenten. Im Programm befinden sich unterschiedliche Liköre, unter anderem der »Freezomint«.

Get 27
Traditioneller, grüner Minzlikör. Die auffällige Flaschenform wurde einer Petroleumlampe nachempfunden.

Giffard
Stark aromatisierter Minzlikör mit eigenem Charakter. Neben dem farblosen »Menthe Pastille« gibt es auch den grünen »Peppermint Giff«.

Rocher Fréres
Bekanntester Hersteller des Alpenkräuterlikörs »Génépy des Alpes« auf Basis von Beifußpflanzen.

kante quadratische Flasche machte den Cointreau von Anfang an unverwechselbar. Nach einem ebenfalls seit Generationen unveränderten Rezept wird der berühmte »Grand Marnier« hergestellt.

Die feinen Liköre aus dem Elsässer Haus »Dolfi« werden aus frischen Früchten hergestellt.

Jean-Baptiste Lapostolle erwarb 1827 eine kleine Destillerie in der Nähe von Paris. Schnell waren seine hervorragenden Erzeugnisse in aller Munde. Sein Sohn mußte sich 1870 aufgrund der Kriegswirren für eine Weile in die Charente zurückziehen. Hier kaufte er die besten Cognacs auf und brachte sie mit zurück nach Paris.

ALTER COGNAC UND BITTERORANGEN

Er hatte einen Schwiegersohn, dem nach vielen Experimenten schließlich die zündende Idee einfiel. Die Verbindung von altem Cognac und exotischen Bitterorangen wurde zu einem der größten Erfolge der französischen Likörgeschichte.

Grundsätzlich unterscheiden sich Fruchtliköre nicht von anderen Likörerzeugnissen. Dennoch stellen sie eine eigene Gruppe dar, denn ihr besonderes Kennzeichen ist die Erhaltung des reinen Fruchtaromas und nicht der Verschnitt verschiedener Schnäpse un-

ter Zufügung von geschmacksbildende Extrakten. Die Herstellung beschränkt sic deshalb auf das Einlegen der jeweilige Früchte in ein Alkoholbad. Nach einige Wochen wird der so gewonnene Saft abgezapft, mit Zucker vermischt und i Fässern für eine entspre chende Zeit gelagert Selbstverständlich kenn man auch hier eine groß Vielfalt, denn nahezu jede Obst läßt sich in eine wohlschmeckenden Likö verwandeln. Übersteig der Zuckergehalt einen be stimmten Grad, so nenn man diese Form der Likö re »Crèmes«.

Der bekannteste unter ih nen ist ohne Zweifel de »Crème de Cassis«. Au guste-Denis Lagoute ein Spirituosenfabrikan

CRÈME DE CASSIS DE DIJON

Sehr früh schon hatte man erkannt, daß »Vin Blanc Aligoté de Bourgogne« mi nem Schuß Crème de Cassis eine w Köstlichkeit darstellt. Das Getränk erfr sich bereits allgemeiner Beliebtheit,

SPEZIALITÄTEN

aus Dijon, entdeckte mit sicherem Blick, daß sich die Schwarze Johannisbeere aufgrund ihres vollen Aromas besonders gut zur Herstellung von Fruchtlikören eignet.

Bereits 1841 produzierte er seinen ersten »Liqueur de Cassis«. Schnell erkannten auch andere Hersteller diesen Markt, und zu Beginn des Zweiten Weltkriegs gab es in der Umgebung von Dijon über 80 Hersteller dieses wohlschmeckenden Frucht-Elixiers.

Der »Crème de Cassis de Dijon« war geboren, und sein Name garantiert, daß die verarbeiteten Früchte aus Burgund stammen.

Zu den anerkannten Likör-Herstellern gehört auch das elsässische Haus »Dolfi«. Besonders der hocharomatische Walderdbeerlikör hat in aller Welt Freunde ge-

»Pêcher Mignon«
ist eine leichte Köstlichkeit aus den weißen Pfirsichen der Provence.

treffender Name fehlte noch. Pate hier war der Bürgermeister von Dijon, der [s]en Gästen statt des obligatorischen [Cha]mpagner gerne einen heimischen trok[ken]en Weißwein mit Cassis servierte. Der [Nam]e des städtischen Oberhauptes war Kir. [Leja]y-Lagoute, ein bekannter Cassis-Pro[duz]ent, ließ sich diese Idee im Jahre 1951 [vert]raglich besiegeln und verkaufte fortan [das] Fertiggetränk »Kir«. Die anderen Her[stell]er sahen sich um eine Chance betrogen [und] eröffneten eine Prozeßflut, die erst 1992 [ihr] Ende finden sollte. Inzwischen wird [Cas]sis auch mit Champagner gemischt und [dan]n entsprechend »Kir Royal« genannt. [Bez]eichnungen wie etwa »Crème de Cassis [Dou]ble« weisen auf einen Alkoholgehalt von [20 %] hin, während der normale Cassis meist [eine]n Alkoholgehalt um 15 % hat. Eine Spe[ziali]tät ist der »Supercassis«, ein aus aller[best]en und ausgesuchten Zutaten hergestell[ter E]dellikör. Auch heute gibt es in und um [Dijo]n noch über 30 Cassis-Produzenten. [Die b]ekanntesten darunter sind der Markt[führ]er L'Héritier-Guyot und Gabriel [Bou]dier sowie die großen Spirituosenher[stell]er Cusenier, Marie Brizard und Lejay[-Lag]oute.

funden. Zwei Besonderheiten aus französischer Tradition sollten ebenfalls nicht unerwähnt bleiben. Im Paris des 17. Jahrhunderts reichte man einen Likör, der aus Pfirsich-, Aprikosen- und Pflaumenkernen hergestellt wurde. Noch heute wird dieser »Noyau de Poissy« in zwei Versionen produziert. Die andere Spezialität ist ein Walnußlikör, der von Denoix seit über 150 Jahren nach alter Tradition hergestellt wird.

Heute ist es üblich, daß gezielte Werbekampagnen ein ansonsten eher unbeachtetes Produkt innerhalb kürzester Zeit zum Verkaufsschlager machen. Ein Beispiel hierfür ist der in den 80er Jahren präsentierte Pfirsichlikör »Pêcher Mignon«, eine aufwendig aus weißen Provence-Pfirsichen hergestellte und heute in vielen Ländern beliebte Spezialität.

Zu allen Zeiten gab es immer wieder Versuche, einer Spirituose durch Verwendung außergewöhnlicher Ingredenzien Beachtung zu verschaffen. So wurde gegen Ende des vorigen Jahrhunderts ein teerhaltiger Likör von »Clacquesin« hergestellt.

Heute ist vor allem das 1822 gegründete Haus Morin neben traditionellen Produkten Anbieter individueller Liköre. Unter dem Label »1822« gibt es beispielsweise Spirituosen mit dem Aroma von Cola oder Minzschokolade.

Grand Marnier
Geniale Mischung aus Cognac und Schalen der haitianischen Bitterorange. Das Sortiment umfaßt auch den »Cordon Jaune«, dessen Basis nicht Cognac, sondern Weinbrand ist. Sehr alte Cognacs bilden die Grundlage für die »Grandes Cuvées«. Besonderheit: »Grande Passion« aus Armagnac und Passionsfrüchten sowie »Cherry Marnier« auf Kirschbasis. Neu ist der »Crème de Grand Marnier« mit Sahne.

Marie Brizard
Den Namen Marie Brizard verbindet man unweigerlich mit dem berühmten Anisette-Likör. Inzwischen bietet die Firma eine breite Palette von Bränden, Likören und Schnäpsen an.

Monin
Bekannter Hersteller unterschiedlicher Liköre. Zu den Spezialitäten gehören der »Triple Lime Liqueur«, ein aromatisches Destillat der grünen Limone, veredelt mit altem Cognac.

Dolfi
Die Firma Dolfi hat ihren Sitz in Straßburg. Sie bietet edle Fruchtliköre wie den »Fraise des Bois« oder den »Liqueur de Pêche« an.

Duval
Bekannt sind zwei Liköre auf Obststein-Basis. Der »Noyau de Poissi« und der gelbe »Gobelet d'Argent«.

Pêcher Mignon
Die »Niedliche Sünde« wird in einem aufwendigen Verfahren aus weißen Pfirsichen der Provence hergestellt.

ITALIEN

Kaum ein Land bietet eine solche Vielfalt hochprozentiger Genüsse für nahezu jede Gelegenheit wie Italien. Vor allem im Rahmen mediterraner Tafelfreuden haben würzige Elixiere einen festen Platz. Viele Spirituosen werden besonders als Aperitif geschätzt. Ein Kultstatus gebührt inzwischen den unzähligen Grappe, doch auch hier ist nicht alles Gold, was glänzt. Eher im Schatten stehen die teilweise überzeugenden italienischen Brandys. Kaum überschaubar ist das Angebot an individuellen Likören aus allen nur denkbaren Kräutern, Früchten und Gewürzen.

ITALIEN

Grappa
Geadelter Geselle vom Lande

Ein Blick in Michael Jacksons Barbuch aus den frühen 80er Jahren bringt es auf den Punkt: »Grappa ± 40 %: ein grober, ländlicher Schnaps, der in Hemingways Romanen eine Hauptrolle spielt.« Hat der italienische Traubentrester seine unglaubliche Karriere also dem literarischen Altmeister zu verdanken? Ein Zusammenhang beider Beliebtheit in der Neuen Welt kann bestimmt nicht geleugnet werden.

ROTE TRAUBEN

Neben den traditionellen Weißweintrauben werden oft auch rote Trester, beispielsweise aus der Pinot Noir, zu Grappe verarbeitet.

Die Toskana ist eine der bedeutendsten Weinregionen Italiens und damit auch Heimat bekannter und großer Grappa-Erzeuger.

Zur endgültigen Verbreitung in unseren Landen haben mit Sicherheit die unzähligen Pizzerien, welche seit den 70er Jahren wie Pilze aus dem Boden schossen, beigetragen. Mit freundlicher Miene servierte der Patron mit der Rechnung einen meist namenlosen Schnaps, »den« Grappa. Wir Deutsche ordneten ihn wegen seiner Bodenständigkeit sofort dem männlichen Geschlecht zu, ähnlich wie bei den nahen Verwandten Trester oder in Frankreich Marc. Auch in Spanien kennt man ihn als Aguardiente.

Mit der Zeit haben sich einige der ehemaligen Pizzerien zu bemerkenswerten Restaurants entwickelt. Auf diesem Wege machten nun die mit der italienischen Lebensar[t] immer mehr vertrauten Gäste auch Bekanntschaft mit edlen, klaren Bränden. Diese eleganten und feinen Destillate, oft in kunstvollen Flaschen präsentiert, sollten endlich bei ihrem richtigen Namen genannt werden[.]

DIE GRAPPA IST EINE DAME

»Die« Grappa, wie es richtig heißt, hat sic[h] heute einen festen Platz unter den edle[n] Spirituosen der Welt sichern können. Di[e] Geschichte der Tresterbrände reicht seh[r] weit zurück. Nachdem bereits vor Jahrhunderten erste Verfahren zur Destillation be[-]kannt waren, hat man in so ziemlich alle[n] Weinbauregionen der Welt versucht, aus de[n] Rückständen der Weinkelterung Hochprozentiges zu brennen. Aus dem 15. Jahrhundert stammen Dokumente, in denen de[r] Name Grappa bereits erwähnt wird. Er geh[t] zurück auf die umgangssprachliche Be[-]zeichnung des lateinischen Wortes »Rapus[«] für Traube. Eine weite Verbreitung wurd[e] allerdings durch den Umstand verhindert[,] daß die mittelalterlichen Herren ihren Weinbauern einen großen Teil der Ernte abverlangten. Wohl um des lieben Friedens willen erteilten sie ihnen deshalb ein Eigenbedarfs-Brennrecht.

Ursprünglich war es also eine Form de[r] Resteaufbereitung, die das Landleben i[n] dieser tristen Zeit ein wenig aufhellen sollte. Bis zum Ende des 19. Jahrhunderts hatte so fast jedes Weingut Italiens eine eigen[e] Methode, diesen derben und als »Armeleute

GRAPPA

...chnaps« verrufenen Branntwein in kleinen Mengen herzustellen. Um die Jahrhundertwende jedoch entstanden vor allem im Norden des Landes schon einige Brennereien, die Grappa in großen Mengen destillierten und in Maßen auch zur Kultivierung dieser Spirituose beitrugen. Als Hochburg entwickelte sich das Städtchen Bassanone del Grappa am Unterlauf der Brenta.

DIE RENAISSANCE DES TRESTERS

Von einer wirklichen Renaissance kann man aber erst während der letzten 25 Jahre sprechen. Einige Hersteller erkannten, daß sich in der Grappa alle Charakter- und Aromaeigenschaften des Weins widerspiegeln. Fantasie und Experimentierfreude führten dazu, daß heute eine nahezu unüberschaubare Zahl mehr oder weniger edler Tresterschnäpse auf dem Markt angeboten werden. Grundsätzlich eint alle die per Gesetz festgelegte Definition, nach der sich nur in Italien hergestellter Tresterbrannt »Grappa« nennen darf. Bis ins Detail vorgeschrieben ist beispielsweise auch der Feuchtigkeitsgehalt der Trester sowie selbstverständlich die Destillationsmethode. Die vielfältigen Aromen und Charaktere der Grappa haben

Tokai-Trauben aus Friaul und Venetien sind die Grundlage für den Grappa »Frattina«.

WO WEIN WÄCHST, WIRD AUCH GRAPPA ERZEUGT

Nahezu in allen Weinregionen Italiens wird Grappa hergestellt. Traditionell findet man die bekannten und großen Erzeuger im Norden des Landes.

Die Regionen:

1. Piemont
2. Südtirol
3. Venetien
4. Friaul
5. Toskana
6. Umbrien
7. Marken
8. Kampanien
9. Basilikata
10. Sardinien
11. Sizilien

ihre Wurzeln im jeweiligen Wein, dessen feste Rückstände nach der Kelterung schließlich die Grundlage für den Brennvorgang sind. Allerdings hat sich auch das Erscheinungsbild der Treber in den letzten Jahren geändert. Dies hängt unmittelbar mit einem Umdenken italienischer Winzer zusammen. Anders als in den Jahren der Massenweinerzeugung werden die Trauben heute entrappt, also von Stengeln und Stielen befreit. Hierdurch gelangen die darin enthaltenen Bitterstoffe nicht mehr in den Most.

VERNÜNFTIGE MENGENBEGRENZUNG

Ein weiteres Kriterium ist die allerorts übliche Mengenbegrenzung, welche dazu geführt hat, daß die Trauben nicht mehr bis zum letzten Tropfen ausgepreßt werden. So erhalten die Grappaerzeuger einen aromatischen Rohstoff von hohem Feuchtigkeitsgehalt. An dieser Stelle ist anzumerken, daß sich grundsätzlich jede Rebsorte zur Grappa-Herstellung eignet. Heute greift man allerdings oft auf sortenreine Trester zurück,

ITALIEN

MARKEN

Antinori
Hinter diesem Namen verbirgt sich nicht nur ein kreativer Winzer, sondern auch die erstklassige »Grappa di Tignanello«. Das Haus in Florenz blickt auf eine über 500jährige Tradition zurück.

Barbero
Die im Jahre 1891 von Bartolomeo Barbero im piemontesischen Canale gegründete Destillerie ist heute eine der bekanntesten Spirituosenmarken Italiens. Zu dem vielseitigen Sortiment gehören auch zwei Grappe, die weiße »La Bianca« und die hellgoldene »Di Borolo«.

Barozzi
Aus der kleinen, familiär geführten Destillerie ist ein anerkanntes Haus geworden. Ernesto Barozzi erkannte sehr schnell die Bedeutung individuell gestalteter Flaschen. Unter seinen 20 verschiedenen Grappe gibt es auch aromatisierte Brände.

Bocchino
Das Ende des letzten Jahrhunderts gegründete Unternehmen gehört zu den großen Grappaerzeugern des Landes. Täglich werden bis zu 100 000 Kilogramm Trester, zum großen Teil aus eigenen Weinbergen, verarbeitet. Neben den tadellosen Markenprodukten widmet man sich auch Besonderheiten, beispielsweise mit Blütendestillaten aromatisierten Grappe.

um somit die entsprechenden Geschmacksmerkmale auf das Destillat zu übertragen. Vorwiegend verwendet man jedoch vollständig vergorene Hülsen von Rotweintrauben. Das Lager der Grappaerzeuger präsentiert sich inzwischen zweigeteilt. Nach wie vor gibt es die vielen in allen Weinbauregionen anzutreffenden Kleinerzeuger, welche ihre individuellen Brände auf traditionelle Weise in der Brennblase erzeugen. Dieses Verfahren ist sehr aufwendig und bürgt bei fachkundiger Anwendung für besondere

Feine Gesellschaft: Edle Tresterbrände aus den Häusern Antinori, Masi Agricol oder Fattoria dei Barbi gehören zur Grappa-Elite.
Man findet sie oft unter den Digestifs guter italienischer Restaurants.

Qualität. Nachteilig wirkt sich nämlich di Tatsache aus, daß es sich bei den Trester um Feststoffe handelt, die stets auf der Sudboden festzubrennen drohen. Diese Problem wurde durch die Einführung de

GRAPPA

VOM PIONIER ZUR NR. 1
NONINO – EINE VERDIENTE KARRIERE

Die verwirrende Vielfalt der auf dem Markt befindlichen Grappe macht eine Kategorisierung kaum möglich. Zweifellos aber stellen die Erzeugnisse der Distilleria Nonino etwas ganz Besonderes dar. Kenner zählen das Haus einvernehmlich zu den besten und inzwischen auch bekanntesten Spirituosenherstellern Italiens. Neben den Grappe gibt es einen ausgezeichneten Amaro sowie feine Traubendestillate.

Orazio Nonino beschloß im Jahre 1887, seine mobile Lohnbrennerei aufzugeben und sich mit einer kleinen Destille in Ronchi di Pavia niederzulassen. Bereits in der dritten Generation, der Name hatte inzwischen regionale Anerkennung erlangt, verlegte man den Betrieb nach Percoto bei Udine, wo sich das Unternehmen auch heute noch befindet. Stets vergrößerte man den Betrieb, wobei man neuen Ideen immer offen gegenüberstand, aber niemals die Tradition aus den Augen verloren hat.

Die Neugier und das Interesse an Grappe veranlaßte die Noninos in den 60er Jahren, darüber nachzudenken, ob die üblicherweise jung getrunkene Grappa nicht zu veredeln sei, wie man es beim Cognac oder Whisky als selbstverständlich empfindet. Man experimentierte mit der Lagerung in Eichenfässern, entschied sich später jedoch für das Holz der Wildkirsche. Im Jahre 1987 präsentierte Nonino die erste Jahrgangsgrappa – damals eine echte Sensation. Aber auch weitere innovative Ideen wurden erstmals von Nonino angewendet. So gab man auf den Flaschen die Trestermenge und die Zahl der daraus erzeugten Abfüllungen an. Legendär ist die Präsentation des »Picolit« im Jahre 1973. Hierbei handelte es sich um das erste sortenreine Grappa-Destillat von höchster Qualität.

Eine weitere Spezialität ist »Vuisinâr«, eine würzig-aromatische Grappa aus roten Trestern, die bis zu drei Jahren in kleinen Fässern aus dem Holz wilder Kirschen reift. »Ribolla« hingegen ist ein Destillat aus der gelben Ribolla-Traube, das seinen Charakter während einer sechsmonatigen Lagerzeit in großen Korbflaschen erlangt.

Buton
Das bekannte und bereits 1820 in Bologna gegründete Spirituosenhaus ist weltweit vor allem durch den Brandy »Vecchia Romagna« bekannt. Seit 1982 hat Buton auch die Grappa »Libarna« im Sortiment.

Camel
Traditioneller Grappa-Hersteller aus dem Friaul. Zu der markanten, etwas altmodisch wirkenden Flasche bildet der charakterstarke und sehr zeitgemäße Tresterbrand einen reizvollen Kontrast.

Duca di Civadale
Diese Grappa stammen aus den Colli Orientali, den östlichen Hügeln des Friaul. Die Auflagen dieser feinen Destillate sind limitiert und jede Flasche ist individuell numeriert.

Fattoria dei Barbi
Traditionelle Fattoria mit Metzgerei, Bäckerei, Ölmühle, Schafzucht, Imkerei und natürlich Weinbau. Die Grappa des Hauses ist ein rustikaler, aber dennoch feiner Brand, der nur kurze Zeit im Eichenfaß gelagert wurde, ohne jedoch dabei Farbe anzunehmen.

Fior de Vite
Die bekannte Firma Ramazzotti ist der Hersteller dieser in einem originellen Leinensäckchen verpackten Grappa. Die Trester stammen aus dem Piemont. Seine goldene Farbe erhält das milde Destillat durch Lagerung in alten Eichenfässern.

ITALIEN

Francoli
Erst 1951 gegründet, genießen die Produkte des Hauses Francoli heute weltweite Anerkennung. Das Unternehmen gehört inzwischen zu den bedeutendsten Grappa-Produzenten im Lande. Bemerkenswert sind die mit viel Fantasie aufwendig gestalteten Flaschen.

Frattina
Feine Grappe aus Friaul und Venetien. Eine Spezialität ist der »Frattina di Tocai«.

Giori
Bekannte und mittlerweile auch weltweit vertretene Grappa-Marke. Das Sortiment ist breit gefächert und enthält neben klassischen, rebsortenreinen Bränden auch Jahrgangs-Grappe und Liköre.

Inga
Schon 1832 wurde die Firma Gambarotta in Serravalle Scrivia, Piemont, gegründet. Seit 1971 tragen die Grappe des Hauses den Namen »Inga«. Das Programm ist vielfältig und umfaßt neben einer Reihe sortenreiner Produkte auch Spezialitäten in anspruchsvoll gestalteten Flaschen.

Julia
Italiens bedeutenster Spirituosenhersteller, die Firma Stock S.p.A. in Triest hat neben Brandy, Wermut und Likören auch eine bedeutende Grappa-Marke im Sortiment. Unter dem Namen »Julia« werden drei Qualitäten angeboten. Die Linie wird seit einiger Zeit durch die rebsortenreine Linie »Goccia« ergänzt.

doppelwandigen Kessels gelöst, da er einen Brennvorgang im Wasserbad ermöglicht. Einige Traditionsdestillerien wenden diese Methode auch heute noch an. Während die kontinuierliche Destillation nun schon seit über 100 Jahren beispielsweise die Herstellung von Whisky oder Rum in großen Mengen bei sehr guter Qualität möglich macht, kam dies für die Grappa erst seit 1965 in Frage. Endlich hatte man ein Verfahren entwickelt, mit dem man auch Feststoffe im kontinuierlichen Verfahren brennen konnte. Von nun an gab es für die industrielle Herstellung bester Grappe keine technischen Beschränkungen mehr. An dieser Stelle sei erwähnt, daß es bereits in der letzten Hälfte des vorigen Jahrhunderts große und namhafte Brennereien im Norden Italiens gegeben hat. Zu den ältesten Häusern gehört die 1832 in Serravalle Scrivia, Piemont, gegründete Firma Gambarotta, die man später in Distilleria Inga & C. S. r. l. umgenannt hatte. Ohnehin wird eine ständige Diskussion geführt, ob nun die zweifellos guten Erzeugnisse der großen Spirituosenfirmen oder die individuellen Brände der kleinen Destillerien zu bevorzugen sind. Große Namen wie »Buton«, »Ramazotti« oder »Stock« sind mit ihren Grappa auch in Deutschland allerorts vertreten.

Edle Tresterschnäpse, oft auch aus großen Brennereien wie beispielsweise »Grappa Consenso« aus dem Haus Bonello oder die feinen Flaschen von Piave und Nonino muß man schon in Fachgeschäften suchen. Besonders schwierig wird es mit den teilweise in limitierten Auflagen abgefüllten Winzergrappe, die sich besonders durch die kunstvollen Flaschen auszeichnen.

Will man beispielsweise ein kleines Fläschchen der »Grappa di Moscato d'Asti« vom Grappa-Künstler Michele Chiarlo aus Calamandrana im Piemont ergattern, muß man sich schon an einen Spezialisten wenden. Selbst große Weinkellereien, die inzwischen auch Grappa erzeugen, beispielsweise jene der Fratelli Bolla in Verona, haben die Attraktivität edler Tresterdestillate erkannt und besondere Spezialitäten in ihr Sortiment aufgenommen.

Nach der Destillation folgt eine gesetzlich verordnete Lagerzeit von mindestens sechs Monaten. Viele Betriebe experimentieren heute mit den verschiedensten Faßhölzern und unterschiedlichen Lagerzeiten.

KLASSISCH ODER KREATIV?

Als Ergebnis entstehen sehr eigenwillige Spirituosen, denen von Kennern oft die Qualität abgesprochen wird. Zu starke Holznoten und zu lange Lagerzeiten verfälschen den ursprünglichen Charakter. Allzuoft werden hierdurch auch Mängel des Destillats kaschiert.

Eine Besonderheit, die vor allem in Italien Freunde findet, sind aromatisierte Grappe. Grund dafür ist wohl die Tatsache, daß man Grappa früher auch als Basis für Kräuterschnäpse verwendet hat. Heute spannt sich das Kaleidoskop der Aromaten von Kräu

Bocchino produziert neben traditionellen Grappe auch eine Vielzahl besonderer Spezialitäten. Die in Eichenfässern gelagerte »Siglio Nero« und die Jahrgangsgrappa »Cantina Privata« sowie »Nebbiolo di Barolo« sind nur einige davon.

GRAPPA

»Piave Grappa« gehört zu den
beliebtesten italienischen Tresterbränden
Deutschland. Neben einer weißen
d der »Riserva Oro« gibt es auch die
t Rautenauszügen parfümierte
Grappa Ruta«.

n und Gewürzen jeder Art bis hin zu zahl-
ichen Früchten; auch Rhabarber und
aracuja werden dafür durchaus gerne ver-
endet.
n traditionelles Produkt ist »Grappa alla
ta«. Ein eingelegter Rautenzweig macht
e Flasche zu einem beliebten Souvenir.
er liegt vielleicht auch der Ursprung für
e unzähligen und fantasievollen Flaschen-
sstattungen. Derzeit läßt es sich kein nam-
fter Erzeuger nehmen, eine eigene, künst-
risch gestaltete Flasche anzubieten. Bei be-
nders edlen Bränden greift man auch
hon einmal zu einem Flacon aus Murano-
as. Die Vielfalt der im Handel offerier-
n, mehr oder weniger hochwertigen

Grappe macht es unmöglich, alle Erzeuger
und deren Produkte zu nennen.
Stellvertretend für jene, die sich um die
Grappa verdient gemacht haben, sei die
Distilleria Nonino genannt. Abschließend
bleibt die Frage, ob der große Ernest Hemingway seine Grappa heute noch wieder-
erkennen würde.

ROMANO LEVI – EINE LEGENDE

Ich empfehle die traditionellen Brände von
Romano Levi aus dem Piemont, der schon
zu Lebzeiten eine Legende ist. Seine immer noch bodenständigen und ursprünglichen, mit einem veralteten Brenngerät erzeugten Destillate sind ebenso rar wie un-
bezahlbar.
Ohne der Mode zu folgen, haben sie dennoch den Status von Mode- oder gar Kult-
Grappe erlangt.

Marolo
Das erst Ende der 70er
Jahre gegründete Unternehmen ist maßgeblich an dem
neuen Image der Edel-
grappe beteiligt.

Masi Agricola
Schon seit dem frühen 18.
Jahrhundert baut die
Familie Boscaine im Masi-
Tal Wein an. Aus den
eigenen Trestern wird eine
traditionell im Alambic
gebrannte Grappe erzeugt.
Das feine Destillat lagert
anschließend für drei Jahre
in Fässern aus slowenischer
Eiche.

Nonino
Nonino gilt einvernehmlich
als eine der besten Destillerien Italiens. Die Familie
war Wegbereiter auf dem
Weg der Grappa vom
ländlichen Schnaps zum
Edelprodukt.

Piave
Im venetischen Rastignano,
direkt am Ufer des Flüß-
chens Piave, entstand diese
Brennerei Ende des vorigen
Jahrhunderts. Heute gehört
das inzwischen namhafte
Haus zum Seagram-
Konzern. Oberste Maxime
ist aber immer noch das
traditionelle Brennerei-
handwerk. »Piave« ist eine
der meistverkauften
Grappa-Marken in
Deutschland.

Ramazotti
Der lombardische Spirituosenhersteller Ramazotti,
bekannt durch den gleich-
namigen Amaro, hat auch
eine Grappa im Sortiment.

Roner
Die ehemals kleine Obst-
brennerei verarbeitet heute
täglich bis zu 20 000 Kilo
Trester zu Grappa.

ITALIEN

BITTER – NICHTS FÜR JEDEN GESCHMACK

Unter normalen Umständen kann die menschliche Zunge vier Geschmacksempfindungen unterscheiden. Neben süß, sauer und salzig gehört auch das Schmecken von bitteren Substanzen dazu.

Naturgemäß wird gerade der bittere Geschmack von den meisten Menschen als unangenehm erlebt. Wissenschaftliche Untersuchungen haben erwiesen, daß es hierzu einer gewissen Gewöhnung bedarf. Hat man die Ablehnung gegen bittere Geschmacksrichtungen einmal überwunden, so können diese durchaus als angenehm oder gar erfrischend genossen werden.

Bitter
Bekömmliche Vielfalt

In fast allen europäischen Ländern kennt und trinkt man heute individuelle Bitterspirituosen. Der französische »Suze« und der inzwischen wieder beliebte »Picon«, mit dem man auch das Bier aromatisieren kann, sind ebenso bekannt wie der deutsche »Underberg« oder die »Sechsämtertropfen«. Auch der kräftige »Gammel Dansk Bitter Dram« aus Dänemark wird nicht nur bei unseren skandinavischen Nachbarn gern getrunken. Gerade aber in Italien schätzen die Menschen traditionell eine Vielzahl bitterer Spirituosen. Man unterscheidet zwischen den hochprozentigen Amari mit einem Alkoholgehalt von bis zu 40 % und den leichten Bitter-Aperitifs, die zwischen 16 % und 26 % Alkohol aufweisen. Beiden gemeinsam ist der dominante bittere Geschmack.

Man sagt, Hippokrates habe den ersten Amaro erfunden, indem er ein der Gesundheit zuträgliches Elixier aus bitteren Kräutern und süßem Wein hergestellt hat. Heute definiert eine EG-Verordnung Amari als »..bittere Spirituosen, die durch Aromatisierung von Weingeist landwirtschaftlichen Ursprungs mit natürlichen und naturidentischen Aromastoffen hergestellt werden«. Ähnlich wie beim Wermut werden bei den Amari die Ingredenzien teilweise mitdestilliert, in anderen Fällen aber auch eingemaischt und erst später hinzugefügt.

VIELE MARKEN MIT REGIONALER BEDEUTUNG

Unter der großen Anzahl verschiedener Bitterprodukte gibt es solche, deren Charakter durch eine Pflanze oder Substanz bestimmt wird und andere, die aus einer Mischung von Kräutern und Gewürzen ihr unverwechselbares Bukett erhalten.
Man kennt in Italien über 500 verschiedene Bitter-Spirituosen, von denen die meisten freilich nur regionale Bedeutung haben. Zu den ursprünglichen und typischen Bitterlikören gehört der »Ramazotti«. Sein Erfinder, Ausano Ramazotti, handelte in Mailand mit Wein und Spirituosen. Nach jahrelangen Experimenten gelang es ihm einen bekömmlichen Kräftigungs- und Verdauungstrank herzustellen. Hierzu benötigte er 33 verschiedene Zutaten, die er teilweise aus Nordeuropa, Asien, Afrika und Südamerika importiert hatte.
Bereits 1818 verkaufte er die ersten »Amaro Ramazotti« in benachbarten Geschäften Bars und Restaurants. Heute gehört die große Brennerei vor den Toren Mailands zu den modernsten ihrer Art in Italien.
Eine weitere Erfolgsgeschichte ereignet

Einer der bekanntesten italienischen Bitter ist der auch in Deutschland sehr beliebte Averna »Amaro Siziliano«. Man trinkt ihn pur oder als Long-Drink

BITTER

sich ebenfalls Mitte des 19. Jahrhunderts in Mailand. Den beiden unternehmungsfreudigen Brüdern Branca war das Rezept für ein gesundheitsförderndes Elixier, erfunden von einem gewissen Dr. Fernet, in die Hände gefallen.

DR. FERNET UND DIE FOLGEN

Zur Herstellung des Fernet benötigt man über 40 verschiedene Pflanzen und Heilkräuter. Bis sich alle Ingredenzien harmonisch miteinander verbunden haben, reift das Destillat über ein Jahr in Eichenfässern. Die Gebrüder Branca waren von dem Erfolg dieses auch der Gesundheit zuträglichen Getränks derart überzeugt, daß sie eine Firma gründeten und den »Fernet Branca« sogleich im großen Stil herstellten. Bereits 1905 wurde die erste Auslandsniederlassung im elsässischen Saint-Louis eröffnet. Heute findet man »Fernet-Branca«-Abfüllungen in vielen Ländern der Welt, das Rezept kennt man jedoch nur bei den Fratelli Branca in Mailand. Einer großen Beliebtheit erfreut sich auch der »Fernet Menta« mit Pfefferminzgeschmack.

Bereits 1906 führte man mit dem berühmten Adler, der seine Schwingen über der Erdkugel ausbreitet, ein neues Markenzeichen ein. Der damals symbolisch angestrebte und dargestellte Welterfolg hat sich bis heute bewahrheitet.

Neben der Firma Fratelli Branca gibt es noch zahlreiche weitere Fernet-Produzenten, deren Bekanntheit aber in den meisten Fällen auf Italien beschränkt bleibt.

Einer der bedeutendsten italienischen Kräuter-Bitter ist »Amaro Siciliano« der Firma Fratelli Averna. Schon seit 1868 wird der recht starke Bitterlikör im sizilianischen Caltanissetta unverändert nach dem Originalrezept von Don Salvatore Averna hergestellt. Einen ebenfalls festen Platz in den Regalen der italienischen Spirituosenhändler hat der inzwischen auch in Deutschland bekannte »Amaro Montenegro«. Sein Rezept geht auf Stanislao Cobianchi, der 1885 in Bologna die geheimgehaltene Rezeptur erfand, zurück. Dieser Bitter zeichnet sich durch eine helle Bernsteinfarbe und

FERNET – EIN BITTER MIT VIELEN GESICHTERN

Fernet-Bitter werden von verschiedenen Firmen hergestellt. Besonders nach einem opulenten Mahl schätzt man die anregende Wirkung auf die Verdauung. In Italien nimmt man ihn auch gerne als »Coretto« zusammen mit einem Espresso. Daß der Fernet auch als Geschmacksträger für Longdrinks beliebt ist, beweisen die vielen Mix-Rezepte, die man in den USA kennt.
Ausgesprochen erfrischend wirken Fernet und der mit Minze aromatisierte »Fernet Menta« auf Eis.

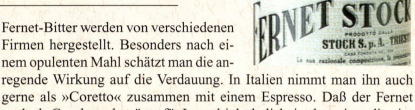

Für die Herstellung mancher Bitter wird der eingemaischte Sud in Glaskolben unter Vakuum destilliert.

einen milden Geschmack aus. Besonders in den letzten Jahren hat der Alpenbitter »Braulio« in unserem Lande viele neue Freunde gewinnen können. Zweifellos handelt es sich bei diesem edlen Amaro um eine Besonderheit. Nach wie vor wird die Kräutermischung nach dem Rezept des Apothekers Francesco Peloni aus Bormio hergestellt. Seit 1875 sind es immer die gleichen Kräuter, die in der Umgebung des Braulio-Berges in der Stilfserjoch-Region von

Der Amaro »Montenegro« verdankt seinen Namen der Hochzeit von Prinzessin Helena von Montenegro im Jahre 1885.

77

ITALIEN

MARKEN

Ramazotti
Traditioneller und typisch italienischer Kräuterbitter. Seit 1815 wird der aromatische Amaro aus 33 Kräutern und Pflanzen hergestellt und inzwischen in über 50 Länder in aller Welt exportiert. Er hat eine rötlichbraune Farbe und zeichnet sich durch ein herbbitteres Aroma aus.

Fernet Branca
Dieser Bitterlikör gilt landläufig als Synonym für die Amari nach dem Rezept des Dr. Fernet. Seit der Mitte des 19. Jahrhunderts wird der aus Kräutern, Wurzeln und Blüten bestehende Bitter von der Firma Fratelli Branca in Mailand hergestellt.

Weitere Fernet-Liköre gibt es unter anderen auch von den Herstellern Stock, Cora und Sarj.

Fernet-Menta
Dieser Fernet hat ein ausgeprägtes Minzaroma und einen etwas geringeren Alkoholgehalt. Er ist besonders als Basis für Mix-Drinks beliebt.

Averna
Amaro Siziliano
Großer italienischer Bitter. Er wird seit 1868 im sizilianischen Caltanissetta nach einem Originalrezept hergestellt.

Braulio
Hochwertiger Alpenbitter. Nach einem überlieferten Rezept in handwerklicher Weise hergestellt.

Der Alpenbitter »Braulio« wird heute noch nach einer alten Rezeptur hergestellt. Die immer seltener werdenden wild wachsenden Kräuter begrenzen die jährliche Herstellungsmenge. Immer noch befindet sich die Produktion in Familienhand und wird von Generation zu Generation weitergegeben.

den Bewohnern Bormios im traditionellen Stil gesammelt werden. Hierzu gehören unter anderem Wermut, Enzian, Wacholder und Schafgarbe. Nach wie vor wird das Geheimnis der Kräuterzusammensetzung vom Vater auf den Sohn weitergegeben. Zur besonderen Qualität trägt auch die Tatsache bei, daß die wertvolle Kräuterinfusion zwei Jahre in Eichenfässern reift. Die Treue zum Originalrezept sowie wachsende Schwierigkeiten bei der Kräutersuche führen dazu, daß der Amaro »Braulio« in jedem Jahr nur in begrenzter Menge hergestellt werden kann.

UNFREIWILLIGER ITALIENER – UNIKUM

Ein sozusagen unfreiwilliger Italiener ist der hochprozentige Bitter »Unikum« der Firma Zwack. Vor über 200 Jahren hatte der Kaiserliche Leibarzt Dr. Zwack den »Unikum« erfunden. Er wird bis heute nach der überlieferten Rezeptur aus über 40 Kräutern und

Wurzeln hergestellt. Firmensitz war damals die ungarische Hauptstadt Budapest. Die Wirren des Zweiten Weltkrieges zwangen die Familie zur Emigration nach Italien. Sie ließen sich in Florenz nieder und etablierten sich mit der Firma »J. Zwack & Co«. Wenngleich die politischen Veränderungen der letzten Jahre ermöglichten, daß der »Echte Unikum« wieder in Budapest hergestellt werden kann, so hat der »Amaro Digestivo Unicum« aus Florenz doch einen festen Platz unter den italienischen Bitterlikören. Marktführer in seiner Kategorie ist der »China Martini«. Der Name dieses aus dem Hause des bekannten Wermut-Herstellers stammenden Likörs hat mit dem Land China nichts zu tun. Vielmehr leitet man den Namen von dem chininhaltigen Quinquina-Baum, den man in Italien »Cinchona« nennt, ab. Die sogenannte »Chinarinde« verleiht dem aromatischen Likör seine bittere und unverwechselbare Note.

Neben den hochprozentigen Amari, die man besonders gerne nach dem Essen genießt, werden die leichten und alkoholarmen Bitter vor allem als Aperitif, im Sommer aber auch als bekömmliche und durstlöschende Erfrischung getrunken.

DIE BITTER-APERITIFS

Inbegriff des italienischen Bitter-Aperitifs ist der »Campari«. Wenngleich die Firma verschiedene Spirituosen herstellt, so verbindet man mit dem Namen doch auf Anhieb den leuchtendroten »Bitter« des Hauses. Gaspare Campari kannte sich schon als junger Mann mit der Kunst der Pflanzen-Destillation aus und übte sich früh im Wein- und Spirituosenhandel. Im Jahre 1860 gründete er eine eigene Distilleria in Mailand und begann mit der Herstellung eines nach eigenem Rezept entwickelten Bitters, der insbesondere

Der Firmengründer Gaspare Campari eröffnete 1866 in der berühmten »Galleria Vittorio Emmanuele« sein erstes Ladengeschäft.

durch die rote Farbe auf sich aufmerksam machte. Sechs Jahre später eröffnete er einen eleganten Weinhandel in der berühmten »Galleria Vittorio Emmanuele«. Schnell avancierte der Name »Campari« zur ersten Adresse. Der Erfolg seines Aperitifs war ebenfalls nicht mehr aufzuhalten. Im Jahre 1892 entstand die erste große Fabrik, bald schon die zweite in Sesta San Giovanni und anschließend auch Niederlassungen im Ausland.

Der Sohn des Firmengründers, Davide Campari, hatte in den 30er Jahren die geniale Idee, den bereits fertig gemischten »Campari Soda« in der kleinen, zylindrischen und etikettfreien Flasche anzubieten. Dieses traditionelle Produkt kann man seit einiger Zeit auch in Deutschland kaufen. Die Zusammensetzung

Marozzi
Würziger Bitter aus exotischen Blättern, Blüten, Kräutern und Früchten. Produktion nur in begrenzter Menge.

Montenegro
Einer der bedeutendsten italienischen Amari. Er wird nach einem geheimen Rezept aus dem Jahre 1885 gefertigt. Der bernsteinfarbene Likör zeichnet sich durch einen milden Geschmack aus.

Casoni
Leichter, herbfrischer Bitter mit nur 23 % Vol. Alkohol.

Unikum
Ursprünglich in Budapest entwickelter Magenbitter. Nach dem Krieg wurde der »Amaro Digestivo Unikum« in der unverwechselbaren Ballonflasche in Florenz erzeugt. Heute produziert der Hersteller Zwack auch wieder in Ungarn.

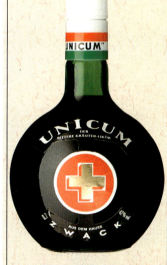

China Martini Liquore
Bekanntester Vertreter eines besonderen Typs der Bitterliköre. Er wird unter anderem durch die chininhaltigen Extrakte der Chinarinde aromatisiert.

ITALIEN

MARKEN

Campari-Bitter

Der »Campari Bitter« ist sicher der bekannteste Aperitif seiner Kategorie. Er wurde 1860 vom Firmengründer entwickelt und seitdem nach einem geheimen Rezept hergestellt. Markant ist seine leuchtend rote Farbe. »Campari« wird besonders als Basis für Cocktails, Long-Drinks und Mix-Getränke verwendet.

Cynar

Bitter auf Basis von Artischockenextrakten und anderen Kräutern. Seit gut 40 Jahren auf dem Markt und auch in Deutschland als Aperitif und als Erfrischungsdrink sehr beliebt.

Martini-Bitter

Aromatischer Bitter, der sich ideal als Basis für Cocktails eignet.

des »Campari Bitter« ist natürlich ein Familiengeheimnis. Nur soviel ist bekannt: Ein Aufguß verschiedener Bitterkräuter bildet die Basis. Die Feststoffe werden destilliert und anschließend mit dem Kräuteraufguß, Zuckersirup und Wasser vermischt. So erhält man ein Getränk mit 25 % Alkohol. Zum Schluß bekommt der »Campari« durch den karminroten Farbstoff der Schildlaus seinen charakteristischen Auftritt.

Ein ähnlicher, aber in seinem Alkoholgehalt viel leichterer Bitter-Aperitif kommt aus Padua. In dieser norditalienischen Stadt ist man schon viele Jahre stolz auf die Tradition der Spirituosenerzeugung. So produzierte Guiseppe Barbieri auch schon seit 1880 eine Vielzahl unterschiedlicher Liköre, als 1919 in Padua die 1. Internationale Mustermesse stattfand. Dies war ein gelunger und

Neben dem fertiggemischten »Campari Soda« trinkt man den »Bitter« als klassischen Aperitif. Nur selten jedoch genießt man ihn pur, obwohl auch dieses bittere Geschmackserlebnis einen Versuch wert ist.

vor allem viel beachteter Anlaß für die Söhne des Firmengründers, ein neues und im Gegensatz zu den Gewohnheiten der damaligen Zeit alkoholarmes Getränk vorzustellen. Der »Aperol« genannte, orangefarbene Aperitif wurde auf Basis von Enzian, Rhabarber, Bitterorangen, Chinarinde und aromatischen Kräutern erzeugt.

Auch die großen Marken Martini & Rossi und Cinzano haben jeweils einen Bitter im Sortiment.

PUNT E MES UND DIE BÖRSE

Ein in Italien sehr beliebter, in Deutschland aber hauptsächlich unter Kennern bekannter Bitter-Aperitif stammt aus dem Hause Carpano, dessen Tradition als Wermuthersteller bis in das Jahr 1786 zurückreicht. Wie so oft, existieren zur Entstehungsgeschichte des

Campari mit Sherry und Tonic	Campari Soda	Campari mit Sekt	Campari on the Rocks	Campari Maracuja	Campari Negroni
2 cl Campari Bitter	1/3 Campari Bitter	2 cl Campari Bitter	5 cl Campari Bitter	1/3 Campari Bitter	1/3 Campari Bitter
1 cl trockener Sherry	2/3 Soda	6 cl trockener Sekt	2 Eiswürfel	2/3 Maracujasaft	1/3 Vermouth Rosso
3 cl Tonic Water	Eiswürfel			Eiswürfel	1/3 Gin
1 Eiswürfel					Eiswürfel

BITTER

Besonders wegen seines geringen Alkoholgehalts ist der »Aperol« ein idealer Sommerdrink.

Atmosphäre bei einem Glas Wermut besiegeln zu können. Unter dem Stimmengewirr hörten die Kellner stets die Worte »Punt e Mes« heraus, wobei es sich jedoch um die Bewegung der Börsenpunkte handelte. Wahrscheinlicher scheint aber die Version des Börsenmaklers zu sein, der am gleichen Ort stets einen »Punt e Mes« bestellte. Er meinte damit zwei Teile Wermut auf einen Teil Bitter.

DURSTLÖSCHENDE ARTISCHOCKE

Eine eigenständige Rolle spielt der Artischocken-Bitter »Cynar«. Neben den Säften der Artischocke werden weitere Extrakte aus bitteren Pflanzen zur Herstellung benötigt. Der Name »Cynar« wurde von der lateinischen Bezeichnung der Artischocke (Cynara Scolymus) abgeleitet. Obwohl die Wirkung der Artischocke schon im alten Griechenland bekannt war, wurde dieser individuelle Bitter erst nach 1950 auf den Markt gebracht.

Im Laufe der Jahre ist der erfrischende und durstlöschende »Cynar« auch in Deutschland ein beliebter und in fast jeder Bar präsenter Aperitif geworden.

Cinzano-Bitter
Leuchtendroter, herbsüßer Bitter. Er eignet sich ebenso wie Campari zum Mixen von Sekt, Soda, Orangensaft und Tonic-Water. Ansonsten trinkt man ihn auf Eis.

Aperol
Alkoholarmer Aperitif aus dem Hause Barbieri. Er bezieht seine Aroma-Extrakte aus Enzian, Rhabarber, Bitterorangen, Chinarinde und aromatischen Kräutern.

Punt e Mes
Bitter-Aperitif auf Wermutbasis aus dem traditionellen Spirituosenhaus Carpano in Mailand.

Marenco Bitter
»Marenco Bitter« wird nach einem Originalrezept von dem Spirituosenhersteller Martini & Rossi hergestellt.

Campari mit Tonic	Campari mit Gin	Campari Orange	Campari Shakerato	Campari mit Weißwein	Campari Americano
Campari Bitter Tonic Water Eiswürfel	1/2 Campari Bitter 1/2 Gin	1/3 Campari Bitter 2/3 Orangensaft Eiswürfel	5 cl Campari Bitter mit 2 Eiswürfeln im Shaker gut schütteln und sofort servieren	2 cl Campari Bitter 5 cl trockener Weißwein	1/2 Campari Bitter 1/2 Vermouth Rosso Eiswürfel evtl. mit Soda auffüllen

ITALIEN

Vermouth di Torino

Nicht nur trocken sehr beliebt

KRÄUTER UND WEIN

Erst die einzigartige Harmonie der aromatischen Alpenkräuter mit den Weinen der Asti-Region schafft die Grundlage für den »Vermouth di Torino«.

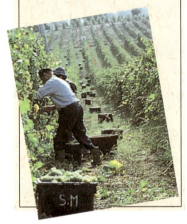

Die Erkenntnis, heilsame Kräuter und Gewürze in Alkohol zu mazerieren, ist wahrscheinlich schon so alt wie der Weinbau selbst. Sehr früh erkannte man die lindernde und verdauungsfördernde Wirkung dieser Elixiere. Bereits Hippokrates, 460 vor Christus auf der Insel Kos geboren, beschreibt, wie er süßen griechischen Wein mit Blüten von Eschenwurz und Beifuß versetzte und auf diese Weise ein Stärkungsmittel schuf, das noch im Mittelalter als »Hippokrateswein« beliebt war. Sicher ist auch, daß die Römer diese Methode nachahmten und mit den ihnen zur Verfügung stehenden Kräutern wie Thymian, Rosmarin, Sellerie und Myrte verfeinerten.

Das Wechselspiel der Wirkung von Pflanzenextrakten und Alkohol auf den menschlichen Körper wird immer noch, genau wie damals, als höchst angenehm empfunden. Betrachtet man den Wermut in unserem heutigen Sinne, so reichen seine Ursprünge in das 16. Jahrhundert zurück.
Die älteste bekannte Produktionsstätte liegt in der Nähe von Cúneo, einem kleinen Ort bei Turin im nördlichen Italien. Hier bieten Landschaft und Fauna die Voraussetzungen zur Herstellung von »Wermut-Wein«, w[ie] er früher genannt wurde. Schnell hatte ma[n] herausgefunden, daß sich besonders d[er] Moscato-d'Asti, ein seit Jahrhunderten i[m] Piemont gekelterter Wein, ausgesproch[en] gut zum Aromatisieren eignet.

HEILSAME ALPENKRÄUTER

In den nahen Alpen findet sich eine reic[he] Auswahl von Kräutern und Gewürzen. E[i]nes unter vielen ist das Wermutkraut, v[on] dem es unterschiedliche Sorten gibt. All[en] gemeinsam ist der Thujon-Gehalt, dess[en] Wirkung mit dem Koffein vergleichbar i[st]. In geringer Dosierung wirkt es auf den Kö[r]per lindernd und anregend.
Im Jahre 1786 verkaufte die alteingeses[se]ne Turiner Familie Carpano in ihrem Spi[ri]tuosengeschäft einen eigenen Wermut a[uf] Basis des Moscato d'Asti und unter Zusa[tz] von reinem Alkohol und ausgesucht[en] Aromaten. Hiermit war der »Vermouth

Der italienische Wermut hat seine Heimat in der norditalienischen und nahe der Alpen gelegenen Stadt Turin und wird deshalb auch als »Vermouth di Torino« bezeichnet.

VERMOUTH DI TORINO

TORINO-VERMOUTH-TYPEN

Rosso (auch: Colorato)
Dieser rote Wermut hat einen weißen Grundwein. Die leuchtende, rubinrote Farbe entsteht durch Beimischung von Karamel. Der »Rosso« ist sehr süß und ist die meistverkaufte Sorte.

Biancho
Die weiße Variante hat eine goldgelbe bis grünliche Farbe und einen ebenso hohen Zuckergehalt wie der »Rosso«. Sein aromatischer Geschmack zeichnet sich durch eine besondere Milde aus.

Secco (auch: Dry)
Die trockene Version des italienischen Wermut zeichnet sich durch eine helle Farbe und eine kaum vorhandene Restsüße aus.
Der Geschmack ist leicht bitter. Seine charakteristischen Merkmale sind durch die Ursprungsbezeichnung international geschützt.

Weitere Varianten
Vor allem in Italien sind neben den drei klassischen Kategorien weitere Varianten sehr beliebt. Hierzu gehören beispielsweise der leichte »Rosé«, aber auch »Vanille« und »Quinquina«.
(Siehe: »Vermouth und Quinquina«, Frankreich).

Das Sortiment des Hauses Martini & Rossi umfaßt die klassischen Varianten »Bianco« und »Rosso« sowie den »Dry« und den leichten »Rosé«.

VOM NORDEN ITALIENS UM DIE WELT

Torino«, ein ganz bestimmter Wermuttyp, der auch heute noch die Spitzenposition im Weltumsatz einnimmt, geboren. Inzwischen hat man den Herstellungsprozeß natürlich industrialisiert, doch immer noch gilt das Dreieck Turin – Cúneo – Alessándria als Zentrum der italienischen Wermut-Erzeugung. Nach alter Tradition umfaßt der Produktionsprozeß vier unabhängige Arbeitsgänge. Zuerst werden die Ausgangsweine zusammengestellt, wobei man inzwischen auf das reiche Angebot der weißen Weine des Piemont zurückgreifen kann.

GEHEIME ZUSAMMENSETZUNG

Ein Geheimnis jedes Herstellers ist natürlich die Zusammensetzung des Kräuterauszugs. Neben dem bereits erwähnten Wermutkraut enthält die Mischung noch weitere 50 Aromaten, unter ihnen Koriander, Thymian, Chinarinde, Salbei, Zimt oder Kalmus. Aufgrund dieser individuellen Rezepturen hat jeder Wermut einen eigenen und für den Kenner unverwechselbaren Ge-

ITALIEN

MARKEN

Carpano
Ein Traditionsunternehmen aus Turin. Bereits 1786 bot der Spirituosenhändler Carpano eine eigene Wermutmarke an. Das überlieferte Familienrezept wird heute unter dem Namen »Carpano Classico« vermarktet. Daneben gibt es noch einen trockenen und einen weißen »Carpano«. Allen dreien ist eine leicht bittere Geschmacksnote gemein.

Cinzano
Die Familie Cinzano erhielt bereits zu Beginn des 18. Jahrhunderts das Recht, Weine und Liköre herzustellen. 1862 wurden die Produkte auf der Weltausstellung in London mit Goldmedaillen ausgezeichnet. Seitdem verzeichnen die traditionellen Wermuts aus dem renomierten Hause »Cinzano« einen weltweiten Erfolg.

Martini & Rossi
Dieses Unternehmen erhielt im Jahre 1840 als erster Weinerzeuger von König Carlos Alberto die offizielle Lizenz zur Wermut-Herstellung. Auf dem Firmengelände in Pessione bei Turin gibt es ein sehenswertes Hausmuseum, das »Museo Martini«.
Die Produktpalette der Firma ist sehr vielfältig. In Deutschland werden die klassischen Wermut-Varianten »Rosso«, »Bianco«, »Rosé« und »Secco« angeboten.

Das zweite große italienische Wermut-Haus ist »Cinzano«. Nach traditionellen Rezepturen werden auch hier die typischen Varianten hergestellt.

schmack. Beim dritten Arbeitsschritt wird die Weinmischung durch Zugabe von reinem Alkohol auf die erforderliche Stärke heraufgesetzt.

EIN SÜSSES VERGNÜGEN

Die Süße erzielt man durch Beimischung von in Wein aufgelöstem Zucker. Italienischer Wermut muß mindestens 15,5 % Alkohol und nicht weniger als 13 Gramm Zucker pro 100 Kubikzentimeter enthalten. Nun folgt die Reife-Lagerung in entsprechenden Großraumbehältern. In Italien kennt man verschiedene Torino-Vermouth-Typen und unterscheidet zwischen dem beliebten »Rosso«, dem süßen »Biancho« und dem trockenen »Seccho«. Alle namhaften Hersteller haben diese drei beliebten Sorten im Angebot. Der bekannteste Name unter den traditionsreichen Erzeugern ist zwei

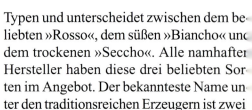

Genau genommen ist der aus dem Spirituosenhaus Buton stammende »Rossantico« kein typischer Vermouth, obwohl man ihn zu gleichen Gelegenheiten trinkt. Der weinhaltige Aperitif wird aus Bologneser Weinen und über 30 verschiedenen Kräutern in Triest hergestellt.

Vermouth di Torino

fellos das Haus »Martini & Rossi«. Alessandro Martini, Luigi Rossi und Teofilo Sola hatten im Jahre 1863 gemeinsam den Wermut »Martini & Sola« entwickelt und wenige Jahre später in Pessione die Spirituosenproduktion begonnen. Noch heute hat das weltweit erfolgreiche Unternehmen hier seinen Sitz.

Nachdem Commendatore Rossi Mitinhaber der Firma wurde und seine vier Söhne sich ebenfalls dort engagierten, dokumentierte sich dies nicht nur in dem neuen Namen, sondern auch durch einen internationalen Durchbruch. Intensive Werbung, die unvergessenen »Martini-Terrassen« in den großen

Das Piemont ist die Heimat des italienischen Wermuts. Hier, in der Nähe von Turin, befindet sich auch das 1863 erbaute Stammhaus der weltbekannten Firma »Martini & Rossi«.

Städten und Sponsoring von kulturellen und sportlichen Veranstaltungen machten den Namen »Martini & Rossi« in vielen Ländern bekannt.

Auf eine sehr lange Tradition kann auch die Familie »Cinzano« zurückblicken. Bereits 1707 erhielten die Brüder Carlo Stefano und Giovanni Giacomo das Recht, Spirituosen zu brennen. Unter anderem brauten sie einen Wein auf Basis von bitteren Pflanzen und Johanniskraut. Mitte des 19. Jahrhunderts stellten sich dann auch Erfolge beim Verkauf von Wermut ein. Im Laufe der Zeit wurde das Sortiment auf die vier klassischen Typen erweitert. Heute produziert »Cinzano« davon jährlich über 200 Millionen Flaschen, die in 148 Ländern verkauft und teilweise auch dort in der Originalqualität hergestellt werden.

Gancia
Carlo Gancia war ursprünglich Winzer. Seine Piemonteser Schaumweine hatten schon während der letzten Hälfte des 19. Jahrhunderts einen ausgezeichneten Ruf, als er einen weißen Wermut auf den Markt brachte. Unter dem Namen »Americano« vertreibt das Haus auch einen fertigen Cocktail auf Wermut-Basis.

Rossantico
Aperitif aus Bologneser Weinen und 30 verschiedenen Kräutern. Das Orginalrezept liefert das Stammhaus »Buton« in Triest.

Riccadonna
Erst 1921 gegründetes Unternehmen. Die Produkte des drittgrößten italienischen Wermut-Herstellers sind auch international sehr beliebt.

Stock
Der bedeutende italienische Spirituosenproduzent begann nach dem Ersten Weltkrieg auch mit der Wermut-Herstellung. Zum Sortiment gehören »Stock Vermouth Bianco«, »Rosso« und »Dry«.

Aperitif oder Cocktail

Italienischer Wermut ist ein typischer Aperitif. Seit dem 19. Jahrhundert schätzt man das alkoholhaltige Getränk als Appetitanreger. Heute werden vor allem die trockenen Sorten vor der Mahlzeit genossen. Pur getrunken, nimmt man ihn mit viel Eis. Zur Erfrischung schmeckt der aromareiche Wermut auch mit Sodawasser. Beliebt sind Martini, Cinzano und Co. auch als Grundlage für Cocktails, allen voran der berühmte »Martini Cocktail« mit Gin und der »Manhattan« mit kanadischem Whisky und Angostura.

Der klassische »Martini«, also ein Gin mit Wermut, serviert mit einer Olive, wurde nach dem New Yorker Barkeeper Martini benannt.

ITALIEN

Italien

Hochprozentiges für jede Gelegenheit

Oft vergißt man in Deutschland, welche kulturelle und landschaftliche Vielfalt Italien zu bieten hat. Viele Urlaubsklischees und die durch Pizza und Pasta vorurteilsbelastete Küche läßt uns manchmal übersehen, daß zwischen Alpen und Sizilien ein lebendiges und durch die unterschiedlichsten Umstände geprägtes Land liegt. Aus diesem Grunde hat sich ebenso wie die vielseitige Eßkultur auch eine bunte Getränkewelt etablieren können. Dies gilt nicht nur für Wein, Spumante und Bier, sondern auch für die Spirituosen, deren Entstehung in vielen Fällen eng mit dem verbunden war, was die Natur als Grundprodukt zu bieten hatte.

BRANDY-MARKEN

Bonaventura Maschio
Unter dem Namen »Prime Uve« werden die drei Sorten »Chardonnay«, »Prosecco« und »Riesling« angeboten.

Buton
Die Brandys werden unter der Markenbezeichnung »Vecchia Romagna« verkauft. Es gibt drei verschiedene Altersqualitäten.

Inga
Dieser Erzeuger aus Seravalle Scrivia macht in den letzten Jahren vor allem durch hervorragende Grappe von sich reden. Doch auch der Brandy »Riserva Impero« genießt einen guten Ruf.

Piave
Auch dieser bekannte Grappaproduzent bietet ein edles Traubendestillat unter dem Namen »Piave Gemma d´Uve«.

Sari
Aus dem Hause Sari kommt der Weinbrand »Vecchio Brandy Richard« sowie der »Vecchia Riserva«.

Stock
Weltbekannter italienischer Spirituosenhersteller. In dem breiten Sortiment nimmt der »Stock 84« eine herausragende Position ein. Neben diesem vier Jahre gelagerten Basisprodukt gibt es auch noch den »Stock X.O.«, der aus acht- bis zehnjährigen Blends verschnitten wird.

BRANDY UND ANDERE TRAUBENDESTILLATE

Hier denkt man zuerst einmal an die Traube, an Wein und an Grappa. Doch Italien bietet noch mehr Hochprozentiges, dessen Ausgangsprodukt die Weinbeere ist. Wie in allen südlichen Ländern wird natürlich auch hier Brandy produziert, und zwar in nicht unerheblichen Mengen. Den Erfolg des italienischen Brandys – gleiches gilt auch für den spanischen – schreibt man der Reblauskatastrophe in der Charente zu.

Von den Weinbrandliebhabern wurden damals schnell auch Erzeugnisse aus anderen Regionen als Cognac-Ersatz akzeptier. Leider kamen in den letzten Jahrzehnten m den Weinskandalen auch die Brände in Ver ruf. Doch die Aufsichtsbehörden reagierte schnell und schufen ein Kontrollsysten dessen Vorschriften das Vertrauen in die d stillierten Weine nach und nach wieder f stigten. So dürfen die Brennweine nur a ganz bestimmten Regionen stammen un werden vor der Destillation einer Analys unterzogen. Damit die Fruchtigkeit de

Der Premium-Blend de Hauses Buton ist de Vecchia Romagna »Riserv Rara«. Hierbei handelt e sich um einen 15 Jahre lang gelagerten Brandy der erstmals zum 170jähri gen Jubiläum von Buton hergestellt worden ist. Nu die besten Weine werde nach der langen Eichen holz-Reife von den Keller meistern zur endgültige Komposition vermählt. De »Riserva Rara« ist zweife los einer der edelste Weinbrände Italiens

SPEZIALITÄTEN

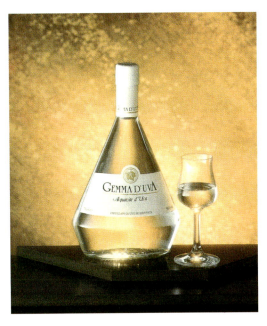

Klare Traubendestillate wie die »Gemma d'Uva« aus dem Hause Piave haben in den letzten Jahren immer mehr Freunde gewinnen können.

Trauben erhalten bleibt, können sie lediglich auf eine relativ geringe maximale Stärke gebrannt werden. Wird die Bezeichnung »Brandy« verwandt, so muß eine Lagerzeit von mindestens einem Jahr nachgewiesen werden. Zusätze sind bis auf Karamel zur Färbung und einem Anteil von 1 % Zucker grundsätzlich nicht erlaubt. Wenngleich in den letzten Jahren Bemühungen zur Imageverbesserung, vor allem durch aufwendige Lagermethoden, immer wieder Erfolge zeigten, so ist die Menge des erzeugten Weinbrands zwar von guter Qualität, aber nicht von besonderem Charakter. Der größte Teil des Marktes wird von zwei bekannten Namen, »Buton« und «Stock«, beherrscht. Die Firma Buton wurde 1820 als Weinbrennerei gegründet und ist mit dem Brandy »Vecchia Romagna« international vertreten. Während das Standardprodukt drei Jahre in Limousin-Eichenfässern lagert, gelangt der feine »Eticchetta Oro« erst nach siebenjähriger Reife in den Handel. Das Spitzenerzeugnis »Riserva Rare« hat seinen edlen Charakter erst nach 15jähriger Faßlagerung erlangt. Zur Entstehung der Firma »Stock« erzählt man sich eine hübsche Geschichte. Der 18 jährige Lionello Stock beobachtete im Jahre 1884, wie im Hafen von Triest Weinfässer auf Schiffe geladen wurden, um nach La Rochelle, dem Cognac-Hafen, transportiert zu werden. Sie wurden dringend von den Erzeugern benötigt, da ihnen durch die Reblausplage der

SAMBUCA – RICHTIG GENIESSEN

Der Sambuca gehört zu jenen Spezialitäten, deren Beliebtheit nicht zuletzt auf dem vor allem durch italienische Restaurants bekannt gewordenen rituellen Trinkkult beruht. Selbstverständlich kann man den aromatischen Likör auch »pur« oder »on the rocks« genießen. Meistens jedoch wird er als Digestif gereicht. Kenner schwören auf die Variante »Con la Mosca« (mit der Fliege). Hierfür muß man Kaffeebohnen in den Likör geben und diesen anschließend flambieren. Man zerkaut die Bohnen daraufhin im Mund und hat dabei ein außergewöhnliches Geschmackserlebnis. Sehr wichtig ist es, darauf zu achten, daß sich entweder eine, drei oder fünf Kaffeebohnen im Glas befinden. Eine gerade Zahl bringt nämlich Unglück. Die meisten Hersteller bieten auch einen schon mit Kaffee fertig vermischten Likör, den man unter dem Namen »Sambuca al Caffé« allerorts kaufen kann.

LIKÖR-MARKEN

Amaretto di Saronno Originale
Dieses Produkt der Firma »Illva di Saronno« wird als »Original« bezeichnet und unterscheidet sich durch Beigabe von Pfirsichöl-Extrakten von den übrigen Amaretti.

Artic
Fruchtsaftlikör aus dem Hause »Da Zucca«. Diese Spezialitäten auf Wodkabasis gibt es in den Geschmacksrichtungen Birne, Feige, Limone und Melone.

Aurum
In Wein mazerierte Orangenschalen und Abruzzenkräuter bilden die Grundlage für das goldfarbene und sehr herbe Kräuterdestillat.

Casoni
Neben dem »Casoni Ovoro«, einer süßen Köstlichkeit aus Sahne und Schokolade, gibt es auch Sambuca und Amaretto.

Florio
Das traditionelle sizilianische Weinhaus ist heute einer der größten Amaretto-Erzeuger. Der »Florio Amaretto Siziliano« ist ein individuelles Premiumprodukt.

Galliano
Markenname aus dem Hause »Riunite di Liquore« in Solaro. Das bekannteste Produkt ist der goldgelbe Kräuterlikör »Galliano«. Ebenfalls: Sambuca und Amaretto.

ITALIEN

Luxardo
Das Haus »Girolamo Luxardo« wurde bereits 1821 in Zara/Dalmatien gegründet. Heute befindet sich der Betrieb in der Nähe von Padua und ist vor allem wegen seines »Original Maraschino« berühmt.

Molinari
Ältester Hersteller von Sambuca. Dieser etablierte Erzeuger ist mit »Sambuca Molinari« Marktführer in Italien. Jährlich werden über 7 Millionen Flaschen verkauft.

Ramazotti
Der bekannte italienische Likörhersteller hat auch einen Sambuca und einen Amaretto im Programm.

Romanza
Diese Amaretto-Marke ist in Italien und Deutschland sehr stark vertreten.

Sari
Zum vielfältigen Likörsortiment von »Sari« gehören neben den Traditionalisten Amaretto, Sambuca und Maraschino auch Anisliköre und verschiedene aromatisierte Wodkas.

Stock
Zum Sortiment der Firma »Stock« gehören auch der Kräuterlikör »Wurzelechter« und ein Maraschino. Der »Amaretto dell'Orso« stammt aus diesem Hause.

Strega
Typisch italienischer Likör aus 70 Kräutern und Rinden. Er wird als Digestif oder als Cocktail-Basis genommen.

Aus dem bekannten Likörhaus »Galliano« stammt nicht nur der berühmte Kräuterlikör, sondern auch ein Amaretto und ein Sambuca.

Nachschub versagt war. Konsequenterweise dachte er sich, daß sich aus italienischen Weinen auch an Ort und Stelle ein respektabler Weinbrand erzeugen ließe. Mit einem Partner gründete er kurz darauf in Triest die »Dampf-Brennerei Camis & Stock«. Nach 20 Jahren zog sich Camis aus der Firma zurück, während Stock stets expandierte. Brennereien im Ausland entstanden, und »Stock« avancierte zu einer internationalen Marke. Nachdem der Zweite Weltkrieg zu einem Rückschlag geführt hatte, setzte der Neffe des Firmengründers die Tradition fort und leitet heute ein Unternehmen, das seine Produkte in über 125 Länder der Welt exportiert. Neben verschiedenen Likören und Vermouth-Sorten gehört der Brandy »Stock 84« zu den etabliertesten Produkten. Er lagert vier Jahre in Fässern und hat eine markante Vanillenote. Unter dem Namen »Dieci Anni« füllt das Haus Stock jährlich nur wenige tausend Flaschen eines 10 Jahre gelagerten edlen Weinbrands ab. Neben den Brandys erfreuen sich auch die feinen Traubendestillate – die offizielle Bezeichnung wurde erst 1988 eingeführt – großer Beachtung. Hierbei handelt es sich um einen aus sorgfältig selektierten und entrappten Trauben erzeugten Brannt. Die Gärung vollzieht sich bei niedriger Temperatur unter Zugabe von Reinzuchthefe. Auch die anschließende Destillation wird äußerst behutsam durchgeführt, damit das Bukett erhalten bleibt.

ANIS UND ANDERE KRÄUTER

Neben den typisch italienischen »Amari«, die sich durch einen besonderen Bittergeschmack auszeichnen, gibt es noch eine Reihe weiterer erwähnenswerter Kräuterliköre. Hierbei muß man zwischen den bekannten Markenprodukten und den ländlichen Erzeugnissen, die zumeist nur von regionaler Bedeutung sind, unterscheiden.
Zu den etablierten Namen gehört der Ende des 19. Jahrhunderts von der »Distilleria Riunite di Liquore« in Solaro erstmals angebotene »Galliano«. Seine Rezeptur erfordert 70 verschiedene Kräuter und Pflanzen, die nach einem komplizierten Verfahren in einen goldgelben, hocharomatischen Likör verwandelt werden.
Hauptsächlich in Italien trinkt man ein aus 34 Kräutern gewonnenes Elixier mit dem Namen »Alpestre«. Eine weitere Anekdote rankt sich um den »Strega«, einen beliebten, goldgelben Kräuterlikör. Nach der Legende soll er zwei Menschen, die ahnungslos von ihm trinken, für immer

Einer von vielen guten Amaretti kommt aus dem Hause »Casoni«.

SPEZIALITÄTEN

Nußliköre haben besonders im Norden Italiens eine lange Tradition. Der »Nocello« aus der »Distilleria Tosci« wird aus Walnüssen hergestellt und ist vor allem wegen seines milden Charakters sehr beliebt.

aneinander binden. Vor 700 Jahren, so erzählt man sich, soll die schöne Bianca Lancia in großer Leidenschaft für den Stauferkaiser Friedrich II. entbrannt sein. Um seine Liebe zu gewinnen, sammelte sie auf Geheiß einer Hexe, die man in Italien »La Strega« nennt, bei Mondschein Kräuter und Rinden. Daraus braute sie einen Trank, der seine Wirkung nicht verfehlte.

Ein erst seit wenigen Jahrzehnten beliebter Likör ist der Sambuca. Man zählt ihn zu den Anislikören, obwohl ein wesentlicher Teil seiner Zutaten der Holunder ist (italienisch: Sambuco = Holunder). Geschmacklich geprägt wird er allerdings durch Anissamen. Die Rezepturen der einzelnen Hersteller sind natürlich geheim und unterscheiden sich durch individuelle Geschmacksvarianten. Mit der industriellen Produktion von Sambuca begann die Firma »Molinari« erst 1939.

VIELFÄLTIGER AMARETTO

Ein anderer, in Deutschland ebenfalls sehr beliebter Likör ist der Amaretto. Seine Spuren reichen zurück bis in das Mittelalter. Selbstverständlich ist auch mit ihm eine unterhaltsame Legende verbunden: Im Jahre 1525 malte der Künstler Luini in Saronno Fresken in der örtlichen Wallfahrtskirche nach dem Abbild einer jungen Witwe. Zum Dank beschenkte diese ihn mit einem Tongefäß, das einen bernsteinfarbenen, süßen Likör enthielt. Noch heute befindet sich das Originalrezept des »Amaretto di Saronno« im Besitz der lombardischen Familie Reina. Im Unterschied zu den übrigen Amaretti enthält der »Originale« ein Extrakt aus feinstem Aprikosenöl, das seinen unverwechselbaren, bittersüßen Geschmack prägt. Eine weitere erfolgreiche Amaretto-Marke ist »Florio«. Das traditionsreiche sizilianische Weinhaus war bereits im 19. Jahrhundert einer der bedeutendsten Produzenten für Marsala Weine. Im Jahre 1975 erinnerte sich die Familie an ein altes Rezept, nach dem man heute den »Florio Amaretto Siziliano« herstellt.

NICHT NUR MANDELN

Neben anderen hochwertigen Ingredienzien bilden vor allem sizilianische Mandeln die Basis für das aufwendige Herstellungsverfahren. Eine lange Lagerung garantiert, daß sich alle Aromaträger harmonisch miteinander verbinden. Heute wird der Amaretto weltweit von über 400 Firmen in mehr oder minder guter Qualität produziert. In jeder italienischen Bar ist die markante, mit Stroh umwickelte Flasche Maraschino zu finden. Schon vor 200 Jahren entwickelte man diesen Likör im dalmatinischen Zara, das damals noch – ebenso wie die Lombardei und Venezien – zum Habsburgerreich gehörte. Die glasklare Fruchtspirituose wird aus Marasken, das sind dalmatinische Sauerkirschen, hergestellt. Der Unterschied zu anderen Kirschlikören besteht vor allem darin, daß nicht Kirschsaft und Alkohol, sondern ein Destillat aus Fruchtfleisch und Kernen die Grundlage für die Herstellung bilden. Neben Zucker werden auch Rindenauszüge, Vanille und andere Gewürze zugegeben. Nach dem Zweiten Weltkrieg folgten viele Hersteller ihren Abnehmern nach Italien und setzten dort die Produktion fort. Zu den führenden Herstellern gehört die Firma »Luxardo«. Schaut man sich ein gut sortiertes italienisches Spirituosenregal an, so findet man neben den verschiedenen landestypischen Spezialitäten stets und vielleicht unerwartet bunte und fantasievoll gestaltete Flaschen mit aromatisertem »Vodka«. Unter dem Namen »Artic« vertreibt das Haus »Da Zucca« diese Drinks in unterschiedlichen Geschmacksrichtungen.

Das typische Erkennungszeichen der Maraschino-Liköre ist die mit Stroh umwickelte Flasche.

SPANIEN UND PORTUGAL

In beiden Ländern der Iberischen Halbinsel hat Hochprozentiges seit langer Zeit Tradition. Sowohl Portugal als auch Spanien betreiben schon im 17. Jahrhundert einen regen Wein- und Spirituosenhandel vor allem mit England, Holland und Skandinavien. Inzwischen ist Spanien eines der beliebtesten Reiseländer Europas geworden und bietet seinen Besuchern ein breites Sortiment alkoholhaltiger Genüsse. Selbst in kleinen Orten findet man die typischen Bars, in denen neben Kaffee, Bier und Tapas ein buntes Spirituosensortiment farbenfroh präsentiert wird. Neben Sherry und Brandy sollte man vor allem die landestypischen Liköre einmal probieren.

SPANIEN

Brandy
Andalusisches Feuer im Glas

Der im Vergleich mit seinen französischen Verwandten meist gering geschätzte spanische Brandy ist auch heute noch, vor allem im angelsächsischen Raum, mit dem Vorurteil behaftet, süß und klebrig zu sein. Seine im Laufe der Jahre immer wieder verbesserte Qualität hat dazu geführt, daß sich einige Marken auch außerhalb Spaniens auf dem Markt anspruchsvoller Weinbrände durchaus behaupten können. An dieser Stelle sollte nicht unerwähnt bleiben, daß in Spanien mehr Branntwein erzeugt wird als in Frankreich oder einem anderen Land der Welt. Lange galt vor allem Südamerika als Hauptabnehmer für spanischen Brandy. In den letzten Jahren jedoch haben ihn die deutschen Konsumenten, nicht zuletzt aufgrund ihrer »Urlaubsbekanntschaften«, zu schätzen gelernt.

MARKEN

Bobadilla
Vor über 50 Jahren führte Bobadilla einen leichten, neuen Brandy-Typ in Spanien ein. Heute haben sich die Brände etabliert und sind auch im Ausland hoch geschätzt. Die bekanntesten sind der dreijährige »103 White Label« sowie der fünf Jahre gelagerte »103 Black Label«.

Bodegas Internacionales
Dieser neu geschaffene Markenname lebt von alten Brandy-Vorräten, die Anfang der 80er Jahre aufgekauft wurden. Mit der stetigen Entnahme sinkt daher das Durchschnittsalter der Brandys. Das Prestigeprodukt ist der »Gran Duque d'Alba«.

Cardinal Mendoza
Bedeutender spanischer Brandy mit weltweiter Anhängerschaft. Er stammt aus dem Hause »Sanchez-Romante« und wurde zum Ende des vorigen Jahrhunderts ursprünglich für die Freunde der Familie gebrannt.

Die geschmackliche und qualitative Vielfalt des Brandys ist vor allem auf die Tatsache zurückzuführen, daß es keine einheitliche Herstellungsmethode gibt. Interessanterweise stammen über 90 % der Produktion aus der Sherrymetropole Jerez de la Frontera.

BRANDY AUS DER SHERRY-METROPOLE

Deshalb ist es nicht verwunderlich, daß die großen Sherry-Häuser auch als Brandy-Produzenten einen guten Namen haben. Wenngleich die Hersteller – abgesehen von den katalonischen Firmen Torres und Mascaro, die durch die französische Cognac-Tradition geprägt sind – räumlich nah beieinander liegen, so haben sie doch jeweils ihren individuellen Stil und ihre eigene Qualität herausgebildet. Gemeinsam gilt für alle spanischen Hersteller, daß hier unter »Brandy« ausschließlich ein Branntwein verstanden wird, der aus Trauben ohne Zusatz von neutralem Alkohol gewonnen wird. Da auch Jerez lange unter arabischem Einfluß stand, war die Kunst des Destillierens hier schon sehr früh bekannt. Ursprünglich stammten auch die Trauben für den Brandy aus dieser Region. Heute allerdings wird der Brennwein fast ausschließlich aus der Airén-Traube hergestellt. Sie wird in La Mancha, der weiten dürren Hochebene südlich von Madrid, angebaut und auch dort zu Wein verarbeitet. Aufgrund des hohen Bedarfs der spanischen Branntweinindustrie dürfte es wohl

Der Inbegriff des spanischen Brandys verkörpert der »Fundador« aus dem Hause Domecq. Diesen feurigen Weinbrand trinkt man auf der Iberischen Halbinsel zu jeder Gelegenheit.

BRANDY

...ie meistangebaute Traube der Welt sein. In dieser Weinbaugegend liegt die Stadt Tomelloso, in der sich die großen Brennereien befinden. Erst von hier aus wird das Destillat nach Jerez transportiert, um dort von den verschiedenen Erzeugern gelagert und zur Reife gebracht zu werden. Die Konzentration auf wenige große Firmen hat dazu geführt, daß man auf einen entsprechenden Qualitätsstandard achtet und somit auch den Brennereien entweder strenge Auflagen macht oder, wie die Firma Osborne, eine eigene Brennerei betreibt.

Doch ein frisch gebrannter spanischer Brandy hat bei weitem noch nicht den Charakter, den man vom Cognac oder vom Armagnac kennt. Seine typischen Eigenarten erlangt er erst durch die Faßlagerung und den Versatz mit Zusatzstoffen. In den Kellern von Jerez findet man reihenweise übereinandergestapelte, ehemalige Sherry-Fässer von 500 Litern Inhalt. In diesen sogenannten »Soleras« bekommen die allermeisten Brandys ihren endgültigen Feinschliff.

SOLERA-REIFE FÜR DEN BRANDY

Wie auch beim Sherry besteht das Geheimnis der sehr schnellen Reife im fortwährenden Umfüllen des Inhalts von oben nach unten. Das frischgebrannte Destillat wird in die obersten Fässer eingefüllt, aus der unteren Faßreihe entnimmt man den gereiften Brandy. Die Vorteile dieses Verfahrens liegen zum einen in der Beschleunigung des Reifevorgangs, andererseits gewährleistet es eine einheitliche Qualität.

Zur Herstellung der Fässer verwendet man heute fast nur noch amerikanische Weißeiche, die sich durch einen niedrigen Tanningehalt auszeichnet. Eine wichtige Rolle spielt natürlich auch die Tatsache, welcher Sherry-Typ zuvor in dem jeweiligen Faß gelagert wurde. Naturgemäß wirken diese Geschmacksstoffe nun auf den Brandy ein und beeinflußen sein Aroma.

Allerdings entsteht gerade hier für die Brandy-Produzenten zunehmend ein Problem, denn immer öfter wird Sherry in Stahltanks gelagert, so daß es inzwischen am Nachschub alter Fässer mangelt. Da der Weinbrand in den Fässern aufgrund besonderer Umstände, die unter anderem auf die Temperaturen in den Bodegas zurückzuführen sind, während der Lagerzeit nur sehr wenig an Alkoholstärke verliert, wird er je nach Qualität schon vorher auf 63-45 % Vol. verdünnt. Früher hat man mit verschiedenen, oft geheim gehaltenen Zusatzstoffen versucht, dem rauhen Brandy ein süßes, harmonisches Aroma zu verleihen. Heute dienen solche Verfahren meist dazu, die Fruchtigkeit zu betonen.

Grundsätzlich sind einfache Brandys schon nach 6 Monaten Faßreife trinkbar, während gute Qualitäten mehrere Jahre im Faß verbleiben.

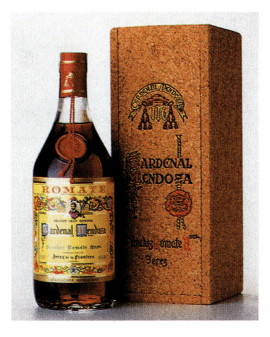

VON LA MANCHA NACH ANDALUSIEN

Der An- und Ausbau der Brandy-Weine erfolgt in der Region um die Stadt Tomelloso in La Mancha, wo auch die Destillation stattfindet. In Jerez werden die Brandys dann gelagert und verschnitten.

Die Regionen:
1. La Mancha
2. Jerez

Domecq
Domecq ist eine der ältesten und bekanntesten Sherry-Firmen. Im Jahre 1874 präsentierte das Haus den »Fundador«, heute der Inbegriff des einfachen spanischen Branntweins. Anspruchsvollere Qualitäten sind der »Carlos I.« und der »Carlos III.« Das Spitzenprodukt heißt »Marqués de Domecq«.

Gonzalez Byazz
Zu diesem alten und weltbekannten Sherry-Haus gehören auch drei Brennereien, von denen sich eine, »Tomelloso«, in La Mancha befindet. Auch der »Soberano«, Spaniens meistverkaufter Brandy, stammt von Gonzalez Byazz. Das Spitzenprodukt ist der mindestens 15 Jahre gelagerte »Lepanto«.

Osborne
Das weltbekannte Sherry-Unternehmen hat auch verschiedene Brandys im Sortiment. Das Basisprodukt ist der »Veterano«, ein herber Weinbrand, dem man allerorten begegnet. Einen fruchtigen Charakter hingegen hat der »Magno«. Die Top-Qualitäten heißen »Independencia« und »Conde de Osborne«.

Terry
Nicht nur Sherrys, sondern auch hervorragende Brandys werden bei Terry seit 1883 hergestellt.

Torres
Die größte katalonische Weinfirma erzeugt seit 1920 auch hervorragende Brandys. Das Sortiment umfaßt ein breites Angebot individueller Brände.

SPANIEN

Sherry

Die Visitenkarte des spanischen Südens

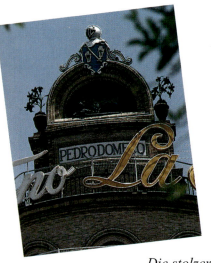

Streng genommen gebührt dem Sherry kein Platz unter den Spirituosen, denn es handelt sich bei ihm um einen sogenannten verstärkten Wein. Das heißt, der gebrannte Alkohol wird erst nach dem Gär- und Reifeprozeß zugesetzt. Diese Tatsache sowie die den gebrannten Weinen ähnlichen Trinkgelegenheiten sind jedoch Grund genug, ihn in diesem Rahmen entsprechend zu würdigen. Seinen Namen übernahm der Sherry von der Stadt Jerez de la Frontera, früher Xeres, im südlichen Andalusien.

Die stolzen Bodegas der großen Sherry-Erzeuger prägen den Charakter von Jerez de la Frontera und den anderen benachbarten Sherry-Städten.

Nach Vertreibung der Mauren in der zweiten Hälfte des 13. Jahrhunderts befand sich bei Jerez die Grenze zwischen dem maurischen Granada und dem katholischen Spanien. Hierauf ist auch der Beiname »de la Frontera« zurückzuführen. Bekanntlich hinterließen die Mauren den Nachfahren in den von ihnen besetzten Gebieten die Kunst der Branntweinzubereitung. Als schließlich die katholischen Könige die Herrschaft über Jerez wiedererlangt hatten, breitete sich auch der Weinbau sehr schnell aus.

SHERRY FÜR ENGLAND

Damals schon waren die Engländer wichtige Handelspartner, so daß bereits seit dem Beginn des 16. Jahrhunderts eine blühende britische Kolonie im Süden Andalusiens entstanden war.

Als Zentrum der Sherry-Erzeugung entwickelte sich das berühmte Dreieck Puerto de Santa María, Sanlúcar de Barrameda und natürlich Jerez. Von hier aus wurden damals bedeutende Mengen des aromatischen Südweins nach Flandern und England verschifft. Bald schon galt »Sherry Sack« – für den Transport wurden die Fässer in Säcke verpackt – als beliebtes Getränk in englischen Wirtshäusern. Seit dem 18. Jahrhundert jedoch bekam der Sherry starke Konkurrenz durch Portwein, Madeira und Malaga. Gleichzeitig brachte der Krieg auf der Pyrenäenhalbinsel die Region um Jerez an den Rand des Ruins. Plündernde Soldaten tranken die Lager leer, und die Weinstöcke wurden zerstört.

Doch bald schon folgte ein neuer Anfang, den man in erster Linie auf Pedro Domecq zurückführen kann. Seinem Einsatz ist es zu verdanken, daß Sherry wieder exportiert werden konnte. Unter König George IV. galt er in London bald wieder als Modegetränk. Nun folgte das Unvermeidliche: die Nachfrage überstieg das Angebot. Unredliche Händler verkauften alles, was entfernt wie Sherry aussah und sorgten damit für ein erneutes Tief. Aber auch diese Krise wurde überwunden.

Bis in unsere Tage ging es noch mehrfach auf und ab, zuletzt im Jahre 1983, als sich die spanische Regierung gezwungen sah, die Rumas Company, eine der größten Kellereien des Landes, zu enteignen. Die Gründe hierfür wurden nie offengelegt, doch alle am Sherry-Handel Beteiligten mußten sich erneut besinnen. Ein sogenannter »Vierjahresplan« ordnete die Verhältnisse neu, so daß der Sherry heute wieder einen guten Ruf ge-

Früher wurden die Sherry-Fässer für den Transport nach England in Säcke verpackt. Die Marke »Dry Sack« erinnert mit den in Säckchen verpackten Flaschen an diese Tradition.

SHERRY

SHERRY – IM SÜDEN EUROPAS ZUHAUSE

Die Regionen:
1. Denominacione de Origen Jerez-Xérès-Sherry
2. Denominacione de Origen Manzanilla-Sanlúcar de Barrameda

GRUNDWEIN-KATEGORIEN

Kategorie Palmas
Symbol: Eine oder mehrere stilisierte Palmen.
Eigenschaften: Der Wein verspricht, eine feine Qualität zu bekommen.

Kategorie Rayas
Symbol: Einer oder mehrere Streifen.
Eigenschaften: Der Wein wird kräftig.

Kategorie Palo Cortado
Symbol: Geschnittener Stab, einer oder mehrere durchgestrichene Streifen.
Eigenschaften: Der Wein erhält einen süßen Geschmack.

»Emilio Lustau« ist eines der führenden, unabhängigen Sherry-Häuser. Die Produkte genießen einen ausgezeichneten Ruf. Das breite Sortiment bietet einen sehr guten Einblick in die Welt des Sherrys.

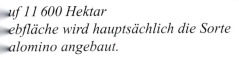

uf 11 600 Hektar
ebfläche wird hauptsächlich die Sorte
alomino angebaut.

eßt. Wie bei anderen Weinen auch, gehö-
n Bodenbeschaffenheit, Trauben und Kli-
a zu den wichtigsten Faktoren der Sher-
-Produktion. Hier im Süden Spaniens er-
euen sich die Reben optimaler Bedingun-
n. Im Durchschnitt unterbrechen 70 Re-
ntage die 255 durch eine angenehme
zeanbrise erträglichen Sonnentage des
dens. Das weitläufige Anbaugebiet bie-
ideale Bodenverhältnisse, auf denen in
ster Linie die Palomino, eine kurz gehal-
e Weißweinrebe, angebaut wird. Sie ist
t ihrer geringen Säure und ihrem niedri-
n Zuckergehalt die ideale Basis für den
erry. Fast 90 % der Anbaufläche werden
n dieser traditionellen andalusischen
aubensorte bedeckt. Den Rest bestreitet

SPANIEN

MARKEN

Barbadillo
Einer der großen Namen für Manzanilla. Noch heute wird die Firma von der Familie geführt. Man kann die Sherrys als Klassiker bezeichnen.

Bobadilla
Das Haus in Jerez gehört zu den größten Getränkefirmen des Landes. Obwohl der Name international bekannt ist, werden die Sherrys besonders im eigenen Lande geschätzt.

Croft
Der Name ist vor allem im Portweingeschäft bekannt. Vor Jahren baute man eine neue Rancho im klassischen Stil und engagierte sich auch auf dem Sherry-Markt.

Domecq
Eines der ältesten und bekanntesten Häuser in Jerez. Neben der Marke »Pedro Domecq« gibt es »La Ina«, »Primero«, »Rio Viejo« und »Celebration Cream«.

Dry Sack
Spitzenmarke aus dem Hause Williams & Humbert. Unter dem Namen »Dry« wird neben dem »Fino« auch der »Medium« und der »Cream« angeboten.

Flagman's
Auch unter diesem, vor allem durch den Portwein bekannten Namen, werden klassische Sherrys in den Geschmacksrichtungen »Amontillado Dry«, »Oloroso Medium« und »Cream« in den Handel gebracht.

die Pedro Ximénez, auch »PX« genannt. Nur selten produziert man aus dieser süßen Frucht einen eigenständigen Sherry, denn zumeist wird sie dazu verwendet, andere Weine zu süßen. Nach der Ernte werden die Palomino-Trauben für einen Tag auf Strohmatten ausgebreitet und der heißen andalusischen Sonne ausgesetzt, damit der Zuckeranteil im Most ansteigt. Nach dem Pressen kommen die Trauben in große Gärbottiche.

KONSTANTE ATLANTIKBRISE

Diese stehen in den oberirdischen, nach Westen ausgerichteten Bodegas, deren Fensterchen stets geöffnet sind, um einen dauernden Durchzug der Atlantikbrise zu gewährleisten. Dicke Wände sichern eine konstante Temperatur. Von solchen Faßlagern gibt es allein in und um Jerez über 700.
Ist der Gärprozeß abgeschlossen, findet eine erste Bewertung statt. Die Weine werden in drei Klassen eingeteilt, die man mit Kreide auf den jeweiligen Fässern vermerkt. Man unterscheidet »Palmas«, »Rayas« und »Palo Cortado«. Nach dieser Einschätzung folgt das Aufspriten, also das Hinzufügen von

Alkohol. Je nach Typ beträgt der Alkoholanteil jetzt 15,5 bis 19 %. Von nun an kann man eines

Über die endgültige Qualität des Sherrys entscheidet die Arbeit im Keller und das Faßlager.

SHERRY-TYPEN

Typ: Fino
(auch Dry, Very Dry)
Eigenschaften: Trockener, herber Sherry mit feinem Mandelaroma.
Reife: Solera-Verfahren, mindestens 4-5 Jahre
Farbe: Hellgolden.
Alkoholgehalt: 17-18 % Vol.
Bemerkungen: Finos werden nur mit Finos verschnitten. Der an der Küste erzeugte Fino Manzanilla. Er ist besonders trocken und hat leichten Salzgeschmack.

Typ: Amontillado
(auch Medium, Medium Dry)
Eigenschaften: Trockener oder halbtrockener Sherry mit Haselnußaroma. Körperreich.
Farbe: Rotgolden, dunkler als Fino.
Reife: Solera- oder Anada-Verfahren.
Alkoholgehalt: 16-18 % Vol.
Bemerkungen: Einfache Amontillado werden kräftig aufgespritet, um die H vorzeitig abzutöten.

Typ: Oloroso
(auch Medium Dry)
Eigenschaften: Trocken bis süß.
Farbe: Dunkelgolden.
Reife: Anada-Verfahren.
Alkoholgehalt: 18-24 % Vol.
Bemerkungen: Klassischer Sherry Typ, wird manchmal mit Süß- und Colorweinen verschnitten.

Typ: Cream
Eigenschaften: Milder und süßer, cremig fülliger Sherry.
Farbe: Rubinrot
Reife: Anada-Verfahren.
Alkoholgehalt: 18-20 % Vol.
Bemerkungen: Verschnitt aus Oroloso, Amontillado und Süßweinen.

SHERRY

...er erstaunlichsten Phänomene der Weinbereitung beobachten. In den nicht vollends gefüllten Fässern bildet sich auf der Weinoberfläche eine feine Haut, die sich unter guten klimatischen Bedingungen zum sogenannten Flor entwickelt.

ANADA- ODER SOLERA-SYSTEM

Diese Sherry-Hefe beeinflußt aufgrund verschiedener chemischer Reaktionen den Geschmack und den Geruch des Weins. Jetzt beginnt die Zeit der Reife. Palmas-Fässer, in denen sich reichlich Flor gebildet hat, reifen nach dem »Solera-System«.

Hierbei handelt es sich um übereinander gestapelte Faßreihen, von denen die unterste Reihe, »Sole« genannt, die ältesten Weine enthält. Darüber lagern die jüngeren Sherrys. Die neuen werden jeweils zuoberst nachgefüllt. Die ausgereiften Sherrys werden stets von der »Sole« abgezogen, wobei man aber nur ein Viertel des Inhalts entnimmt und den verbliebenen Rest zur Wiederauffüllung mit der entsprechenden Menge aus dem darüberliegenden Faß vermischt. Dieses Verfahren garantiert eine gleichbleibende Qualität und gewährleistet eine Mindestlagerzeit von vier bis fünf Jahren. Die Solera-Weine werden selten sofort auf Flaschen gefüllt, denn zuerst erfolgt ein endgültiger Verschnitt, um die gewünschte Geschmacksrichtung der jeweiligen Abnehmer zu erzielen. Auf diesem Wege entstehen die zwei Sherry-Typen »Fino« und »Amontillado«. Die Weine aus Rayas- und Palo Cortado-Fässern, in denen sich kaum Flor gebildet hat, reifen nach dem »Anada-System«. Bei dieser Methode verbleibt der Wein in seinem ursprünglichen Faß. Verdunstungsverluste werden durch Zugaben aus denselben Jahrgängen ausgeglichen. Man nennt diese Weine »Orloroso«. Durch Verschnitte mit Süßweinen der PX-Traube erhält man den bekannten »Cream-Sherry«. Er bekommt seine kräftige, dunkle Farbe durch das Hinzufügen von Colorweinen. Heute unterliegt die Herstellung von Sherry einer sehr strengen Qualitätskontrolle. Die Region wird in zwei »Denominaciones de Origen« (D.O.) unterteilt.

Namhafte Handelshäuser, deren Gründer und Nachfahren die Entwicklung des Sherrys über die Jahrhunderte entscheidend beeinflußt haben, öffnen ihre imposanten Bodegas, die sich in erster Linie in der Gegend um Jerez befinden, sehr gerne für Besucher und geben einen Einblick in die Welt des Sherrys.

Das Phänomen des »Flors«, in einem Glas sichtbar gemacht.

DER RICHTIGE SHERRY-GENUSS

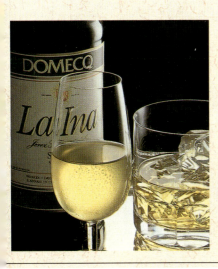

Wegen seiner Vielseitigkeit paßt Sherry zu vielen Gelegenheiten. Als ausgezeichnete Appetitanreger eignen sich vor allem die trockenen Finos. Diese Aperitifs trinkt man am besten eisgekühlt aus schlanken, typischen Sherrygläsern. Wer es mag, sollte einen Fino einmal »on the Rocks« probieren. Auch Amontillados bewähren sich vor der Mahlzeit, ebenfalls stark gekühlt serviert. Halbtrockene Sherrys kann man jederzeit genießen, sie sollten aber besonders an warmen Tagen kühl getrunken werden. Die reicheren Olorosos krönen den Abschluß eines Essens oder eines Tages. Je nach Süße benötigen sie Zimmertemperatur oder eine leichte Kühlung. Der Cream-Sherry ist ein typischer Dessertwein und muß zimmertemperiert serviert werden.

González Byass
Die erste Byazz-Bodega wurde vor über 150 Jahren in Jerez eröffnet. 1988 veräußerte die Familie Byazz ihre Anteile an die Nachkommen der Familie González. Das sehenswerte Stammhaus wurde von Gustave Eiffel erbaut. Attraktion: Hier leben weiße Mäuse, die den Sherry von Untertassen nippen. Die berühmteste Marke des Hauses ist »Tio Pepe«.

Harvey's
Bereits 1796 in Bristol gegründet, schaut das Unternehmen auf eine lange Tradition zurück. Bekanntestes Produkt: »Harvey's Bristol Cream«

Emilio Lustau
Einer der führenden Namen. Aus diesem Hause stammen sehr individuelle Erzeugnisse.

Osborne
Thomas Osborne kam aus England und erwarb 1772 in Jerez eine Bodega. Im Laufe der Jahre wurde das Unternehmen rein spanisch. Man legt Wert darauf, daß das »e« am Ende des Namens ausgesprochen wird. Heute ist die Osborne-Gruppe, deren Markenzeichen der berühmte Stier ist, der größte Getränkekonzern Spaniens.

Sandeman
Traditionsreiches und weltbekanntes Unternehmen mit zeitgemäßem Sherry-Sortiment. Das Erkennungszeichen ist der »Don«.

PORTUGAL

Portwein

Ein typisch britischer Portugies[e]

Er ist heute ein wenig aus der Mode gekommen, doch eine nähere Betrachtung des Portweins ist auf jeden Fall lohnenswert und schafft vielleicht Lust, doch einmal wieder in Ruhe ein Gläschen davon zu genießen. Hierbei findet man dann auch Gelegenheit, sich etwas näher mit dem Thema zu beschäftigen. Über seine Entstehung gibt es viele Geschichten, obwohl man ihn mit wenigen Worten treffend beschreiben kann. Der Portwein ist von Geburt ein portugiesischer Landmann, aus dem durch konsequente Erziehung ein vollkommener englischer Gentleman geworden ist.

DIE TRAUBEN

Touriga Nacional
Obwohl es ihr an Tannin mangelt, gilt sie als beste Portweintraube.

Touriga Francesca
Fruchtige Traube mit angenehmer Säure.

Roriz
Sie erzeugt einen nahezu geschmacksneutralen Verschnittwein.

Barroca
Sehr tanninhaltig. Verschnittwein, der den Alterungsprozeß fördert.

Mourisco
Diese Traube ist nicht mehr sehr verbreitet, sie erzeugt einen säurehaltigen, hellen Wein.

Von eher untergeordneter Bedeutung sind Bastardo, Sousao und Tinta Amarella.

Für weiße Ports verarbeitet man vorzugsweise Weine von der Malvasia-Fina und Malvasia-Grossa-Traube.

Unübersehbar und mit Stolz präsentieren sich die Portwein-Häuser. Bei den meisten stehen die Türen auch für Besucher offen.

Begonnen hat alles im Jahre 1726. Schon damals kamen englische Kaufleute nach Oporto, dem heutigen Porto, um Weine für ihre Heimat einzukaufen.

VERSTÄRKTER WEIN FÜR ENGLAND

Den örtlichen Händlern war nicht verborgen geblieben, daß sich die Geschmacksvorstellung der Londoner Gesellschaft nicht mit den von ihnen erzeugten Weinen deckte. Um diesen Wünschen Rechnung zu tragen, schlossen sich die Oporto-Weinhändler zu einer Vereinigung zusammen. Damit sie mit den in England so beliebten Spirituosen konkurrieren konnten, lag es nahe, die Weine mit Alkohol zu verstärken.

Wahrscheinlich hatte man damals nicht da[mit] gerechnet, daß der Wein sich durch die[sen] Vorgang derart stark verändern würde[,] denn es entstand ein völlig neues Produkt[,] der Portwein. Die Portweinberge liegen i[m] Tal des Douro, genau östlich von Porto. Se[it] dem 19. Jahrhundert ist die Region gena[u] definiert und erstreckt sich von der Stad[t] Régua bis zur spanischen Grenze. Intere[s]santerweise gab es schon 1756 eine durc[h] die »Douro-Wine-Compagnie« festgeleg[te] Grenze für den Weinbau. Die Rebberge f[ür] die Portweintrauben liegen fast 240 Kil[o]meter von den berühmten Lagerkellern Po[rtos]

PORTWEIN

os entfernt. Diese auf der Welt einmalige Situation hat seinen Grund in klimatischen Bedingungen.

Nach vielen Krisen wurde inzwischen für die Portweinerzeugung ein einzigartiges

DER WEITE WEG DES WEINS

Die Regionen:

1. Oberes Douro-Tal zwischen Régua und der spanischen Grenze. Hier wird der Wein an- und ausgebaut.
2. Porto und Vila Nova de Gaia. Sitz der berühmten Portwein-Häuser.

DIE GROSSE LISTE DER VERSCHIEDENEN PORTWEIN-TYPEN

Ruby-Port
Dieser bekannte Portwein-Typ wird aus Weinen mehrerer Jahrgänge verschnitten. Die Faßreife beträgt mindestens drei Jahre, in einigen Fällen auch mehr als doppelt so lange. Er zeichnet sich durch eine kräftige rote Farbe, einen vollen Duft und durch Frische im Geschmack aus. »Rubys« verbessern sich nach der Abfüllung in die Flasche nicht mehr.

Tawny-Port
Tawny-Port ist ebenfalls ein Verschnitt mehrerer Jahrgänge. Anschließend folgt eine Faßreife von acht bis zwölf Jahren. Hierbei verändert sich seine Farbe in ein rötliches Braun. Sein Geschmack ist weich und mild, teilweise erkennt man einen leichten Nußton.

Vintage Port
Diese Portweinsorte wird nur hergestellt, wenn die klimatischen Vorraussetzungen entspechend sind. Das ist in drei von zehn Jahren der Fall. Dann werden unter den jungen Weinen die besten Fässer aussortiert und nach zwei Jahren auf Flaschen gefüllt. Grundsätzlich ist das nur bei Verschnitten gleicher Jahrgänge möglich. Vintage Ports reifen 40 Jahre und länger. Der erste große Jahrgang war 1775.

Colheita
Portweintyp, der erst nach einer langjährigen Faßlagerung auf Flaschen gezogen wird. Man filtert ihn vor der Abfüllung, so daß kein Depot entsteht. Auf den Etiketten sind Jahrgang und Jahr der Flaschenabfüllung vermerkt.

Crusted Port
Crusted Port besteht aus Verschnitten verschiedener Jahrgänge, die vier bis fünf Jahre im Faß lagern. In dieser Zeit bildet sich eine Kruste, die vor der Flaschenabfüllung entfernt wird.

Late Bottled Vintage
Hierbei handelt es sich um Jahrgangsweine, die mindestens fünf Jahre im Faß gelagert wurden. Auf Flaschen gefüllt, haben sie schon etwas an Farbe verloren und sehen älter aus, als sie wirklich sind.

White Port
Die Herstellung der weißen Ports ist identisch mit der des Tawny-Ports, lediglich mit dem Unterschied, daß man hierfür weiße Trauben verwendet.

PORTUGAL

MARKEN

Cockburn's
Das Portweinhaus »Cockburn, Smithes & Co.« wurde bereits 1815 in Porto gegründet. Nach wie vor werden hochwertige Ports hergestellt. Zum Betrieb gehören zwei eigene Weingüter und eine Handböttcherei.

Delaforce
George Henry Delaforce war der Sohn eines Mitte des 19. Jahrhunderts in Porto tätigen Weinhändlers. In jungen Jahren machte er sich selbständig und wurde schnell Hoflieferant des portugiesischen Königshauses. Heute genießt der Name Delaforce einen weltweiten Ruf.

Ferreira
Bereits 1751 gegründet, stellt sich das alte Portweinhaus als eines der wenigen noch existierenden Familienbetriebe dar. Das Unternehmen verfügt über große Lagerbestände alter Weine. Tradition spielt eine große Rolle.

Flagman's
Bekannte Marke für Sherry und Portwein. Das Sortiment ist vielseitig und enthält neben Jahrgangsabfüllungen auch weißen Port.

Harris
Seit über 300 Jahren schon ist dieser Name mit portugiesischen Weinen verbunden. Bereits 1630 wurde die Firma gegründet und gilt auch heute noch als einer der angesehensten Produzenten im Lande.

Kontrollsystem eingeführt. In dem Ort Vila Nova de Gaia, an der Mündung des Douro gegenüber von Porto gelegen, gibt es ein abgegrenztes Areal, in dem die Exporteure bis 1987 ihre Lager haben mußten.

STRENGE QUALITÄTSKONTROLLE

Diese Tradition wird auch heute noch von den meisten Erzeugern aufrecht erhalten. Die hier von den Winzern angelieferten Weine müssen strenge Auflagen erfüllen. Das staatliche »Instituto do Vinho Porto«

Einer der innovativen und zeitgemäßen Erzeuger ist das Haus Adriano Ramos-Pinto. Besonderheit: Der nach Rebsorten getrennte Ausbau der Weine.

hat ein wachsames Auge auf die Lagerhaltung und stellt nach einer Prüfung des Weins ein Ursprungszeugnis aus, ohne das keine Flasche »Port« verkauft werden darf. Zur Kontrolle markiert man jeden Verschluß mit einer numerierten Banderole. Durch diese Maßnahmen ist es gelungen, dem Portwein nach einer Flaute in den 50er und 60er Jahren heute wieder Auftrieb zu verschaffen. Das Herstellungsverfahren hat

PORTWEIN

sich seit Jahrhunderten kaum verändert. Im September beginnt die Weinlese. Die Trauben werden an Ort und Stelle in Behälter gefüllt, in denen der Gärvorgang, unterstützt durch das herbstliche Klima im Douro-Tal, sofort beginnt.

Der Winzer beendet den Gärvorgang

Nun liegt es am Gefühl der Winzer, wann dieser Vorgang durch Zugabe von Alkohol gestoppt wird. Grundsätzlich kann man sagen, je später verspritet wird, um so trockener wird schließlich das Endprodukt. Anschließend bleibt der Wein bis zum Frühjahr in den Bottichen. Jetzt folgt die behutsame Umfüllung in große Holzfässer, wobei darauf zu achten ist, daß das zwischenzeitlich in den Behältern entstandene Depot zurückgehalten wird. Gleichzeitig wird noch einmal Alkohol beigemischt.

Es ist nun Sache der Exportfirmen in Vila Nova de Gaia, die von den Winzern angebotenen Weine aufzukaufen. Das Angebot ist vielfältig, denn zur Portweinherstellung werden verschiedene Rebsorten angebaut. Die jeweiligen Firmen stellen in riesigen Verschnittfässern ihren jeweiligen Typ zusammen. Danach folgt die Zeit der Reife in kleinen Eichenholzfässern. Es werden meistens verschiedene Rebsorten und Jahrgänge miteinander vermischt. Anders als in den spanischen Bodegas sind die Lagerhäuser hier nicht belüftet. Normalerweise erreichen die Ports ihre Trinkreife im Faß und werden danach in Flaschen abgefüllt. Eine Ausnahme stellen lediglich die »Vintage Ports« dar. Diese kostbaren Weine werden nach zweijähriger Faßlagerung auf Flaschen gezogen und reifen unter Luftabschluß

Noch vor wenigen Jahrzehnten war der Portwein-Transport auf dem Douro ein vertrautes Bild. Heute haben Lastwagen diese Aufgabe übernommen.

weiter. So geben sie nur langsam ihre dunkelrote Farbe auf. Anders verhält es sich mit den »Wood Ports«, also den Weinen im Holzfaß. Sie verlieren viel schneller ihre Farbe und werden auch dementsprechend kategorisiert. Auch heute noch beherrschen die traditionellen Namen, deren Betriebe man »Port Lodges« nennt, den größten Teil des Marktes.

Britische Trinksitten

Den Portwein begleiten teilweise recht eigenartige Trinksitten, die vor allem auf britische Traditionen zurückzuführen sind. Die Grundregel für das Einschenken, »Passing the Port« genannt, schreibt vor, daß der Port von rechts nach links um den Tisch weiter gereicht wird, nachdem der Gastgeber den rechts neben ihm sitzenden Besucher bedient hat.

Nahezu ein Vergehen ist es, den Port überhaupt nicht weiter zu reichen. In diesem Fall stellt man die Frage: »Kennen Sie Dr. Wright aus Norwich?« Hierbei soll es sich um einen Herrn aus dem vorigen Jahrhundert gehandelt haben, der dafür bekannt war, durch zu intensives Reden seinen rechts sitzenden Nachbarn vergessen zu haben.

Als alte Tradition gilt es, nach dem Dinner einen formellen Toast im Stehen auszubringen.

Ramos-Pinto
Zur Herstellung der anspruchsvollen Weine des Hauses werden innovative Techniken angewandt.

Sandeman
Die 1790 in London gegründete Weinhandlung ist heute aus dem Portwein- und Sherryhandel nicht mehr fortzudenken. Unverkennbar ist das in den 1930er Jahren eingeführte Markenzeichen, die »Don« Figur. Inzwischen ist Sandeman eine Aktiengesellschaft. Das Sortiment umfaßt verschiedene Qualitäten.

Souza
Dieses traditionsreiche Portweinhaus verdankt seinen Namen einem der bekanntesten Weinverkoster Portugals. In Deutschland werden neben dem »Tawny-Port« auch ein »Fine Ruby« und ein »Dry White« angeboten.

Taylor's
Das Portweinhaus Taylor, Fladgate & Yeatman in Porto wurde bereits 1692 gegründet und gehört somit auch zu den Traditionsträgern des Portweins. Bis heute blieb der Name unverändert. Viele Generationen sorgten für ein hohes Ansehen. Neben klassischen Port-Typen überzeugt auch der »First Estate«, eine Neuschöpfung, die sich besonders durch Leichtigkeit auszeichnet.

Spanien und Portugal

Die Heimat köstlicher Liköre

Neben den Weinen, mit denen man im Urlaub auf der Iberischen Halbinsel Bekanntschaft gemacht hat, kannte man bei uns vor allem den spanischen Sherry sowie den Portwein. Diese Situation hat sich in den letzten Jahren grundlegend geändert. Neben den in einem separaten Kapitel beschriebenen Brandys werden auch hierzulande interessante und sehr individuelle Liköre angeboten.

Spanien und der Gin

Von den Spaniern glaubt man, sie würden stets Wein oder einheimischen Brandy trinken. Kaum jemand weiß, daß fast 20 % der gesamten Welt-Gin-Produktion auf der Iberischen Halbinsel getrunken wird. Man liebt den klaren Wacholderschnaps hier sowohl pur als auch gemixt. Neben den großen Weltmarken gibt es zahlreiche spanische Gin-Produzenten wie Rives, MG oder Giro. Der bedeutendste und zugleich im Lande Don Quichotes meistverkaufte Gin kommt aus dem Hause Larios.

Dort, wo in erster Linie Wein angebaut wird, findet man auch unter den Spirituosen an vorderster Stelle Weinerzeugnisse. Wenngleich Tresterbrände aus Spanien und Portugal in Deutschland bei weitem nicht so bekannt sind wie ihre italienischen und französischen Artgenossen, so sind sie doch von regionaler Beliebtheit. Neben dem rustikalen spanischen »Aguardiente« nimmt sich der in Portugal erzeugte »Bagaceira« eher wie ein Marc aus. Schließlich ist es auch kein Zufall, daß Liköre auf Brandy-Basis ebenfalls sehr beliebt sind. Der bekannteste unter ihnen ist sicherlich der »Calisay«. Das Rezept dieses Likörs auf Kräuter-Zitrus-Basis haben die heutigen Hersteller von den Mönchen des Klosters Bohemia erworben. Grundlage sind Kräuter und Früchte aus vielen Ländern, die in einem aufwendigen Verfahren verarbeitet werden. Auffallend durch seine markante silberne Flasche, ist vielen Spanienurlaubern der »Ponche Caballero«, ein Punsch-Likör auf Branntweinbasis mit Sherryaroma, ein Begriff.

Cuarenta y Tres — Die Zahl 43

Der bekannteste spanische Likör trägt den wohlklingenden Namen »Licor 43«. Der »Cuarenta y Tres«, wie man ihn in Spani-

Dieser berühmte spanische Likör wird aus 43 geheimen Zutaten hergestellt und geht auf ein uraltes Rezept zurück.

en nennt, kann schon auf eine lange Geschichte zurückblicken. Die Römer kannten das Rezept bereits und brachten es später ins spanische Cartagena. Wenngleich die Herstellungsmethode von Generation zu Generation weitervererbt wurde, so bleibt doch die Zusammensetzung dieses wohlschmeckenden Likörs ein streng gehütetes Geheimnis. Es ist lediglich bekannt, daß es sich bei den Hauptbestandteilen dieses aromatischen und vielseitig verwend-

SPEZIALITÄTEN

baren Getränks um Bananen, Milch und Zitrusfrüchte handelt. Insgesamt besteht diese einzigartige Rezeptur aus 43 verschiedenen Zutaten.

Nicht unerwähnt bleiben sollte der von den Kanarischen Inseln stammende Bananenlikör. In seiner typischen, einer Bananenstaude nachempfundenen Flasche, ist er ein beliebtes Urlaubs-Mitbringsel.

ANIS UND WACHOLDER

Das Aroma von Anis schätzt man auf der Iberischen Halbinsel ebenso wie alle anderen Mittelmeeranwohner auch. Die bekanntesten spanischen Vertreter sind der »Anis del Mono«, ein feiner, mit Kräutern aromatisierter Anislikör sowie der »Anis la Castellana«. Hierbei handelt es sich um den unumstrittenen Marktführer in Spanien. Neben der süßen Version »Dulce« schätzt man auch den trockenen »Seco«. Ebenfalls auf Basis von Anislikör entsteht im Norden Spaniens der traditionelle Pacharán, eine Spezilalität aus wilden Schlehen und weiteren, geheim gehaltenen Aromaten.

Auch in Portugal gibt es verschiedene Anis-Schnäpse mit eigenem Charakter, beispielsweise den kräftigen Escarchado.

Erstaunlicherweise gelten die Spanier als besondere Gin-Liebhaber. In keinem Land der Welt ist der Verbrauch dieser Wacholderspirituose pro Kopf höher als zwischen San Sebastian und Cadiz. Aus diesem Grunde sollte auch einer der großen Spirituosenproduzenten des Landes erwähnt werden. Aus dem Weinbaubetrieb des Don Martin Larios y Herrero, der sein Geschäft am Anfang dieses Jahrhunderts in Malaga gründete, ist bis heute ein beachtliches Unternehmen entstanden. Das vielseitige Sortiment umfaßt neben dem bekannten »Larios Dry Gin« unter anderem auch Orangenlikör und Wodka.

TRADITIONELL UND LANDESTYPISCH – DER SCHLEHENLIKÖR PACHARÁN

Nicht nur der Süden Spaniens verwöhnt uns mit seinen bekannten Erzeugnissen. Auch im Norden des Landes gibt es eine traditionelle Spezialität, die zu probieren es sich lohnt. Im Herzen der Region Navarra bedecken dornige Sträucher, die sogenannten »Endrinas«, fast alle Hügel der Landschaft. Die Früchte dieser fast zwei Meter hohen Pflanzen sind die »Pacharánes«, die wilden Schlehen.

Im Herbst werden diese prallen, haselnußgroßen Beeren mit langen Stöcken von den dornigen Sträuchern geschlagen. Anschließend mazerieren die reifen Früchte in Anislikör, dem sie nach und nach Aroma und Farbe verleihen. Seit Jahrhunderten trinkt man in Nordspanien diesen roten Likör. Eines der ältesten Rezepte wurde von der Familie Ambrosio Velascos entdeckt. Auf dieser Grundlage entwickelte man den »Zoco«, der heute beliebteste und meistverkaufte Pacharán Spaniens. Er wird traditionell nach einem guten Essen gekühlt serviert. Dieser Schlehen-Likör eignet sich aber auch als Long-Drink oder Cocktail-Basis.

MARKEN

Calisay
Zweitgrößte Likörmarke Spaniens. Die Kräuter-Zitrus-Spezialität basiert auf altem Brandy und wird von der Destilerías Mollfulleda S. A. produziert.

Liquor 43
Das ist der meistverkaufte und beliebteste Likör Spaniens. Er wird nach einem geheimen Rezept mit 43 Zutaten aus aller Welt hergestellt.

Ponche Caballero
Beliebter Punsch-Likör auf Brandy-Basis. Besonders markant ist die silberne Flasche.

Anis del Mono
Die Firma Vincente Bosch in Badalona stellt diesen feinen Anislikör seit 1870 nach unveränderter Methode her.

Anis la Castellana
Bekannter Anislikör aus dem Hause Garcia Gomez S.L. Diesen beliebten Anisette gibt es sowohl süß als auch trocken.

Zoca
Traditioneller Pacharán. Hierbei handelt es sich um einen Likör aus wilden Schlehen auf Anisbasis. Das Haus Zoca ist Marktführer für dieses Produkt.

Larios
Zweitgrößter Spirituosenhersteller Spaniens. Zum Sortiment gehören neben dem »Larios Dry Gin« auch Brandys, Wodka und Liköre.

GROSSBRITANNIEN UND IRLAND

Die Engländer kennen kaum einen gesellschaftlichen Anlaß, bei dem sich nicht eine Gelegenheit finden ließe, mit einem Gläschen Port oder Sherry einen Toast auszubringen. Am heimischen Kamin hingegen schätzt man eher ein Glas Brandy. Auch für Rum zeigt man eine gewisse Vorliebe. Britisches Understatement würde es jedoch verbieten, den schottischen Whisky mit all seinen aromatischen Facetten an erster Stelle zu nennen. Nicht zu vergessen sind auch die milden Whiskeys aus irischen Brennereien. Viele Jahre konnte sich der Whisky wegen seiner Bodenständigkeit in englischen Clubs nicht etablieren. Diesen Platz hat schon im vorigen Jahrhundert der in Nadelstreifen gewandete »London Dry Gin« eingenommen.

SCHOTTLAND

Schottischer Whisky

So eigenwillig wie das Land

Der schottische Whisky ist ein Spiegelbild der Landschaft seiner Heimat.

Schottischer Whisky, von manchen Menschen kurz »Scotch« genannt, ist nicht nur der Begriff für einen hochprozentigen Schnaps aus dem Norden Großbritanniens, sondern auch eine Weltanschauung. Betrachtet man das Angebot eines gut sortierten Spirituosenhändlers, so hat man es als »Nichtfachmann« schon schwer, unter der Vielzahl von Marken und Labels eine Entscheidung zu treffen. Läßt man sich von einem der Versand-Spezialisten, die es inzwischen auch in Deutschland gibt, einen Katalog der lieferbaren Whiskymarken schicken, so findet man nicht selten über 1000 Offerten und stellt sehr schnell fest, daß sich das Labyrinth aus Namen, Herkunftsbezeichnungen, Jahrgängen und Lagerzeiten ohne Vorkenntnisse kaum bewältigen läßt.

DER WHISKY-TRAIL

Schottland hat eine touristische Attraktion besonderer Art zu bieten. Der sogenannte »Whisky-Trail« führt interessierte Besucher auf einem Rundkurs von 110 Kilometern Länge durch die Hochland-Region Grampian zu sieben typischen Malt-Whisky Brennereien. Die Betriebe geben sich sehr viel Mühe bei der Führung durch die Produktionsanlagen, so daß man sich ein hervorragendes Bild von der Whisky-Erzeugung machen kann.

Der Whisky-Trail
1. Strathisla
2. Glen Grant
3. Tamdhu
4. Glenfiddich
5. Glenfarclas
6. The Glenlivet
7. Tamnavulin
8. Whisky-Shop

Am besten beginnt man das Thema mit einer einfachen Definition: Der Name »Whisky« ist aus den gälischen Worten »Uisce Beatha« entstanden. Sie bedeuten – auch dieser Ausdruck ist uns im Zusammenhang mit hochprozentigen Destillaten schon mehrfach begegnet – Lebenswasser. Bis heute hält sich ein Streit darüber, wer von den beiden keltischen Verwandten, Schotten oder Iren, die Erfindung des Whiskys für sich verbuchen darf.

FRÜHER BELEG – EINE STEUERURKUNDE

Die Erzeugung des ersten whiskyähnlichen Getränks aus Gerstenmalz dürfte zwar schon früher stattgefunden haben, aber urkundlich läßt sich im Jahre 1494 zum ersten Mal ein Beleg darüber finden. Unter diesem Datum existiert eine Eintragung in einer schottischen Steuerurkunde mit folgendem Inhalt: »Acht Balls Malt für den Bruder Cor, um Aqua-Vita zu machen.« Am Rande bemerkt sei darauf hingewiesen, daß es sich hierbei um die Menge von 1,2 Tonnen handelte. Ein weiteres Dokument führt uns in das Jahr 1505. Damals wurde in Edinburgh der Chirurgengilde das Monopol zur Destillation von Whisky zugesprochen. Dies war sicher ein Versuch, da

Es bedarf einiger Erfahrung, damit man sich in der Welt schottischer Whiskys zurechtfindet.

Schottischer Whisky

rennrecht einer bestimmten Gesellschaftsschicht zu reservieren. Ein Gesetz des schottischen Parlaments ordnete dann auch 1579 an, daß ausschließlich Earls, Lords, Barons und Gentlemen für ihren eigenen Bedarf destillieren durften. Als Begründung mußte ein ngpaß an Futtergerste herhalten. Während eser Zeit hatte sich im Hochland, weitab on Edinburgh, die Whiskyherstellung bei er Landbevölkerung längst eingebürgert. eshalb wurde die Regierung sehr schnell ktiv, als es galt, eine lukrative Sache zu esteuern.

»Act of Excise« die Alkoholsteuer

n Jahre 1644 verfügte Karl I. mit dem »Act f Excise« eine Steuer auf den im Lande rzeugten Alkohol. Doch auch diese neuen egelungen konnten die Schotten nicht davon abhalten, in abgelegenen Gegenden der chwarzbrennerei nachzugehen. Genau genommen hatte sich die Erzeugung von Whisky als eine Art »Volkskultur« längst etaliert. Ein hübsches Zitat des Whisky-Kenners Gordon Brown beschreibt diesen Zustand treffend mit den Worten, daß »die Whiskybrenner im Hochland niemals begannen, schwarz zu brennen; sie machten ielmehr weiter wie seit Jahrhunderten, ehe as Destillieren mit einem neuen, noch dazu in einer ihnen fremden Hauptstadt erlassenen Gesetz für illegal erklärt wurde«. Aber nicht nur in den Highlands mißachtete man die Gesetze. Auch in der Hauptstadt selbst sollen 1777 nur acht von 408 Brennereien eine Lizenz besessen haben. Die Regierung reagierte auf diesen Zustand mit Steuereinnehmern, die stets auf der Suche nach

Der traditionelle Brennapparat für schottischen Whisky ist die »Pot-Still-Brennblase«. Viele dieser kupfernen Kessel stammen noch aus der Gründerzeit.

Schwarzbrennern waren. Ein großes Problem stellten die Gerstenrückstände dar, die nach der Fermentation möglichst spurlos verschwinden mußten. Man schaffte die verdächtigen Reste bei Nacht an abseits gelegene Plätze, trieb das hungrige Vieh eines benachbarten Bauern ebenfalls dorthin und schaute der natürlichen Spurenbeseitigung zu. Gerade das Katz- und Mausspiel zwischen Schwarzbrennern, Schmugglern und Steuereinnehmern lebt in unzähligen romantischen Geschichten und Anekdoten bis heute fort, obwohl es sich damals wohl eher um einen harten Existenzkampf handelte. Die »Board of Excise«, so hieß die zuständige Steuerbehörde, berichtet im Jahr 1821 über die Aushebung von 14 000 illegalen Destillerien. Diese für die offiziellen Stellen schier aussichtslose Lage ermöglichte die Duldung von obskuren Persönlichkeiten, die sich durch besonders brutale Methoden als »Staatsdiener« profilierten. Eine der schillerndsten und schrecklichsten Figuren dieser Zeit war Malcolm Gillespie, der in jungen Jahren als Steuereintreiber seinen Dienst begann. Nach 28 Dienstjahren konnte er eine Erfolgsbilanz von 6535 Gallonen beschlagnahmten Whiskys auf-

Impressionen einer intakten und friedlichen Natur.

SCHOTTLAND

ATHOLL BROSE

Hinter diesem Namen verbirgt sich der einzige »legitime Cocktail« auf der Basis von schottischem Whisky. Das Rezept geht auf eine Sage aus dem Jahre 1475 zurück. Der Herzog von Atholl soll die Wasserquelle seines Todfeindes mit dieser hochprozentigen Mixtur versetzt haben:
250 Gramm Heidehonig
250 Gramm Hafermehl
1,5 Liter Whisky
Honig und Hafermehl glattrühren, nach und nach den Whisky zugeben und anschließend in Flaschen füllen. Vor dem Servieren zwei Tage stehen lassen.

Gehört zu den erfolgreichsten Whiskys der Welt: »Ballantine's«.

weisen. Daß diese Zahl im Vergleich zu den 62 400 Gallonen vergorener Maische niedrig erscheint, zeugt davon, wie schnell der gebrannte Whisky direkt vom Ort des Geschehens entfernt wurde. Gillespies Leben ging ebenfalls unrühmlich zu Ende. Am 16. November 1827 wurde er wegen Geldfälscherei gehängt.

UNGLEICHE STEUERSÄTZE

Das war die Zeit, in der sich ein Streit zwischen Schottland und England entwickelte. Ursache hierfür war die Neuordnung der Lizenzen und Abgaben von 1784. Unter anderem war auch eine Zollgrenze zwischen den Highlands und den Lowlands eingeführt worden. Ungleich verteilte Steuersätze begünstigten die großen Brennereien der Lowlands im Gegensatz zu den Kleinbetrieben in den Highlands.

Die Lowland-Destillen erzeugten nun riesige Mengen Alkohols, teilweise in Form von Whisky, aber auch als Sprit für die Gin-Herstellung. Dies stieß auf eine heftige Gegenreaktion bei Londons Ginbrennern, die der billigen Alkoholschwemme aus dem Norden nicht länger tatenlos zuschauen wollten. So kämpfte man um höhere Einfuhrsteuern auf schottischen Alkohol. Zur gleichen Zeit aber erzeugten die kleinen Brennereien im Hochland nach wie vor ihren charakteristischen Whisky – in den meisten Fällen natürlich illegal. Dieser Zustand wurde durch das Engagement des Duke of Gorden, der seine Mitarbeit bei der Ausrottung der Schwarzbrennerei anbot, langsam aufgehoben. Zuerst versuchte man durch das 1822 verabschiedete »Illicit of Destillation Act«, die illegalen Machenschaften unter höhere Strafen zu stellen. Doch dics führtc zu cincr cxtrcmcn Unzufriedenheit der Hochlandbewohner. Schnell machten sich Armut und Not breit, so daß man schon ein Jahr später einen neuen »Excise Act« verabschiedete. Die Abgaben der Brenner wurden nun gekürzt, so daß die ersten Schwarzbrenner ein Einsehen hatten und die Gesetzgebung akzeptierten. Einer der Pioniere war George Smith aus Upper Drumin, der im Jahre 1824 den Mut hatte, einen konzessionierten Betrieb zu eröffnen. Trotz unmißverständlicher Drohungen seiner immer noch illegal arbeitenden Nachbarn führte er diesen Plan durch. Seine Brennerei »The Glenlivet« hatte schon nach kurzer Zeit einen guten Ruf und gehört heute zu den namhaftesten Erzeugern in der Region. Nach und nach hatten auch andere Produzenten ein Einsehen und eröffneten legale Betriebe. Der schottische Whisky begann sich durchzusetzen.

»Glenfiddich« ist ein Single-Highland-Malt, der bereits seit fünf Generationen nach unveränderter Methode am gleichen Ort gebrannt wird. Die Destillerie ist nach wie vor im Besitz der Familie William Grant.

RUHM FÜR AENEAS COFFEY

Auf dem Kontinent hatte inzwischen die Reblausplage für erhebliche Ernteverluste gesorgt, so daß der Whisky die Rolle des fehlenden Cognac nahtlos übernehmen konnte. Besonders in England jedoch wurden Vorbehalte gegen die stark rauchig schmeckenden Brände aus dem Norden laut. Doch schon bald sorgte die Erfindung von Robert Stein, der 1826 den Patent-Destillierapparat erfand, für eine einschneidende

Schottischer Whisky

Verbesserung. Sein Verfahren wurde fünf Jahre später von Aeneas Coffey noch einmal verbessert. Nun stand eine Anlage zur Verfügung, mit der man größere Mengen Whisky relativ unkompliziert herstellen konnte. Die auf diese Weise hergestellten Destillate nannte man »Grain Whiskies«. Der eigentliche Durchbruch des Schottischen Whiskys begann, nachdem Andrew Usher im Jahre 1860 die erfolgreiche Idee hatte, den harten Malt Whisky mit dem milden, nach der neuen Methode gebrannten Grain Whisky zu verschneiden.

Der Blended-Whisky

Der »Blended Whisky« in unserem heutigen Sinne war geboren. Schnell lernten die Engländer – und bald danach auch die Bewohner des Kontinents – dieses aromatische und milde Getränk schätzen.
Die traditionellen Malt-Whisky-Hersteller hingegen sahen ihre Felle dahinschwimmen und starteten eine Kampagne gegen die »Blends«. Welchen Whisky sollte man nun als den »Echten Scotch« bezeichnen? Eine Königliche Kommission mußte diese Frage 1908 klären. Endlose Debatten entbrannten, Experten lieferten ihre Urteile ab, doch ein konkretes Ergebnis konnte nicht erzielt werden. Man lebte viele Jahre mit der salomonischen Formel: »Whisky ist eine Spirituose, destilliert aus einer durch Malzdiastase verzuckerten Getreidemaische; Scotch-Whisky wird, auf die oben festgelegte Art, in Schottland destilliert.« Erst 1952 wurde aus diesem Kompromiß ein niedergeschriebenes Gesetz.

Die Männer der ersten Stunde verhalfen dem »Scotch« zu Weltruhm.

In der Zwischenzeit gab es aber weitere heftige Diskussionen, vor allem um die Besteuerung dieser immer beliebter werdenden Spirituose. Allein zwischen 1917 und 1920 verfünffachten sich die staatlichen Abgaben auf den Whisky in Großbritannien. Viele kleine Brennereien mußten nun schließen, auf der anderen Seite entstand die mächtige »Distillers Company«. Während der Weltwirtschaftskrise gehörten bereits die »Großen Fünf«, nämlich »Johnnie Walker«, »Haig«, »White Horse«, »Dewar« und »Buchanan« diesem Kartell an.
In dieser Zeit erhöhte der Staat ständig die Steuern, ohne daß die inzwischen entstandene »Whisky Association«, eine Interessenvertretung der Brenner und ihrer Kunden, spürbaren Einfluß nehmen konnte.

Vor der Destillation wird das Getreide gemälzt. Nach dem Einweichen in Quellwasser läßt man die Körner vier Tage keimen. Ist der Brennvorgang abgeschlossen, folgt der lange Schlaf in großen Faßkellern. Das Gesetz schreibt eine mindestens dreijährige Reifezeit vor.

Blended-Scotch-Whisky Marken

Ballantine's
Eine der meistverbreiteten Whisky-Marken der Welt. Die Gesellschaft wurde bereits 1827 in Edinburgh gegründet, später verlegte man die Brennerei nach Glasgow. »Ballantine's« gehört heute zum kanadischen Konzern Hiram Walker. Spitzenprodukt ist der 12jährige »Ballantine's Gold Seal«.

Begg
Kleine Brennerei im schottischen Hochland. Neben Malts wird auch der Blend »John Begg Finest Old Scotch Whisky« nach Deutschland exportiert.

Bell's
Arthur Bell war bereits seit 1851 im Whisky-Geschäft tätig. Das Unternehmen expandierte ständig und wurde bald die erfolgreichste Marke Englands. Zum Sortiment gehört auch der »Bell's Extra Special«.

Black & White
Von James Buchanan 1884 in London gegründet. Der »Buchanan Blend« in der schwarzen Flasche mit dem weißen Etikett wurde schnell ein Erfolg. 1904 trug man »Black & White« als Markenzeichen ein.

Clan Campbell
International vertretener Whisky. Die Firma entstand 1879, wurde aber erst in den letzten Jahrzehnten außerhalb Großbritanniens bekannt.

SCHOTTLAND

SCHOTTISCHE WHISKY-VIELFALT

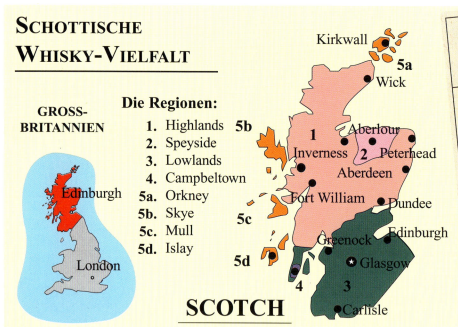

GROSS-BRITANNIEN

Die Regionen:
1. Highlands
2. Speyside
3. Lowlands
4. Campbeltown
5a. Orkney
5b. Skye
5c. Mull
5d. Islay

SCOTCH

MALT-WHISKY-DESTILLERIEN

Highland

Clynelish
Balblair
Glenmorangie
Dalmore
Dallas
Dhu
Ord
McDuff
Glendronach
Talisker
Tomatin
Glen Garioch
Lochnagar
Dalwhinnie
Fettercairn
Glencadam
Blair Athol
Edradour
Aberfeldy
Tobermory
Oban
Glenturret
Tullibardine

Glen Spey
Speyburn
Auchroisk
Aultmore
Glen Keith
Strathisla
Knockdhu
The Macallan
Aberlour
Glenallachie
Benrinnes
Cardhu
Knockando
Glenfarclas
Dailuaine
Mortlach
Dufftown
Cragganmore
Tormore
Tomintoul
Balmenach
The Glenlivet
Tamnavulin

Hiervon Speyside

Glenburgie
Glen Moray
Miltonduff
Linkwood
Glenlossie
Benriach
Longmorn
Glen Elgin
Inchgower
Caperdonich
Glen Grant

Lowlands

Littlemill
Glengoyne
Auchentoshan
Rosebank
Glenkinchie
Bladnoch
Campbeltown
Glen Scotia
Springbank

Islands

Highland Park (Orkney)
Talisker (Skye)
Isle of Jura (Jura)
Bunnahabh
Bruichladd
Bowmore
Ardbeg
Lagavulin
Laphroaig (Islay)

Chivas Regal
Bereits 1801 gegegründete Firma. Erst 100 Jahre später wurde der 12 Jahre gelagerte »Chivas Regal« auch in andere Länder exportiert. Heute ist die Marke in aller Welt vertreten. Eine Besonderheit ist der »Salut«, ein 21jähriger Whisky, der an die Krönung von Königin Elisabeth II. erinnern soll.

Cutty Sark
Die »Cutty Sark« war ein Teeklipper, der bei einem Rennen im vorigen Jahrhundert als erster England erreichte. Die Berry Bros. & Rudd übernahmen den Namen des Schiffs für einen Light Whisky.

Defender
Sehr alte Traditionsmarke. Heute wird dieser gute Name für ein neues Produkt verwendet. Sieben große Hersteller, unter ihnen Taittinger, Osborne und Asbach reifen und blenden den »Defender«.

Aber auch den Siegeszug des Whiskys konnte diese Mehrbelastung zuerst nicht aufhalten. Erst als andere Modegetränke wie Gin oder Grappa vor allem in den USA die Marktanteile verschoben, besann man sich auch in Schottland auf die Verfeinerung der Produkte nach der Devise »Weniger Masse, mehr Klasse«.

MALT-WHISKY – DER URSPRÜNGLICHE

Heute steht neben den großen Markenerzeugern vor allem der nach handwerklicher Tradition hergestellte Malt-Whisky hoch im Kurs. Diese ursprüngliche Form des Whiskys wird nach der alten Pot-Still-Methode durch zweimalige Destillation gebrannt. Er besteht immer aus reiner Gerste, die im ersten Arbeitsgang zum Keimen gebracht wird. Man nennt diesen Vorgang »Mälzen«. Somit wird auch klar, woher dieser Whisky seinen Namen hat.

Das keimende Getreide trocknet dann über schwelendem Torffeuer, wodurch der Keimvorgang unterbrochen wird und der typische Rauchgeschmack entsteht. Dieses getrocknete Malz wird nun gemahlen und mit Wasser vermischt. Unter Zusatz von Hefe beginnt der Gärvorgang. Die entstandene Flüssigkeit wird in kupfernen Kesseln, die oftmals noch aus der Gründerzeit stammen, zweimal destilliert. Hierbei handelt es sich

SCHOTTISCHER WHISKY

»Glen Deveron« ist ein Single-Malt-Whisky, der in Sherry-Fässern in über zwölf Jahren heranreift.

nicht um ein kontinuierliches Brenngerät, so daß nach jedem Vorgang die Behälter neu gefüllt werden müssen. Die Güte und das Aroma des Endprodukts wird, wie bei anderen Spirituosen auch, durch die Qualität der Zutaten entscheidend geprägt. Beim Malt-Whisky ist das Wasser ein entscheidender Faktor. Deshalb verwendet man auch nur absolut sauberes, weiches Quellwasser. Das unmittelbar nach dem Brennvorgang noch glasklare Destillat wird anschließend in Fässer gefüllt, um eine lange Zeit der Reife über sich ergehen zu lassen. Erst im Laufe von 10 bis 15 Jahren entwickelt der Malt Whisky seinen typischen Charakter.

Es gibt keine Möglichkeit, diesen Prozeß abzukürzen. Früher griff man auf alte Sherry-Fässer zurück, die jedoch heute nur noch schwer zu bekommen sind. In jedem Fall aber muß es ein Eichenfaß sein, denn hier kann das Destillat atmen und so die ungeliebten, harten Stoffe abbauen.

Deshalb spielt auch das Klima für den Alterungsvorgang eine bedeutende Rolle. Der Blendmaster entscheidet nun, wann der Whisky ausgereift ist. Die sogenannten »Single-Malts« werden direkt auf Flaschen gefüllt. Voraussetzung ist also, daß diese Brände aus einer einzigen Brennerei stammen und auch nicht mit anderen Single-Malts vermischt wurden.

Verschneidet man Single-Malts verschiedener Erzeuger miteinander, so nennt man sie »Vattet-Malts«. Auf Etiketten findet man dafür auch schon einmal die Bezeichnung „100 % Malt". Solche Spezialitäten spielen allerdings im Handel nur eine ausgesprochen untergeordnete Rolle.

BLENDED-WHISKY – DER BELIEBTE

Der weitaus größte Teil wird an Produzenten verkauft, die sich auf die Herstellung von »Blended-Scotch« spezialisiert haben. Über 95 % des weltweit konsumierten »Scotch« kommt als »Blended-Whisky« in die Regale.

Basis für deren Herstellung ist der »Grain«. Seine Destillation erfolgt zumeist aus ungemälzter Gerste, die im Patent-Brenngerät kontinuierlich gebrannt wird. Genau wie der Malt-Whisky erfährt auch der »Grain« eine Lagerung in Eichenholzfässern.

Nur in seltenen Fällen werden die »Grains« unverschnitten abgefüllt. Normalerweise

Dewar's
John Dewar hatte als erster die Idee, Whisky in Flaschen abzufüllen. Er tat dies ab 1846 in Perth. Später expandierte das Unternehmen und hat heute Weltruf. Zum Sortiment gehören der »Dewar's White Label« und der Dewar's Ancestor de Luxe.

Dimple
12jähriger De-Luxe-Whisky aus der Destillerie Haig. Die unverkennbare, »gekniffte« Flasche wird seit 1900 eingesetzt und darf nur vom Hause Haig verwendet werden.

Dunhill
Seit 1985 ist dieser große Name auch in der Whisky-Branche vertreten. »Dunhill Finest Scotch« besteht aus acht bis neun Jahre alten Grains und 20-jährigen Malt-Whiskys.

In dem Dorf Aberlour, am Ufer der Spey, wird dieser traditionelle Malt-Whisky bereits seit 1826 hergestellt.

SCHOTTLAND

Famous Grouse
Das schottische Moorschneehuhn hat für den Namen dieses seit 1800 von »Mathew Gloag & Son Ltd« hergestellten Whiskys Pate gestanden.

Grant's
Willam Grant übernahm 1886 eine kleine Destillerie in Dufftown und begann mit der Herstellung seines »Glenfiddich«. Heute befindet sich das Haus in vierter Generation und bietet sowohl Single-Malts als auch Blended-Scotch-Whiskys an.

Haig
Als Gründungsdatum dieses Traditionsbetriebes gilt 1643. John Haig, der von 1802 bis 1878 lebte, gehörte zu den Pionieren der Blended-Scotch-Whiskys. Vor allem in den USA ist der Haig »Gold Label« stark vertreten.

Highland Queen
Eigentlich hat man sich in dieser Destillerie in Glenmorangie auf Malt-Whiskys spezialisiert. Doch schon seit 1893 stellt man auch Blends mit hohem Malzgehalt her.

Inver House
Junge Marke mit Sitz in Airdrie. Zum Sortiment gehört neben Malt-Whiskys auch der Blend »Pinewinni Royal Scotch«.

J & B
Das weltbekannte Kürzel steht für »Justerini & Brooks«. Der Italiener Justerini kam bereits 1749 nach Schottland. Seit 1779 verkauften die Weinimporteure auch Whisky.

Zum Schluß entscheiden Kunst und Erfahrung des Blendmasters über den endgültigen Geschmack des Whiskys. Hierbei greift er auf Destillate unterschiedlicher Jahrgänge zurück.

erhalten sie ihren Charakter erst durch das sogenannte »Blending«, also die Verbindung von »Malts« und »Grains«. Es ist denkbar, jeden der irgendwo in Schottland gebrannten Whiskys miteinander zu vermählen, doch gerade diese Kunst der »Marriage« beherrschen nur wenige Spezialisten. So obliegt dem Blendmaster die richtige Auswahl, aber auch Dosierung und Überwachung dieses Vorgangs.

TYPISCHE GESCHMACKSEIGENSCHAFTEN

Nicht selten werden bis zu 40 verschiedene Grundwhiskys miteinander verschnitten. Als besondere Kunst gilt es – vor allem bei den Markenprodukten – alle typischen Geschmackseigenschaften, aber auch Duft und Farbe immer wieder aufs neue zu finden. Wenngleich man hierfür keine Formel aufstellen kann, denn jeder Jahrgang hat seine eigenen Geschmacksnoten, so sind die individuellen Rezepte doch ein streng gehütetes Geheimnis eines jeden Herstellers. Für den »Blended-Scotch-Whisky« ist ein Mindestalter von 3 Jahren vorgeschrieben. Wird auf dem Etikett eine Jahresangabe gemacht, so nennt diese stets das jüngste für den Verschnitt verwendete Destillat. Als Faustregel gelten hierfür die schon erwähnten 10 15 Jahre, doch eine erheblich längere Reif ist durchaus keine Seltenheit.

Für Verwirrung sorgen oft die verschiedenen Herkunftsbezeichnungen. Hierbei gil »Grain-Whiskys« und »Blended-Scotch Whiskys« kennen keine Unterscheidun nach Regionen, wenngleich die meiste »Grains« in den Lowlands gebrannt wer den. Malz-Whiskys können aus vier ver schiedenen, genau definierten Gebiete stammen. Diese Trennung ist ursprünglic aufgrund unterschiedlicher Steuergesetz entstanden. Der »Highland-Malt« stamm aus dem Norden Schottlands, wobei di imaginäre Linie zwischen Greenock in Westen und Dundee im Osten die Grenz zu den südlich davon gelegenen Lowland bildet. Die meisten Brennereien befinde sich in den Highlands, viele von ihnen ha ben sich auf Malt-Whisky spezialisiert un

WHISKYGENUSS – ALLES NUR GESCHMACKSSACHE

So unterschiedlich wie die vielen schottis Whiskys sind auch die Meinungen dari wie man diesen richtig zu genießen h Letztendlich sollte das jeder nach seiner genen Gusto entscheiden, doch einige weise sind bestimmt nützlich.

Schon bei der Glasauswahl gibt es versc dene Meinungen. Viele schätzen die vor

SCHOTTISCHER WHISKY

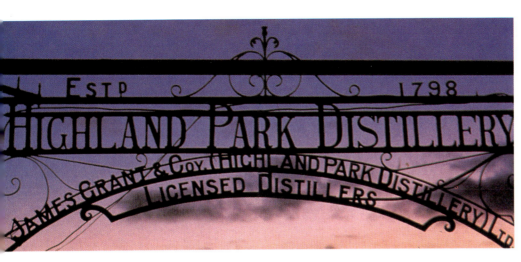

sind sehr klein. Während sich die charakterstarken »Malts« der Highlands durch Milde und Eleganz auszeichnen, dabei aber einen ausgeprägten Torfgeschmack aufweisen und somit das am besten ausgeprägte Aroma haben, geben sich die Destillate aus den Lowlands ein wenig zurückhaltender. Erwähnenswert, sozusagen als Unterregion der Highlands, ist das geographische Dreieck der Speyside. Rund 30 Brennereien befinden sich in diesem Gebiet und ...endmastern be...tzten tulpenförmigen Probiergläser. Sie bringen das Aroma am besten zur Geltung und sind für den Genuß edler Whiskys wohl am besten geeignet. Das ...iche gilt auch für die bauchigen Gläser, die man besonders in Schottland zur ...rkostung alter »Malts« benutzt. Nach ...e vor jedoch ist der stabile, schwere ...mbler das ideale Whisky-Glas.

...ne Unsitte ist es in den Augen von Kennern, ein solches Glas nur mit einem kleinen Schluck zu füllen. Zwei Finger breit ...t als Faustregel für den richtigen Genuß. ...n die Geschmackseigenschaften eines ...chprozentigen Destillats erleben zu können, sollte man ein wenig klares Wasser zugeben. Bei 35 % Alkohol öffnen sich ...e meisten Whiskys erst richtig und ma...en das Geschmackserlebnis vollkommen. ...ichtig ist: Niemals sprudelndes Mineral...sser in den Whisky gießen oder das Aro...mit Eiswürfeln töten.

Die Destillerie »Highland Park« auf den Orkney-Inseln ist stolz auf eine lange Tradition.

wetteifern miteinander um die besten Erzeugnisse des Landes. Eine recht eigenständige Position nimmt der »Island Malt« ein. Er stammt entweder von den Orkneys, Skye, Mull, Jura oder Islay. Die hier gebrannten und vor allem gereiften Spezialitäten werden durch das rauhe, jodhaltige Meeresklima besonders geprägt. Eine Sonderstellung nimmt der »Islay Malt« ein, da er nach irischer Methode dreimal gebrannt wird und sehr kräftig ist.

Als vierte Region gilt das Städtchen Campbeltown am Mull of Kintyre. Hier gab es früher viele Brennereien, von denen aber heute nur noch zwei Betriebe existieren. Dieser milde trotzdem rauchige Whisky ist durch eine leichte Süße gekennzeichnet.

»Balvenie Single-Barrel« ist eine besondere Rarität. Jedes Faß ergibt eine limitierte Anzahl von 300 Flaschen, die den Charakter jedes Barrels voll zur Geltung bringt.

Johnnie Walker
Johnnie Walker kaufte 1820 einen Kolonialwarenladen im schottischen Kilmarnock. Hier vertrieb er, was damals üblich war, angekauften Whisky unter dem eigenen Namen. Sein Sohn eröffnete später eine Filiale in London, und 1880 gründete man eine Niederlassung in Sydney. Der Welterfolg war eingeleitet. Heute kennt jeder den Bestseller »Johnnie Walker«.

Long John
Der Name geht auf »Long John MacDonald«, der seine Brennerei 1825 in Fort William aufbaute, zurück. Heute gehören dem international tätigen Konzern mehrere Brennereien, die auch in Deutschland ein breites Sortiment von Malts und Blended-Scotch-Whiskys anbieten.

Teacher's
William Teacher besaß die größte Ladenkette Glasgows. Bald begann er auch mit dem Whiskyhandel. 1891 bauten seine Nachfahren die erste eigene Destillerie. Die Firma führte 1913 den selbstöffnenden Korkendeckel ein. Heute ist »Teacher's« die größte unabhängige Whisky-Firma der Welt.

Vat 69
William Sanderson beschloß gegen Ende des 19. Jahrhunderts, einen eigenen Blend auf den Markt zu bringen. Aus über 100 Möglichkeiten wählte man das Faß mit der Nr. 69 aus. Ein neuer Whisky war geboren.

IRLAND

Irischer Whiskey

Der bescheidene Ahnherr

Wer verbindet mit dem irischen Whiskey nicht die gemütlichen Pubs mit ihren typischen Fassaden.

Heute werden alle irischen Whiskeys unter der Regie der »Irish Distillers« hergestellt. Dennoch ist den einzelnen Marken der typische Charakter erhalten geblieben.

Bis zum heutigen Tage hat man noch keine Einigung darüber finden können, ob der Whisk(e)y nun schottischen oder irischen Ursprungs ist. Interessanterweise behaupten auch die Waliser, auf der Insel Bardsly sei bereits im Jahre 356 von einem gewissen Reauilt Hir Whiskey gebrannt worden. Vieles spricht jedoch dafür, daß die Bewohner der Grünen Insel dieses Privileg für sich in Anspruch nehmen dürfen. Zur Mentalität der Ire passen die vielen Anekdoten, die sich um die Geschichte des Landes ranker Hierzu gehört zweifellos auch die Entwicklung der Whiskey-Brennerei.

Man erzählt sich beispielsweise, der heilige Patrick habe einen Brennkolben aus Ägypten mit in seine Heimat gebracht – oder die Heerscharen König Heinrichs II. hätten bei der Eroberung Irlands im 12. Jahrhundert die Methoden der Brennkunst erler und an die Schotten weitergegeben. Sich ist jedenfalls, daß zwischen Irland und Eng land bereits der Seehandel florierte, als d Schotten noch keine Wegverbindungen nac

Irischer Whiskey

iden hatten und ihren starken Whiskey ~~ohnehin lieber selbst tranken. Man geht heute davon aus, daß die erste Blütezeit des irischen Whiskeys mit der Entstehung der Klöster im 7. Jahrhundert begonnen hat. Aus dieser Epoche gibt es jedoch so gut wie keine Urkunden.

Die erste gewerbliche Destillerie

Niedergeschriebene Hinweise belegen, daß in Dorf Bushmill bereits 1494 Whiskey gebrannt wurde. An diesem Ort baute man dann auch im Jahre 1608 die erste gewerbliche Destillerie.

Interessanterweise gab es in der Entwicklung der Whisk(e)ybrennerei zwischen Irland und Schottland anfänglich viele Parallelen. Hier wie dort entstanden zahlreiche kleine Familiendestillerien, die trotz der bestehenden Lizenzpflicht das Schwarzbrennen mit Stolz weiter betrieben. Überhaupt hat die Alkoholsteuer die Geschichte des

Charakteristisch für die Herstellung des irischen Whiskeys ist die dreifache Destillation.

Whisk(e)ys unmittelbar beeinflußt. In Irland nannte man den illegal gebrannten Alkohol »Potin«. Oft entstand dieses scharfe und fuselige Gebräu in dunklen Verstecken und hatte einen nicht unwesentlichen Anteil an der Legendenbildung von Moorungeheuern und Kobolden.

Der Staat reagierte auf die ungesetzlichen Brennereien mit hohen Strafen und schickte Steuereintreiber übers Land, die bei Erfolg mit einer hohen Prämie belohnt wurden. Für eine Änderung der völlig aus den Fugen geratenen Lage sorgte im Jahr 1823 ein neues Gesetz, das die Besteuerung von der Menge des destillierten Whiskeys abhängig machte.

Die lizenzierten Hersteller, vor allem in Dublin, ergriffen ihre Chance und begannen mit dem Aufbau leistungsfähiger Brennereien. Zeitgemäße Produktionsmethoden und die steigende Nachfrage der Engländer nach milden und weichen Spirituosen sorgten dafür, daß ein neuer, eigenständiger Whiskey-Typ entwickelt wurde. Er zeichnet sich vor allem dadurch aus, daß man die Gerste, wenn sie überhaupt gemälzt wird, im Ofen trocknet und nicht dem Rauch über offenem Feuer aussetzt. Für die Destillation ist kein besonderes Brenngerät

Marken

Old Bushmills
Schon 1296 wurde die älteste Destillerie der Welt urkundlich erwähnt. Unter dem Markennamen werden heute drei verschiedene Whiskeys verkauft. Das Basisprodukt heißt »Old Bushmills«. Der »Black Bush« ist kräftiger und hat eine längere Lagerung erfahren. Eine Spezialität ist »Bushmills Malt«, der einzige Malzwhiskey aus irischer Produktion. Das rauchfreie Mälzen gibt ihm einen unverwechselbaren Charakter.

Jameson
Der Name geht auf John Jameson zurück, der seine Brennerei 1780 in Dublin gründete. Seit jeher gilt dort die Maxime, nur beste Rohstoffe zu verarbeiten. Der »Jameson« ist merklich dunkler als andere Whiskeys aus irischer Produktion. Das Spitzenprodukt des Hauses ist der 12jährige »Jameson 1780«.

IRLAND

Power

Auch dieses Haus besteht schon seit dem 18. Jahrhundert. Seitdem stellt man den »Gold Label«, einen für irische Verhältnisse starken Whiskey her. »Power« ist heute noch der meistverkaufte Whiskey in Irland.

Paddy

Der Vorliebe des irischen Abgeordneten »Paddy« für Whiskey verdankt er seinen Namen – sagen die einen. Die andere Variante lautet, einer der besten Verkäufer des Unternehmens mit dem Namen »Paddy« habe für die Taufe dieses Whiskeys Pate gestanden. »Paddy« wurde ursprünglich in der kleinen Hafenstadt Cork produziert. Hier haben im Jahre 1867 vier Destillerien fusioniert und unter dem Namen »Cork Distilleries Co. Ltd.« unter anderem den leichten, herb-frischen »Paddy« hergestellt.

Tullamore Dew

In der Stadt Tullamore baute Michael Molloy im Jahre 1829 eine Destillerie. Im Laufe mehrerer Generationen vergrößerte sich das Unternehmen und blieb bis 1931 im Familienbesitz. Heute ist »Tullamore Dew« die wohl weltweit bekannteste Whiskey-Marke Irlands. Zum Sortiment gehören »Finest Old Irish Whiskey Specially Light« und der in der berühmten Keramikflasche abgefüllte »Ulisge Baugh Blended Irish Whiskey«.

IRISCHER WHISKEY – NICHT NUR PUR EIN GENUSS

Auch für den irischen Whiskey gibt es bestimmte Trinkregeln, die besonders im Ursprungsland einzuhalten sind. Hier ist es Tradition, zum Whiskey einen kleinen Krug mit frischem Quellwasser zu reichen. So kann jeder selbst bestimmen, in welchem Maße er sein Getränk verdünnen möchte. Es gilt sogar als unhöflich, jemandem das Wasser in seinen Whiskey zu gießen. Auch Eiswürfel gehören keinesfalls in die milden Getreidebrände Irlands. Beliebt ist hingegen ein starker, heißer Kaffee, der mit Whiskey aromatisiert wird und anschließend eine Haube aus Schlagsahne bekommt – der legendäre »Irish Coffee«.

vorgeschrieben, in jedem Fall aber durchläuft der irische Whiskey mindestens dreimal den Kolben. Die Lagerung erfolgt in Eichenfässern und muß fünf Jahre dauern – meistens gönnt man ihm aber eine längere Zeit der Reife.

Nach dem Faßlager werden die Brände entsprechend dem Markenaroma verschnitten und können anschließend in der Flasche noch einmal für mehrere Monate zur Ruhe kommen.

KUNDENGESCHMACK GETROFFEN

Offensichtlich hatte man mit dem leichten irischen Whiskey den Geschmack der Kunden genau getroffen, denn zum Ende des 19. Jahrhunderts boomte das Geschäft. Leider dauerte dieser Erfolg nicht sehr lange, denn der Unabhängigkeitskrieg gegen England, der Erste Weltkrieg und schließlich die Weltwirtschaftskrise brachten den Handel zum Erliegen. Schließlich ließ die Prohibition in Amerika auch diesen letzten lukrativen Markt schwinden. Ende der 20er Jahre lag die irische Whiskeyindustrie am Boden. Als Präsident Roosevelt im Jahre 1933 das Alkoholverbot in den USA aufhob, blieben die irischen Einwanderer dem heißgeliebten Gerstenbrand ihrer Heimat treu, doch die Iren verfügten nicht mehr über genügend Whiskeyreserven, um dieser Nachfrage entsprechen zu können. Die durch den Zweiten Weltkrieg erforderlich gewordenen Ein

*Die alte »Old Bushmills« Brennerei wird heute wie ein Schatz gehütet.
Hier kann man den größten Destillierkessel der Welt mit einem Fassungsvermögen von 1424 Hektolitern besichtigen.*

IRISCHER WHISKEY

DIE LETZTEN STANDORTE

Heute gibt es in Irland nur noch zwei Whiskey-Produktionsstandorte.

schluß der Firmen »Jameson«, »Power«, »Cork« und »Tullamore«. Das Traditionshaus »Old Bushmills« zögerte noch einige Zeit, schloß sich dem Konzern aber später ebenfalls an. Nun wurde eine hochmoderne Spirituosenfabrik in Midleton errichtet, nur Bushmills behielt seine Produktionsanlagen in Ulster. Inzwischen werden alle irischen Whiskeymarken unter einem Firmendach hergestellt. Dennoch ist es gelungen, den Charakter der einzelnen Erzeugnise zu erhalten und die irische Brennereitradition für die Welt lebendig zu halten.

Die große Leidenschaft der Iren: Pferde und Whiskey. Jährlich gibt es den Preis der »Irish Distillers« in Dublin.

chränkungen machten jede Möglichkeit unichte, das traditionelle Gewerbe wieder ufleben zu lassen.

ZUSAMMENBRUCH UND NEUBEGINN

Um sich diesen Zusammenbruch einer ganzen Branche vorstellen zu können, muß man wissen, daß es vor rund 100 Jahren noch über 2000 Brennereien in Irland gab. Davon existierten nach 1950 nur noch fünf Betriebe. Zu allem Unglück waren diesen außer ihrem traditionsreichen Namen lediglich völlig veraltete Produktionsanlagen geblieben. Im Jahre 1966 fanden sich deshalb die Unternehmer der Spirituosenbranche zusammen und gründeten die »IrishDistillers«, ein Zusammen-

DIE IRISCHEN WHISKEY-LIKÖRE

Liköre auf Whiskey-Basis haben eine lange Tradition. Dennoch hat einer der erfolgreichsten Liköre überhaupt erst eine recht kurze Karriere hinter sich. Im Jahre 1975 gelang es der Firma Bailey, die beiden typisch irischen Produkte Sahne und Whiskey, abgerundet mit verschiedenen Aromastoffen, als »Baileys Original Irish Cream« auf den Markt zu bringen.

Der zweite weltweit bekannte Cream-Likör ist der »Carolans«, dessen Name zu Ehren des sagenumwobenen, im 17. Jahrhundert lebenden, bekannten irischen Komponisten Turlogh O' Carolans gewählt wurde.

Neu auf dem Markt hingegen ist der ebenfalls aus dem Hause R & A Bailey stammende Kaffee-Schokoladen-Likör »Sheridan's«. In einer originellen Doppelkammerflasche wird er zusammen mit einer 17 %igen Sahne-Vanille-Creme präsentiert. Beim Servieren verbinden sich die beiden optisch gegensätzlichen Partner.

Die Idee, Alkohol mit Honig und Gewürzkräutern zu aromatisieren, stammt bereits aus dem Mittelalter. Im 19. Jahrhundert stellte die Destillerie Tullamore auf dieser Basis einen beliebten Likör her, der in den Folgejahren in Vergessenheit geriet. Inzwischen hat man dieses Rezept wiederbelebt und produziert den berühmten »Irish Mist« nach alten Rezepten.

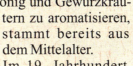

GROSSBRITANNIEN

London Dry Gin

Wacholder in Nadelstreifen

Gin ist ebenso wie Wodka eine Spirituose, die heute auf der ganzen Welt nicht nur getrunken, sondern auch hergestellt wird. Trotzdem ist der Gin ein typisch englischer Drink geblieben, obwohl er eigentlich aus Holland kommt. Denn sein Urahn ist ein 1550 in Leyden von Professor Franciscus Sylvius De La Boe erstmals hergestelltes Wacholderdestillat, welches ursprünglich zur Bekämpfung tropischer Fieberanfälle der holländischen Kolonisatoren gedacht war.

Im Laufe der Zeit entdeckten die Menschen aber auch die wohltuende Wirkung dieses Elixiers. Hieraus entstand später ein beliebtes Volksgetränk – der Genever. Aufgrund der gut ausgebauten Handelswege wurde der aromatische Schnaps schnell in ganz Europa bekannt. Nur in England sollte sich alles ganz anders entwickeln.

▎GENEVER WIRD BRITISCH

Als Wilhelm III. von Oranien im Jahre 1689 den Thron bestieg, um Holland und England in Personalunion zu regieren, brachten seine Soldaten auch den Genever mit auf die Britischen Inseln. Wenige Jahre zuvor war bereits die Einfuhr von Cognac verboten worden, später dann machten hohe Zölle auch den Import anderer ausländischer Spirituosen nahezu unmöglich.

So entstand neben dem im »fernen« Schottland gebrannten Malz-Whisky, den man in London ohnehin nicht schätzte, eine florierende Schnapsindustrie, die für wenig Geld

LONDON DRY, PLYMOUTH ODER OLD TOM

Unter den verschiedenen Gin-Typen hat sich inzwischen der beliebte »London Dry« weltweit durchsetzten können. Hierbei handelt es sich um ein ungesüßtes Erzeugnis mit einem Mindestalkoholgehalt von 40 %, wobei London heute nur noch auf eine bestimmte Herstellungsart, nicht aber auf den Produktionsort hinweist. Auch die Bezeichnung »Dry Gin« weist auf ein ungesüßtes Produkt hin.
»Plymouth Gin« ist leicht gesüßt und heute nicht mehr sehr beliebt. Eine anderer, altmodischer Name für die gesüßte Variante ist »Old Tom Gin«.

Der Klassiker unter den großen Gin-Marken ist »Gordon's Dry Gin«. Man findet die typische und oft kopierte Flasche in nahezu jeder gut sortierten Bar auf der ganzen Welt.

LONDON DRY GIN

ein hochprozentiges Getränk an jeder Strassenecke feilhielt. Bald bürgerte sich hierfür der Name »Gin«, eine englische Ableitung des Wortes »Genever«, ein.

GEFÄHRLICHES VOLKSGETRÄNK

Vor allem die breite Masse des Volkes versuchte, die sozialen Probleme der aufkommenden Industrialisierung im Alkohol zu ertränken und entwickelte sich zu versessenen Gin-Konsumenten. Es ist nicht übertrieben, von einer Epoche des Massenalkoholismus in England zu sprechen. Inzwischen hatte man erkannt, daß die Zeit zum Handeln gekommen war, doch auch neue und strengere Gesetze, die den öffentlichen Gin-Ausschank mit hohen Steuern belegten, vermochten das ernste Problem auch nicht zu beseitigen.

Erst als die Erfindung des Patent-Still-Brennkolbens die Herstellung von reineren Destillaten und somit einer besseren Qualität des Gins ermöglichte, verschwanden nach und nach die billigen Schwarzbrennereien.
An deren Stelle traten organisierte, gewerbliche Destillerien, die den Markt mit mildem Gin von gleichbleibender Güte versorgten. Zu den Pionieren dieser Entwicklung gehörten die Brennereien von Booth, Gordon und Tanqueray – Namen, die auch heute noch auf der ganzen Welt geschätzt werden. Mit der stetigen Entwicklung der Brennereitechnik wurde auch der Gin immer besser. Besonders die großen Hersteller in London und Umgebung profitierten von der Image-Verbesserung des ehemaligen »Volksgetränks« und lieferten ihre Erzeugnisse in die Clubs der feinen Gesellschaft.

GIN WIRD GESELLSCHAFTSFÄHIG

Inzwischen war es auch bei den Damen schicklich, ein Glas Gin zu nehmen. Dieser neue Kundenkreis fragte nach einer milden, trockenen und dennoch aromatischen Spirituose. Die Hersteller kamen den Wünschen nach und entwickelten den »London Dry Gin«, wie wir ihn heute kennen.
Parallel dazu gab es auch noch den schweren und von Aromaten stark geprägten »Plymouth Gin«, der inzwischen auf dem Weltmarkt durch den Londoner Stil weitgehend verdrängt wurde. Erst 1920 regelte man die Herstellung des Gins in England durch ein Gesetz.
Ursprünglich wurde das Gin-Destillat aus Getreide hergestellt, obwohl die kornige Geschmacksnote nicht erwünscht war. Die neue Verordnung sah als Grundprodukt für die Destillation mindestens 96 %igen, neutralen Alkohol vor. Bei einem so hoch ausgebrannten Destillat spielt das Basisprodukt praktisch keine Rolle mehr, da alle Geschmacksstoffe durch den Brennvorgang bereinigt werden. Theoretisch ist es also mög-

DER WACHOLDER

Wacholder ist ein bis zu fünf Meter hoher Strauch, der in Europa weit verbreitet ist. Er wächst vor allem in Wäldern, Gehölzen und auf Heiden.
Für die Herstellung von Spirituosen wie Genever, Gin oder Wacholder verwendet man seine erbsengroßen, schwarzblauen Früchte, die landläufig Wacholderbeeren genannt werden.
Die Erntezeit beginnt Mitte August und dauert bis in den September. Durch bloßes Schütteln fallen die reifen Früchte von den Sträuchern. Anschließend werden die Beeren gesiebt und schichtweise getrocknet. Sie enthalten bis zu 20 % vergärbaren Zucker und einen hohen Anteil ätherischer Öle, die vor allem dem Gin seinen typischen Duft verleihen. Traditionell beziehen englische Gin-Hersteller ihre Wacholderbeeren aus Italien. Hier, besonders auf dem Apennin, werden die besten Qualitäten erzeugt.

GROSSBRITANNIEN

MARKEN

Beefeater
Der Gründer der Firma James Burrough Ltd. hatte lange Jahre als Angestellter einer Apotheke gearbeitet und Reisen durch die USA und Kanada unternommen, bevor er 1820 eine Destillerie in London eröffnete. Für seinen Gin wählte er den Namen »Beefeater«, um dem Produkt das Image von Ansehen und Tradition zu verleihen.

Bombay
Dieser hervorragende Gin wird nach einem alten Familienrezept aus dem Jahre 1761 von der Bombay Spirits Ltd. in London hergestellt. Als Ausgangsprodukt greift man auf absolut reinen 99 %igen Alkohol, der von einer schottischen Brennerei hergestellt wird, zurück. Das Wasser stammt aus den Bergen von Wales.

Booth
Booth's Gin wird bereits seit 1740 in Clerkenwell bei London hergestellt. Das Unternehmen gehört zu den ältesten Gin-Herstellern der Welt. Bekanntes Markenzeichen ist der »Red Lion«. Der »Booth's High & Dry« ist ein sehr trockener Gin-Typ.

Finsbury
Diese Marke gehört zu den meistverkauften Gins in Deutschland. Das Stammhaus in London blickt auf eine über 200 jährige Tradition zurück.

Für den Namen einer der berühmtesten Gin-Marken Englands standen die legendären Wachen des Londoner Towers Pate: »Beefeater«.

lich, Gin beispielsweise aus Roggen, Mais, Zuckerrohr, Wein oder Rüben herzustellen. Die besondere Kunst der Gin-Herstellung besteht in der richtigen Mischung und Auswahl der aromatischen Zutaten.

WACHOLDER UND ANDERE GEWÜRZE

Diese Rezepte werden von den Erzeugern natürlich unter Verschluß gehalten, doch neben den obligatorischen Wacholderbeeren kennt man Ingredienzien wie Koriander, Lavendel, Mandeln, Kümmel, Anis, Kardamom oder auch Orangen- und Zitronenschalen. Diese Aromaten werden nun in die Brennkolben gefüllt und zusammen mit dem neutralen Alkohol destilliert. Das fertige Destillat wird durch Zugabe von frischem Wasser auf Trinkstärke reduziert und kann anschließend sofort abgefüllt werden. Die Bezeichnung »London Dry Gin« ist also eine fest definierte Herstellungsmethode, der Produktionsort hingegen muß nicht unbedingt London sein.

Daß die weltweite Beliebtheit des Gins nicht zuletzt mit der stetigen Expansion des britischen Weltreichs zusammenhängt, belegen zwei unabhängig voneinander verlaufene Firmengeschichten von »Gordon's« und »Gilbey's«. Diese großen internationalen Marken verdanken ihre Karriere nicht zuletzt den historischen Umständen ihrer Zeit.

Alexander Gordon wurde 1742 in Schottland geboren. Im Jahre 1769 zog es ihn in den Londoner Norden, wo er in seiner soeben gegründeten Brennerei unter Verwendung bester Zutaten einen außergewöhnlichen Gin herstellen wollte. Schnell erwarb er sich durch seine Produkte einen guten Namen, unter anderem bei den Offizieren der britischen Marine. So wurde die Marke im gesamten britischen Empire bekannt. Die Erben des Firmengründers nutzten die Gunst der Stunde und fusionierten 1898 mit der Firma Tanqueray, einer auch damals schon sehr bekannten Gin-Marke. Aufgrund der starken Nachfrage baute man nun in Übersee neue Betriebe. Jede dieser Destillerien arbeitet immer noch nach den strengen Vorgaben, wie sie damals im Londoner Stammhaus entwickelt wurden. Mittlerweile ist »Gordon's« die größte Gin-Marke der Welt

LONDON DRY GIN

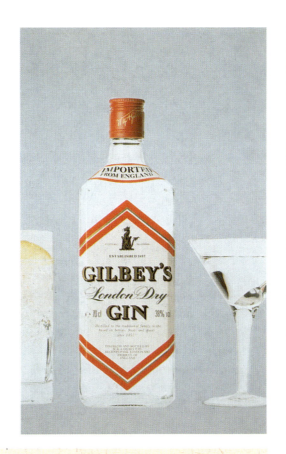

Etwa hundert Jahre später als Gordon beschlossen die Brüder Walter und Alfred Gilbey, neben ihrem florierenden Weinhandel auch eine Gin-Destillerie zu eröffnen. Wiederum wurde der für sein sehr gutes Wasser bekannte Londoner Norden als Standort auserkoren. »Gilbey's Gin« bewährte sich schnell als anspruchsvolles Produkt, so daß sich die Marke in den folgenden Jahrzehnten etablieren konnte. Während dieser Zeit bauten die Firmeninhaber Gin- und Whisky-Brennereien in Australien und Kanada. Parallel dazu eroberten sie den Markt in den USA. Diese Beliebtheit führte dazu, daß »Gilbey's Gin« während der amerikanischen Prohibition bei den Schmugglern und Fälschern besonders beliebt war. Um den Schwarzbrennern das Geschäft zu erschweren, entwickelte Gilbey eine besondere Flasche, deren Oberfläche durch ein Sandstrahlverfahren mattiert wurde. Heute gilt diese Flasche in über 150 Ländern als individuelles Erkennungsmerkmal.

Gilbey's
Als die Brüder Walter und Alfred Gilbey ihre Destillerie in Camden Town, nördlich der Londoner City, im Jahre 1872 erbauten, hatten sie bereits 25 Jahre Erfahrung im Wein- und Spirituosenhandel gesammelt. Einen besonderen Erfolg hatte »Gilbey's Gin« in den USA. Deshalb wurde dieses Produkt auch während der Prohibition mit Vorliebe kopiert. Als Gegenmaßnahme ersann man die sandgestrahlte Mattglasflasche, heute ein unverkennbares Markenzeichen.

Gordon's
Auch Alexander Gordon siedelte sich im für das klare Wasser bekannten Londoner Norden an. Er hatte es sich zur Aufgabe gemacht, einen besonders hochwertigen Gin zu produzieren. Hiermit begann er 1769 und hatte sofort Erfolg. Heute ist »Gordon's« die größte Gin-Marke der Welt mit Produktionsstätten in vielen Ländern.

Greenall's
Schon 1761 destillierte man in Warrington die erste Flasche »Greenall's Original London Dry Gin«. Seitdem ist das kleine Haus der Tradition treu geblieben.

Tanqueray
Dieser Gin geht auf das Jahr 1740 zurück. Damals entwickelte Charles Tanqueray einen besonders hochwertigen Gin, der sich sehr bald in den britischen Kolonien besonderer Beliebtheit erfreute.

GIN – BELIEBT MIT TONIC ODER ALS »MARTINI COCKTAIL«

Auf der ganzen Welt mixt man unzählige Cocktails und Longdrinks auf Gin-Basis. Einer der bekanntesten ist der »Martini Cocktail«. Er wird aus 5 cl London Dry Gin und 1 cl Vermouth Dry gemixt. Man serviert ihn eisgekühlt mit einer Olive im Glas und nach Bedarf mit einem Spritzer Zitrone.
James Bond bevorzugt seinen »Martini« gerührt und nicht geschüttelt. Nicht vergessen darf man auch den einstmals so beliebten »Gin-Fizz«. Die heute verbreitete Form, den Gin zu verlängern, ist »Gin Tonic«. Das chininhaltige Tonic-Water ist zur gleichen Zeit wie der Gin in England entwickelt worden und ergänzt sich mit seinem süßlich-herben Geschmack hervorragend mit dem beliebten Wacholderschnaps.
Eine Kuriosität ist der »Gin Pimm's No. 1 Cup«, ein eigenwilliges und sehr erfolgreiches Getränk aus dem vorigen Jahrhundert. Zu seinem bis heute andauernden Erfolg gehört wohl auch die Geheimniskrämerei um das Rezept, von dem immer nur höchstens 6 Personen Kenntnis haben dürfen.

BRITISCHE INSELN

Britische Inseln

Exotic-Drink und Honig-Likör

Eigentlich werden in England besonders jene Spirituosen geschätzt, die ursprünglich nicht aus dem eigenen Land stammen, aber im Laufe der Jahrhunderte dort nahezu heimisch geworden sind. Dies gilt insbesondere für die Dessertweine der Iberischen Halbinsel, aber auch für Brandys. Unter diesem Begriff fassen die Briten alle Arten von Branntwein zusammen, die aus Wein, Obst oder Beeren gebrannt werden. Hierzu gehören auch die beliebten Cherry- und Apricot-Brandys.

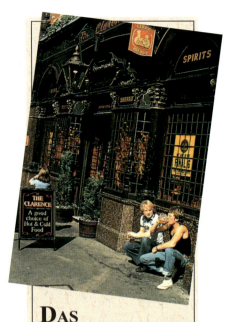

DAS BRITISCHE PUB

Wer zum ersten Male England besucht, ist aufgrund der Eigenheiten eines englischen Pub oft ein wenig verwirrt. Dabei handelt es sich hier um einen der wenigen Plätze, an denen man die Engländer beim Trinken von alkoholischen Getränken in der Öffentlichkeit erleben kann. Gewöhnlich ist vor allem das nicht ganz kalte Bier eines der bevorzugten Getränke, aber auch Gin, Whisky und Brandy werden hier in guter Auswahl angeboten. Je nach lokalen Vorschriften variieren die Öffnungszeiten, doch nachmittags bleiben die meist dunklen Lokale fast immer zwei bis drei Stunden geschlossen. In den Städten schließt der Ausschank bereits wieder um 23.00 Uhr, auf dem Lande sogar noch etwas früher. Ein Pub-Besuch ist ein »Muß« auf jeder England-Reise.

Hochprozentige Getränke werden in England schon seit Jahrhunderten geschätzt, besonders auch unter den Seefahrern. So ist es nicht verwunderlich, daß der Rum auf den Schiffen des Britischen Königreichs stets eine Rolle spielte. Eines der bedeutendsten Rum-Handelshäuser ist die Lemon Hart & Son Ltd. in London. Im vorigen Jahrhundert war der Rum-Handel sogar ausschließlich eine Domäne der Engländer. Bereits mit 22 Jahren eröffnete der junge Alfred Lamb 1849 seinen Wein- und Spirituosenhandel in London, verkaufte dort auch seinen berühmten dunklen Navy-Rum und machte sich durch das Bemühen um nachvollziehbare Qualitätskriterien einen Namen. Das Blenden von karibischem Rumbrand wurde bald zum lukrativen Geschäft, denn schnell gelangte das ausgeprägte Aroma der »neuen« Spirituose zu großer Popularität. Pionier unter den Importeuren war Abraham Hart, dessen Enkel Lemon erster Lieferant der Royal Navy wurde.

DAS VERMÄCHTNIS DER STUARTS

Obwohl die Engländer sich anfangs sehr schwer mit dem derben schottischen Whisky taten und den eleganteren Gin bevorzugten,

»Drambuie« – der große schottische Whisky-Likör – wird zwar oft kopiert, aber kaum einer erreicht diese harmonische Mischung aus Malt-Whisky und Honig.

SPEZIALITÄTEN

»Archers's Peach County« ist ein sehr fruchtiger Likör, der sich schon in kurzer Zeit einen ausgezeichneten Platz unter den aromatischen Pfirsich-Likören machen konnte. Zur Herstellung werden ausschließlich reife Pfirsiche aus den amerikanischen Südstaaten verarbeitet.
Das köstliche, herb-fruchtige Getränk schmeckt pur oder auf Eis ebenso interessant wie als Basis für fantasievolle Cocktails oder Long-Drinks.

..n, hegten sie stets eine Vorliebe für Whis-..y-Liköre. Neben den milden irischen Spe-..alitäten, die an anderer Stelle ausführlich ..ewürdigt werden, gibt es auch klassische ..hottische Liköre, unter denen der »Dram-..uie« die wohl interessanteste Geschichte .. bieten hat.
..egonnen hat alles im Jahre 1745, einer sehr ..ewegten Zeit in der Geschichte Schott-..nds. Prince Charles Edward Stuart, einer ..r letzten männlichen Erben versuchte, den ..itischen Thron für die Stuarts zurückzu-..obern. Dieser Versuch scheiterte, und der ..inz flüchtete unter dramatischen Umstän-..en nach Frankreich. Dies ist ihm allerdings ..r durch die Hilfe von John McKinnon ge-..ngen, dem er als Dank das Rezept für ei-..n milden Whisky-Likör übergab. Dieser ..enuß blieb der Familie über 150 Jahre vor-..halten, denn erst 1906 entschloß man sich, ..ese Köstlichkeit der Öffentlichkeit zugäng-..ch zu machen. So geheim die Liste der ..utaten auch sein mag, »Drambuie« – zu deutsch »Goldener Schluck« – besteht aus einem perfekten Blend ausgewählter Malt-Whiskys. Sein unverwechselbares Aroma wird durch schottischen Heidehonig und einen Hauch von Kräutern der Highlands geprägt. Man findet diese Köstlichkeit auf Aperitif- und Digestif-Karten aber auch als Basis für beliebte und bekannte Cocktails.

DER EXOTISCHE TREND

Neben dem neuen »Archer's Peach County« gibt es seit 1980 den klaren Kokosnuß-Likör »Malibu«. Die fruchtige, mit hochwertigem Jamaika-Rum verfeinerte Spezialität hat einen wahren Siegeszug rund um den Globus angetreten. »Malibu« ist die ideale Basis für exotische Mix-Drinks. Sehr gut schmeckt die nur 24 % Vol.-Spezialität mit Orangensaft oder Tonic-Water, aber auch in heißer Schokolade.

MARKEN

Archer's Peach County
Fruchtiger Likör aus amerikanischen Südstaaten-Pfirsichen. Hersteller dieser Spezialität ist G. W. Archer Ltd. in London.

Burrough's Vodka
Bekannter englischer Wodka aus dem bereits 1820 gegründeten Traditionshaus James Burrough Ltd., London.

Clanrana
Ein dem »Drambuie« ähnlicher, schottischer Whisky-Likör.

Drambuie
Der wohl berühmteste schottische Whisky-Likör. Er besteht aus einem Blend alter Malt-Whiskys sowie Heidehonig und Kräutern.

Lochan Ora
Schottischer Honiglikör aus dem Hause Chivas Brothers in Aberdeen.

Malibu
Dieser erst 1980 kreierte Likör konnte sich in kürzester Zeit in über 70 Ländern der Welt etablieren. Das unverwechselbare Aroma erhält diese Spirituose durch den Saft der Kokosnuß und weitere raffinierte Zutaten.

Orange and Coffee-Bean-Cordial
Aus Tequila, Orangen und Kaffee-Bohnen hergestellter, sehr eigenwilliger, englischer Likör.

Rappis
Auf Kornbasis mit Zimt und Gewürznelken hergestellter Likör.

SKANDINAVIEN

Klar und kühl wie das Klima der Länder Skandinaviens stellt man sich auch die Spirituosen des Nordens vor. Allen voran der ursprünglich in Dänemark entstandene Aquavit, den es inzwischen auch in anderen Ländern gibt. Daneben denkt man natürlich auch an den Wodka, der besonders in Schweden und Finnland in bester Qualität erzeugt und natürlich auch getrunken wird. Daneben spiegelt sich aber auch bei den Schnäpsen und Likören die sonnige Seite des Nordens wider. Hier denke man nur an die vielen aromatischen Liköre Finnlands, die kräftigen Kräuterbitter oder den köstlichen Kirsberry aus dänischen Kirschen.

Aquavit
Das Lebenswasser des Nordens

Zur nordischen Gastlichkeit gehört der Aquavit

Der Aquavit ist eng mit der sprichwörtlichen Gastfreundschaft in den skandinavischen Ländern verbunden.

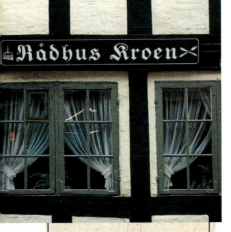

In Dänemark läßt man keine Gelegenheit aus, mit dem aromatischen Kümmelschnaps auf das Wohl seines Gegenübers anzustoßen. Auch als Begleiter der kräftigen Küche des Nordens ist der Aquavit nicht fortzudenken. Besonders zu mariniertem Fisch und zum Smørrebrød gilt der eiskalte Klare als unbedingtes Muß.

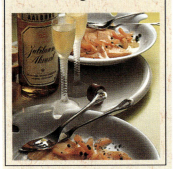

Der Begriff »Aquavit« wurde bereits im Mittelalter für Spirituosen jeder Art, zuerst aus Wein, später aus Kartoffeln und seit dem 17. Jahrhundert auch aus Getreide, verwendet. Das Wort leitet sich vom lateinischen »Aqua Vitae« ab und bringt zum Ausdruck, was sich die Menschen unter hochprozentigen Elixieren stets vorstellten: Lebenswasser! Auch heute noch bezeichnet man Spirituosen in Italien als Acquavite und die Franzosen nennen ihre Branntweine ebenfalls Eaux-de-Vie. In Skandinavien jedoch versteht man unter Akvavit, so die dänische Schreibweise, einen aromatisierten Schnaps, der mittlerweile in vielen Ländern der Welt geschätzt wird. So ist auch der Namenszusatz »Dänischer« im Zusammenhang mit »Akvavit« eine geschützte Herkunftsbezeichnung.

Nachdem auch in Dänemark das 18. Jahrhundert durch unbändigen Alkoholkonsum geprägt wurde und in vielen Haushalten eine kleine Brennblase für den Eigenbedarf stand, normalisierte sich die Lage erst durch eingreifende Maßnahmen. Vor allem nachdem im Jahre 1843 durch die Behörden Straffreiheit für Schwarzbrenner verkündet worden war, lieferten viele ihre nicht angemeldete Destille ab. Ähnlich wie in anderen Ländern auch, entstanden nun gewerbliche Brennereien, von denen es zu Beginn des 19. Jahrhunderts in Aalborg ungefähr einhundert gab.

Isidor Henius – der Vater des Aquavit

Auch der 17jährige aus Polen stammende Isidor Henius ließ sich hier im Jahre 1838 nieder. Er konstruierte Kolonnen-Destilliergeräte und erzeugte bald fuselölfreien Alkohol. Zum ersten Mal konnten die Dänen »Aalborg Taffel Akvavit« genießen. Das Wort »Taffel«, die festlich gedeckte Tafel, sollte den hohen Qualitätsanspruch des Produkts unterstreichen. Die durch Isidor Henius in Gang gesetzte Entwicklung rief auch andere Hersteller auf den Plan, so daß ein harter Konkurrenzkampf entstand. Dieser führte dazu, daß es 1914 nur noch 23 dänische Brennereien gab. Zu dieser Zeit hatte jedoch die von Henius am Limfjord gegründete Destillerie bereits einen bedeutenden Ruf. Der ursprüngliche »Aal

Aquavit

...org-Akvavit« ist heute Marktführer, wenngleich die 1881 gegründete Firma heute unter dem Dach der A/S de Danske Spritfabrikker, die seit 1923 das staatliche Alkoholmonopol hält, firmiert.

Nicht nur Kümmel prägt den Geschmack

Der Unterschied zwischen Aquavit und einem traditionellen Kornbrand besteht in dem Aroma, das durch Gewürze, Holunderblüten, Fenchel, Anis, Wacholderblüten und immer durch Kümmel geprägt wird. Grundlage für die Herstellung ist ein feinst filtrierter Kornbrannt. Dieser wird in einem zweiten Destillationsdurchgang mit besten Kümmelsamen und einer Kräutermischung, die das Geheimnis der jeweiligen Erzeugerfirma ist, noch einmal gebrannt. Der Mittellauf dieses Durchgangs ist das sogenannte Würzdestillat. Es wird mit neutralem Alkohol und destilliertem Wasser im Aquavit-Tank vermischt, bis das gewünsch-

Aalborg – Heimat des Aquavit

Schon zu Beginn des 19. Jahrhunderts hatte das im Norden Jütlands gelegene Aalborg bereits den Ruf, die Stadt des »Snaps« zu sein.

Werbung spielte auch früher schon eine wichtige Rolle. Das oben abgebildete Werbeplakat und die Flaschenetiketten aus dem vorigen Jahrhundert zeigen mit Stolz die errungenen Auszeichnungen.

Das Aquavit-Sortiment des Hauses Aalborg ist vielseitig. Neben dem klassischen und weltbekannten »Aalborg Taffel Akvavit« gibt es den goldgelben »Export« und den begehrten, mit Dillsamen aromatisierten »Jubiläums Akvavit«. Besonders edel ist die elegante Flasche mit dem feinen »Extra Akvavit«. Zum Jahresende erwartet ein eingeschworener Freundeskreis den weihnachtlichen »Jule Akvavit«.

te Verhältnis erreicht ist. Nun folgt eine Reifelagerung, die je nach Qualität sehr aufwendig sein kann. Gern verwendet man alte Sherry- oder Portweinfässer, um dem Klaren seine individuelle Note und Farbe zu verleihen. Im Laufe der Zeit haben sich besondere Spezialitäten herausgebildet, zu denen unter anderem der »Aalborg-Export-Akvavit« gehört. Dieser traditionsreiche Schnaps wird bereits seit 1913 hergestellt und ist seit einigen Jahren auch in Deutschland erhältlich. Sehr beliebt ist der zum 100. Geburtstag des Hauses Aalborg im Jahre 1946 erstmals produzierte goldfarbene »Jubiläums Akvavit«, der sein unverwechselbares Aroma durch Zugabe von Dill erhält. Eine Besonderheit stellt der zu festlichen Anlässen in kleinen Mengen destillierte Aalborg »Extra Akvavit« dar. Dieses feine Destillat wird nach einem alten Rezept mit außergewöhnlicher Gewürzvielfalt hergestellt und in limitierten Flaschen angeboten. Jeweils zum Jahresende wartet das traditionelle Spirituosenhaus mit einer weiteren Spezialität auf. Der heiß begehrte Aalborg »Jule Akvavit« wird in begrenzter Menge

Skandinavien

Tradition wird in Aalborg heute noch groß geschrieben. Viele liebenswerte Details, wie auch dieses Regal mit den Zutaten für den »Taffel Akvavit« und die Fliesen mit dem berühmten Malteserkreuz zeugen von der »Guten Alten Zeit«.

Marken

Aalborg
Seit 1881 besteht die A/S de Danske Spritfabrikker. Sie ist seit 1923 Träger des dänischen Sprit- und Aquavitmonopols. Seitdem gehört auch die älteste Marke des Hauses, der seit 1846 hergestellte »Aalborg Akvavit«, diesem Unternehmen an. Basisprodukte sind der »Export Akvavit« und der »Aalborg Akvavit«. Der »Jubiläums-Akvavit« sowie der zu besonderen Anlässen in kleinen Mengen hergestellte »Extra« sind Spezialitäten.

O.P. Anderson
Anläßlich einer Messe im Jahre 1891 erstmals präsentiert, erfreut sich der goldgelbe Aquavit nach wie vor der Käufergunst.

Holger Danske
Das Sortiment des Hauses umfaßt neben dem 38 %igen »Holger Danske Akvavit« auch noch den »Holger Danske Luksus«.

Linie
Der norwegische »Linie Aquavit« ist dadurch bekannt, daß die Fässer vor der Flaschenabfüllung auf einem Schiff den Äquator überqueren.

während der Weihnachtszeit hergestellt und in einer attraktiven Flasche angeboten.
Ein sehr individuelles dänisches Produkt ist »Holger Danske«. Dieser nach dem Riesen der nordischen Fabel-Sagenwelt benannte »Luksus Akvavit« erhält seinen goldenen Farbton durch die Lagerung in alten Madeira-Fässern.

Im Sherry-Fass über den Äquator

Zu den edelsten Spezies gehört der in Norwegen hergestellte »Linie Aquavit«.
Nach langer Lagerzeit in Sherry-Fässern wird dieser auf Übersee-Frachter der Reederei »Wilh. Wilhelmsen« verladen. Diese Schiffe befahren die Route Oslo – Sydney und überqueren auf der Fahrt den Äquator – die Linie.
Während dieser Reise wird der Aquavit tropischen Temperaturen und eisiger Kälte ausgesetzt. Die stetige Bewegung des Schiffes sorgt dafür, daß das Destillat in den Fässern nicht zur Ruhe kommt. All diese Faktoren sollen beim Reifungsprozeß eine wichtige Rolle spielen. Am Ende jeder Fahrt we[rden] den Schiffsname und Dauer der Seereise a[ls] Qualitätsbeweis auf der Flasche vermerk[t].

Schon im vorigen Jahrhundert hatte man erkannt, daß sich Aquavit in alten Sherry- oder Portweinfässern, die man im Schiffsrumpf transportierte, prächtig entwickelt. Die stetige Bewegung und der Klimawechsel beschleunigen den Reifeprozeß.

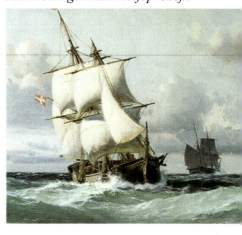

Auch Schweden hat eine eigene Aquav[it] Tradition. Zu den bekanntesten Produkt[en] gehört der »Falu«, ein likörartiger Schna[ps]

AQUAVIT

Der »Linie Aquavit« hat vor seiner Abfüllung schon eine Schiffsreise von Oslo nach Sydney hinter sich gebracht. Jede Flasche trägt den Namen des Schiffes sowie die Faßnummer.

mit Pomeranzen- und Kümmelgeschmack sowie der »Ödakra Taffel Akvavit«, der sich durch Zusätze von Fenchel und Koriander auszeichnet. In Finnland und Island wird ebenfalls Aquavit hergestellt. Diese Produkte genießen aber eher regionale Bedeutung. Aufgrund seiner Beliebtheit in Deutschland stellt die A/S de Danske Spritfabrikker einen sehr guten Aquavit unter dem Namen »Malteserkreuz« in ihren deutschen Niederlassungen her.

WIE DER AQUAVIT NACH BERLIN KAM

Schon sehr schnell hatte der dänische Aquavit auch in Deutschland viele Freunde gefunden. Im Berlin der 20er Jahre freute man sich des Lebens. In 14 000 Lokalen, 160 Kabaretts und Varietés, 309 Kinos und 49 Theatern amüsierten sich die Menschen Tag und Nacht. Man hatte die Vergangenheit bewältigt und harrte der Dinge, die da kommen sollten. Unter anderem belegte das Deutsche Reich das Ausland mit Einfuhrverboten für ausländische Spirituosen. So verwunderte es auch niemanden mehr, als am 18. September 1924 in der »Berliner Zeitung am Mittag« eine Anzeige mit folgendem Text erschien:

> Den Freunden der weltbekannten Marke
>
> ### »Aalborg Taffel Akvavit«
>
> diene zur gepfl. Kenntnis, daß wir wegen des Einfuhrverbotes von ausländischen Spirituosen unseren Aalborg Akvavit nicht einführen können und deshalb in Berlin eine Tochtergesellschaft unter untenstehender Firma gegründet haben. Diese Gesellschaft bringt, da die Ortsbezeichnung »Aalborg« nicht verwendet werden darf, ihr Fabrikat unter der geschützten Marke
>
> ### »Aquavit Marke Malteserkreuz«
>
> in den Handel.

Der Erfolg des »Malteserkreuz Aquavit« stellte sich schon nach wenigen Jahren ein, doch der Zweite Weltkrieg machte alle Hoffnungen zunichte. Nach der Kapitulation begab man sich an den Wiederaufbau und schon in den 60er Jahren belieferten große Lastwagen die 45 Außenlager im Bundesgebiet. Die Nachfrage dieses nach original dänischer Rezeptur hergestellten Klaren machte schon 1972 den Bau einer zweiten Fabrik in Buxtehude notwendig.

Das Malteserkreuz war bereits das Markenzeichen des Originals aus Aalborg. Vorher zierte es die Schornsteine der Dampfer des Reeders Tietgen, der zusammen mit Henius die Fabrik in Aalborg gegründet hatte. Ironie des Schicksals: Das Malteserkreuz war auch das Zeichen einer damals erschienenen dänischen Abstinenzler-Zeitung.

Skandinavien

Nicht nur Klare – sondern auch Liköre

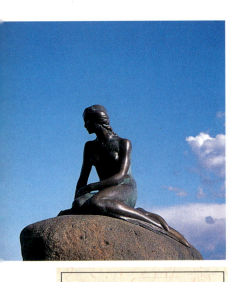

Neben dem großen und stets präsenten »Klaren« des Nordens, dem Aquavit, spielt inzwischen auch der Wodka in den Ländern zwischen Nordkap und Ostsee eine bedeutende Rolle. Auch Kräuterliköre und köstliche Beerenspirituosen gehören zu den hochprozentigen Visitenkarten Skandinaviens.

Parallel zu seiner Entstehung in Osteuropa experimentierte man bereits im 16. Jahrhundert auch in Schweden mit Bränvin, einer »Volksmedizin«, die aus Getreide erzeugt wurde.

BRÄNVIN AUS HEIMPRODUKTION

Auf großen Landgütern beschäftigten die Gutsherren ihre eigenen Brennmeister und strebten schon damals bestmögliche Ergebnisse an. Nach und nach entstanden aber auch immer mehr Schwarzbrennereien, so daß sich die Regierung gezwungen sah, die Heimproduktion des Bränvin zu untersagen. Ähnlich wie auch in anderen Ländern verlagerte sich nun die Herstellung von Spirituosen in größere, gewerblich betriebene Destillerien. Ein engagierter Unternehmer dieser Zeit war Lars Olsson Smith, der sich im Jahre 1869 auf einer Insel vor Stockholm mit einer neue[n] und sehr modernen Brennerei niederlie[ß]. Smith hatte festgestellt, daß die Verunre[i]nigungen im Bränvin gefährlicher waren a[ls] der Alkohol selbst. Daraufhin entwickel[te] er ein aufwendiges Destillationsverfahre[n], mit dem sich vollkommen reine Spirituo[s]en herstellen ließen. Es dauerte schlie[ß]lich zehn Jahre, bis diese Methode endli[ch] ausgereift war. Der Herstellung des »A[b]solut Vodka« in beliebiger Menge stand n[un] nichts mehr im Wege. Heute, über 100 Jah[re] später, wendet man im schwedischen Åh[us] das bewährte Verfahren von Lars Olss[on]

Auch in Dänemark wird ein weltberühmter »Bitter« hergestellt: »Gammel Dansk Bitter Dram«.

Lars Olsson Smith wollte mit dem »Absolut Vodka« den reinsten Schnaps aller Zeiten herstellen.

MARKEN

Absolut
Hochwertige Wodkaspezialität aus dem schwedischen Åhus. Der aromatische Klare erhält durch den aufwendigen Destillationsprozeß eine außergewöhnliche Reinheit. Er ist auf der ganzen Welt als einer der besten Wodkas anerkannt.

Finnlandia
Eine weitere Wodkaspezialität kommt aus Finnland. Der aus bestem Weizen und klarem Quellwasser destillierte Wodka wird in einer individuellen, einem Eiszapfen nachempfundenen Flasche angeboten.

Lapponia
Der Spirituosenhersteller Marli bietet unter dem Namen »Lapponia« die beiden Liköre »Lakka« und »Puolukka« an. Hierbei handelt es sich bei dem ersten um eine Spezialität aus der goldgelben Moltebeere, während man den anderen aus wilden Preiselbeeren gewinnt. Auch heute noch werden die vollfruchtigen Beeren von den Lappland-Nomaden mühsam per Hand gepflückt.

SPEZIALITÄTEN

Smith immer noch an, um den hochwertigen und inzwischen weltbekannten Wodka zu produzieren.

Ein weiterer, inzwischen auch international erfolgreicher Wodka kommt aus Finnland. Der »Finlandia« wird aus bestem Weizen destilliert und mit frischem Quellwasser auf Trinkstärke herabgesetzt. Dieses in einer vom finnischen Top-Designer Tapio Wirkkala entworfenen Flasche abgefüllte Destillat zeichnet sich durch hohe Reinheit und Weichheit aus. Ein besonders originelles Produkt ist der aus dänischer Gerste erzeugte »Danska Vodka«. Sein unverwechselbares Erkennungszeichen ist die federleichte Aluminiumflasche, in der man ihn in über 50 Ländern kaufen kann.

ARKTISCHE BROMBEEREN

Finnland ist bekannt dafür, daß dort eine große Zahl interessanter Liköre produziert wird, deren Basis zumeist einheimische Pflanzen und Kräuter sind. Zu diesen gehören der »Mesimarja«, eine rote Köstlichkeit aus arktischen Brombeeren und Honig. Aus Lappland kommt der rote Bitter-Aperitif »Meridian«, der sein außergewöhnliches Aroma ebenfalls aus verschiedenen im hohen Norden wachsenden Kräutern bezieht. Sehr individuelle Fruchtliköre stammen aus dem Hause Marli in Turku. Das Unternehmen ist heute der größte Hersteller von Likören in Skandinavien. Die auf Tradition bedachte Firma hat ihren Erfolg einem Mann namens Anders Bernhard Nordfors zu verdanken, der schon 1867 damit begann, fruchtige Liköre aus arktischen Waldbeeren zu destillieren. Heute bietet Marli ein breites Sortiment individueller Spezialitäten, von denen zwei Spitzenprodukte unter dem Namen »Lapponia Lakka« und »Lapponia Puolukka« auch in deutschen Verkaufsregalen zu finden sind.

Der wohl älteste Kirschlikör der Welt wird bereits seit 1818 in Dänemark hergestellt. Lange hatte Peter F. Heering gebraucht, um einen heute weltbekannten »Cherry-Heering-Likör« zu entwickeln. Sein herbes Fruchtaroma verdankt diese Spezialität den dunkelroten, dänischen Kirschen und einem aufwendigen Herstellungsverfahren, bei dem auch vergorene Kirschkerne, eine geheime Gewürzmischung sowie die dreijährige Eichenfaßlagerung eine bedeutende Rolle spielen.

Kommen ebenfalls aus Skandinavien: Exotische Liköre als Long-Drink-Basis.

Eine weitere dänische »Nationalspirituose« ist der »Gammel Dansk Bitter Dram«, den man wörtlich übersetzt »Alter Dänischer Bittertrunk« nennen könnte. Dieser sehr aromatische Likör wird aus Kräutern, Gewürzen und Früchten nach einer alten Rezeptur produziert. Abschließend dürfen auch zwei neue Spezialitäten aus dem Hause »Danish Destillers« nicht unerwähnt bleiben. Unter dem Namen »Peppino« werden ein Pfirsich- und ein Kaktusfeigenlikör mit niedrigem Alkoholgehalt angeboten.

CHERRY HEERING – IN JEDER BAR ZUHAUSE

Bereits 1818 stellte Peter F. Heering seinen heute immer noch nach dem Original-Rezept produzierten Cherry-Likör vor. Man kann wohl davon ausgehen, daß es sich hierbei um den ersten Likör dieser Art und gleichzeitig auch um ein sehr frühes »Markenprodukt« handelt. Heute ist der Klassiker in über 144 Ländern der Welt zu Hause und an jeder gutsortierten Bar präsent. Dort kann man die herb-süße Spezialität pur und leicht gekühlt, aber auch auf gestoßenem Eis genießen. Als Basis für Mix-Drinks ist der rote Likör ebenfalls nicht mehr fortzudenken. Der berühmteste unter ihnen: »Singapure Sling«.

Cherry Heering
Bereits seit 1818 von der Firma Peter F. Heering in Kopenhagen nach einem Geheimrezept hergestellter Kirschlikör. Er zeichnet sich durch ein herbes Fruchtaroma verbunden mit dezenter Süße aus.

Torben Anthon
Diese als Weinhaus 1855 in Kopenhagen gegründete Firma ist heute Hersteller zweier bekannter Liköre. Traditionell kennt man den »Kirsberry«, das erste Produkt des Hauses. 1978 kam der »Solberry« aus schwarzen Johannisbeeren dazu.

Gammel Dansk Bitter Dram
Dieser bittere Kräuterlikör wird nach einem überlieferten Rezept aus Kräutern, Gewürzen und Früchten hergestellt. Vor allem nach einer deftigen skandinavischen Mahlzeit schätzt man seine anregende Wirkung.

»Singapure Sling«
3 cl Heering-Cherry-Liqueur
3 cl Gin
1 cl Benédictine
2 Dash Angostura
frisch gepreßter Zitronensaft
Alle Zutaten in ein hohes Long-Drink-Glas über Eiswürfel geben und mit Mineralwasser auffüllen. Mit einer Ananasscheibe und einer Kirsche garnieren.

BENELUXLÄNDER

Innerhalb der Beneluxländer haben vor allem die Niederlande eine hervorragende Position als Spirituosenproduzent. Einerseits pflegt man hier die Tradition des Wacholderschnapses Genever, der seine ursprünglichen Wurzeln wohl in Frankreich hat, aber auch in Belgien hergestellt wird. Auf der anderen Seite haben die seefahrenden Kaufleute allerlei exotische Spezialitäten nach Europa gebracht, die dann als Grundlage zur Herstellung der verschiedensten, meist bunten Liköre dienten.

NIEDERLANDE

Genever

Unfreiwilliger Urahn des Gin

Der Genever – oder Jenever – gilt für viele heute als typisch holländische Traditionsspirituose. Tatsächlich führt seine Entstehungsgeschichte zurück bis in das 16. Jahrhundert. Der Niederländer De la Boe soll in Leyden im Jahre 1550 zum ersten Mal Genever hergestellt haben.

MARKEN

Bokma
Traditionsreiche Marke aus Leeuwarden. Die Erzeugnisse werden von der Firma Bols-Strothmann in Deutschland vertrieben.

Bols
Das Haus Bols nimmt für sich in Anspruch, als erste Brennerei Genever produziert zu haben. Bols stellt auch einen sehr guten Moutwijn her.

De Kuyper
Neben den bekannten Frucht-Genevern gibt es von De Kuyper auch alten und jungen Genever.

Weitere Marken sind »Coeberg«, »Fockink«, »Hulstkamp« und »Meder«.

Lukas Bols hat das Verfahren dann 25 Jahre später übernommen. Der aufstrebende Unternehmer begann nun in Amsterdam umgehend mit der Produktion. Seitdem war der Erfolg dieser hochprozentigen Spezialität nicht mehr aufzuhalten.

Der Name »Genever« leitet sich vom lateinischen Wort »juniperus« für Wacholder ab, denn auch der Genever ist eine Wacholderspirituose. Im Vergleich zum englischen Gin oder dem deutschen Steinhäger hat der niederländische Urtyp jedoch einen deutlich eigenständigen Charakter.

Nach wie vor ist Schiedam der Hauptort der Genevererzeugung. Das liegt vor allem daran, daß hier der Moutwijn, das Ausgangsprodukt für den beliebten Wacholderschnaps, hergestellt wird. Wenngleich auch in anderen Ländern Genever produziert werden darf, so ist jedoch nur in Holland die Verwendung des Moutwijn vorgeschrieben. Hierbei handelt es sich um ein ausgesprochen aromatisches Destillat, hergestellt aus jeweils gleichen Anteilen von Roggen, Mais und Gerste. Unter Hinzufügung von Darrmalz entsteht eine Maische, die stufenweise vergoren wird. Nun folgen drei Brennvorgänge, deren Ergebnis der stark malzige Moutwijn mit 46 % Vol. ist. Unter der Bezeichnung »Landelt« gelangt dieser Schnaps auch in den Handel, doch der größte Teil wird zu Genever verarbeitet. Grundsätzlich unterscheidet man zwischen »Oude Genever« und »Jonge Genever«. Das hat aber nichts mit der Lagerdauer oder dem Alter zu tun, sondern weist auf zwei unterschiedliche Produktionsverfahren hin.

GRUNDLAGE IST DER MOUTWIJN

Alle holländischen Firmen stellen beide Arten her. Der »Alte« Genever hat als wichtigsten Bestandteil den Moutwijn, der mindestens 5 % der Menge ausmachen muß. Dazu mischt man Neutral- oder Melassesprit. Nun folgen die Aromaspender, vor allem unvergorene Wacholderbeeren, aber auch Anis, Kümmel und Koriander. Anschließend wird alles noch einmal destilliert, wobei Vor- und Nachlauf sorgfältig abgetrennt werden.

Leider verzichtet man heute in einigen Fällen auf diesen zusätzlichen Aufwand und verschneidet den Moutwijn mit Sprit, Wasser und Aroma-Essenzen. Die abschließende Zeit der Reife ist gesetzlich nicht regle-

WACHOLDER AUS SCHIEDAM

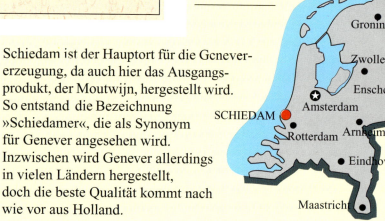

Schiedam ist der Hauptort für die Genevererzeugung, da auch hier das Ausgangsprodukt, der Moutwijn, hergestellt wird. So entstand die Bezeichnung »Schiedamer«, die als Synonym für Genever angesehen wird. Inzwischen wird Genever allerdings in vielen Ländern hergestellt, doch die beste Qualität kommt nach wie vor aus Holland.

GENEVER

Untrennbar mit dem Genever verbunden ist der traditionelle »Moutwijn«, den es in den typischen Steingutflaschen zu kaufen gibt.

VERWIRRUNG UM ALT UND JUNG

Oft herrscht Unklarheit um die Begriffe »Jonge« und »Oude« Genever. Nicht zuletzt wegen der gelblichen Farbe des alten Genevers glauben viele Menschen, er habe diesen Namen aufgrund seines Alters. Das ist allerdings nicht richtig. Vielmehr bezieht sich die Bezeichnung auf die Herstellungsmethode nach alter und neuer Art.

mentiert. So haben auch Zusatzbezeichnungen wie »Zeer Oud« oder »Z.O« keine spezielle Bedeutung, sondern weisen nur darauf hin, daß dem Genever eine überdurchschnittliche Lagerzeit zugute gekommen ist.

CHARAKTERISTISCHE STEINGUTFLASCHE

Der »Oude Genever« zeichnet sich weniger durch sein Wacholderaroma als vielmehr durch einen malzig-körnigen Geschmack aus. Charakteristisch für diese traditionelle Spezialität ist die schwere Steingutflasche. Unter den lebensfreudigen Niederländern ist aber vor allem die zweite Variante, der »Jonge Genever«, sehr beliebt. Das ist ein einfacher Kornbranntwein, der auch ohne Moutwijn-Anteil hergestellt werden darf. Sein unverkennbares Merkmal ist das leichte Wacholderaroma. Man trinkt ihn eisgekühlt aus kleinen Schnapsgläsern.

Eine Besonderheit stellt der sogenannte »Bessenjenever«, eine Mischung aus Genever und dem Saft von Schwarzen Johannisbeeren, dar. Diese fruchtigen Schnäpse gibt es in verschiedenen Geschmacksrichtungen. Trotz historischer Wirren blieb auch an einigen Orten Belgiens die Tradition der Geneverherstellung erhalten. Besonders die Stadt Hasselt in der Provinz Limburg, aber auch Gent gelten heute als Zentren des belgischen Wacholderschnapses.

Lukas Bols hat als erster Genever in großem Maße hergestellt und entsprechend überregional vertrieben. Heute kennt man den Namen »Bols« in der ganzen Welt. Der »Zeer Oude Genever« wird traditionell in den typischen Steingutflaschen abgefüllt.

NIEDERLANDE

Liköre

Mit Lucas Bols fing alles an

Typisch Amsterdam - hier beschäftigte man sich schon im 15. Jahrhundert mit der Herstellung von exotischen Likören.

Bereits Mitte des 15. Jahrhunderts galt die holländische Hafenstadt Schiedam als bedeutendstes Brennereizentrum Europas. Das Land hatte als Seefahrernation bereits eine große Bedeutung erlangt. Die weitgereisten Kaufleute waren auch schon damals stets auf der Suche nach neuen Produkten, die sich in der Heimat gewinnbringend verkaufen ließen. Hierzu gehörte auch eine auf den Antilleninseln vorkommende Bitterorangenart, die mit den Pomeranzen eng verwandt ist. Nach der Inbesitznahme des Archipels Curaçao vor der Küste Venezuelas entdeckten auch die Holländer die Attraktivität der exotischen Frucht und verschifften immer größere Mengen davon ins Mutterland.

DER KLASSIKER

Blue Curaçao
Dieser traditionelle Likör wird heute von vielen Firmen nicht nur in Holland hergestellt. Der »Klassiker« jedoch stammt nach wie vor von »Bols« in Amsterdam.

Die Schalen der Curaçao-Orangen werden in Alkohol mazeriert und anschließend destilliert. Der blaue Farbstoff dient der Individualität und hat auf den Geschmack keinen Einfluß.

Obwohl man diese Früchte im grünen Zustand erntete, kam es immer wieder vor, daß größere Mengen der Ladung nach der langen Seereise verdorben ihr Ziel erreichten. Um das angefaulte Obst dennoch verkaufen zu können, lag es deshalb nahe, sie als Rohstoff für alkoholische Getränke zu deklarieren.

VORBILD WAREN DIE APOTHEKER

Nach dem Vorbild der Apotheker, die zur Herstellung ihrer Elixiere die entsprechenden Kräuter in hochprozentigen Alkohol einlegten, wendete man dieses Verfahren auch bei den nicht mehr eßbaren Bitterorangen an. Den auf diese Weise entstandenen Auszug destillierte man anschließend. Allerdings konnte das Ergebnis nicht auf Anhieb überzeugen. Erst als man nach vielen Experimenten den herben Früchten das ebenfalls von den Antillen eingeführte Zuckerrohr beimischte, entstand ein süßer und zugleich sehr aromatischer Likör. Der »Curaçao« war entstanden.

Einer der ersten, der in dem neuen Produkt eine Chance sah, war ein findiger Kaufmann namens Lucas Bols. Am Stadtrand von Amsterdam eröffnete er 1575 eine kleine Brennerei, denn aufgrund der mit dem Destillationsbetrieb verbundenen Feuergefahr verweigerte man ihm einen Standort

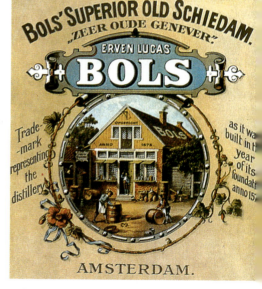

»t'Lootsje« – am Stadtrand von Amsterdam erbaut, ist das Stammhaus der Firma Bols.

im Zentrum der Stadt. So begann in einem kleinen Schuppen und einer mit Torf beheizten, im Freien aufgestellten Brennblase die Geschichte der heute weltbekannten Firma Bols. Im Laufe der Jahrzehnte verlagerten sich die Grenzen der schnell aufstrebenden Hafenstadt Amsterdam immer weiter nach außen, so daß im Jahre 1612 auch die Betriebsstätte von Bols eingemeindet wurde. Mittlerweile war auch das Niederlassungsverbot aufgrund der Feuergefahr aufgehoben woren, so daß der Expansion des Hauses nichts mehr im Wege stand. Bereits Jan

LIKÖRE

Jakob Bols, der Sohn des Firmengründers, beschloß deshalb, das alte Holzgebäude abzureißen und durch eine neue, aus Stein gebaute Produktionsstätte zu ersetzen. In Erinnerung an die frühen Jahre nannte man die neue Brennerei »t'Lootsje« – der Schuppen. Auch heute noch bezeichnen Amsterdams Bürger die traditionsreiche Brennerei mit diesem liebgewonnenen Kosenamen. Über 200 Jahre blieb das Unternehmen nun in den Händen der Familie Bols, doch 1815 starb der letzte Träger dieses Namens, so daß die Firma nun in »N. V. Koninklijke Distilleerderijen Erven Lucas Bols« umbenannt wurde. Stetig erweiterte man das Sortiment und spezialisierte sich unter anderem auf Liköre aus exotischen Grundprodukten, die von holländischen Kaufleuten in aller Welt eingekauft wurden.
Die erste ausländische Tochtergesellschaft wurde 1890 in Deutschland gegründet. Inzwischen kennt man die typischen Erzeugnisse der Firma Bols in über 130 Ländern der Erde.

aromaliköre, da hier als sogenannter wertbestimmender Anteil die jeweiligen Aromen der Früchte, nicht aber der reine Fruchtsaft verarbeitet werden.
Inzwischen genießen stark aromatische Liköre, besonders als Basis für Mix-Drinks, eine steigende Beliebtheit, vor allem auch wegen des niedrigen Alkoholgehalts, verbunden mit neuen Geschmackserfahrungen.

Die traditionellen Fruchtaromaliköre erfreuen sich nach wie vor steigender Beliebtheit bei jung und alt.

LONG-DRINKS UND COCKTAILS

Die markantesten Merkmale von Long-Drinks und Cocktails sind das fruchtige Aroma sowie das optische Erscheinungsbild. Neben fantasievollen Gläsern und Fruchtgarnituren spielt dabei auch die Farbe des Drinks eine wichtige Rolle. Aus diesem Grunde eignen sich die bunten Fruchtaromaliköre besondes gut für Mixgetränke.

DIE BUNTEN MIX-LIKÖRE

Einen besonderen Bekanntheitsgrad geniessen, nicht zuletzt wegen ihrer exotischen Farben, die Longdrink-Liköre. Neben dem schon erwähnten »Blue-Curaçao« gibt es von Bols unter anderem auch den »Kontiki Red Orange«, einen fruchtig-herben Likör auf Basis der Curaçao-Orange, dessen Geschmack durch Passionsfrucht und Pfirsich abgerundet wird. Eine weitere Spezialität ist »Kiwi-Wonder«, eine typische Mix-Spirituose. Sehr beliebt ist auch »Grüne Banane«, ein Likör aus grünen Bananen, exotischen Früchten und Kräutern. Erwähnenswert ist die Tatsache, daß es sich dabei nicht um unreife Bananen, sondern um eine spezielle, grüne Sorte handelt. Besonders beliebt zum Mixen von Karibik-Drinks ist »Coconut Creole«, ein Likör mit Kokosnuß-Geschmack und leichtem Rum-Aroma. Nicht nur für Long-Drinks, sondern auch zum puren Genuß geeignet ist »Misty-Peach«, der Pfirsich-Likör aus dem Hause Bols. Er erhält seine Individualität durch eine leichte Aprikosen-Note. Man bezeichnet diesen Typ von Spirituosen als Frucht-

NIEDERLANDE

MARKEN

Bols
Traditionsreicher Hersteller vielzähliger Liköre.

De Kuyper
Neben dem Genever bietet De Kuyper auch verschiedene Liköre an, unter anderem »Peach Tree« und »Kwai Feh«.

Fockink
Eierlikör von hoher Qualität.

Verpoorten
Bekannter Hersteller von Advokaat. Sehr beliebt.

Es gibt kaum eine exotische Frucht, die nicht in irgendeiner Form als Likör verarbeitet wird. Neben diesen, besonders zum Mixen geeigneten Likören, gibt es auch solche, die man pur, im Kaffee oder Kakao, oder als Verfeinerung zum Dessert genießen kann. Einer der beliebtesten darunter ist »Crème de Bananes«, ein dickflüssiger, fruchtig-süßer Likör aus vollreifen Bananen sowie Fruchtextrakten und Vanillin.

In einer attraktiven, tropfenförmigen Flasche gibt es den »Teardrop«, einen Likör mit dem Aroma von Minzblättern. Originell ist die Idee, dieses Produkt in den Farben grün und weiß anzubieten.

Eine Spezialität besonderer Art ist der Premium-Likör »Premier«, das Flaggschiff aus dem Hause Bols. Der hochprozentige Orangenlikör ist mit Vanille und Koriander verfeinert und anschließend mit Cognac abgerundet. Der »Premier« eignet sich ausgezeichnet als Aperitif. Darüber hinaus stellt Bols noch eine Vielzahl anderer Liköre her, unter denen der »Aprikot-Cream« sowie die beliebten Brandy-Liköre nicht ungenannt bleiben sollten.

ADVOKAAT – IN HOLLAND ERFUNDEN

Ebenfalls typisch für Holland ist eine Likörgattung ganz anderer Art. Zur Gruppe der sogenannten Emulsionsliköre gehört der beliebte Advokaat, oft auch schlicht Eierlikör genannt. Auch seine Entstehungsgeschichte ist mit einer kleinen Anekdote verbunden, die zu erzählen es sich lohnt: Ursprünglich stellte man in den Kolonien aus einer exotischen eiförmigen Frucht mit gelbem Fleisch, der Abacate, einen Likör her. Da es nicht gelang, die Abacate unbeschadet nach Europa zu schaffen, um auch hier dieses wohlschmeckende Getränk herstellen zu können, ersetzte man sie in der Heimat einfach durch Eidotter. Der Advokaat war geboren. Heute gehört der Eierlikör zu den beliebtesten Likören überhaupt. Man trinkt ihn pur, mixt ihn in Cocktails, gießt ihn über Speiseeis oder rundet Dessert damit ab. Die verschiedenen Hersteller bieten inzwischen weitere Varianten des Eierlikörs, beispielsweise mit dem Aroma von Nüssen, an.

Außergewöhnlich ist auch der Sahne-Likör »Amanda«. In der markanten Flasche mit dem Tulpensymbol befindet sich ein leichtes und vielseitig verwendbares Cocktail-Getränk mit unverwechselbarer Note.

Auch die bekannte Firma De Kuyper trägt dem Wunsch nach exotischem Aroma mit zwei Likören Rechnung. Neu ist der »Kwai Feh«, ein zart rosa-farbener Likör aus der chinesischen Lychee sowie der »Peach Tree«, eine duftende Pfirsich-Spezialität, die man inzwischen schon als Klassiker an den Cocktail-Bars in aller Welt bezeichnen kann.

Advokaat – der Eierlikör, gehört zu Holland wie die Windmühlen. Hier gibt es kaum eine Gelegenheit, zu der man nicht diese süße Köstlichkeit genießen könnte.

LIKÖRE

LIKÖRE – BASIS VIELER COCKTAILS UND MIX-DRINKS

vielseitig ist
das Angebot
außerge-
wöhnlicher
Liköre.

Was wäre ein Cocktail ohne die bunten, aromatischen Liköre mit oft exotischem Aroma? An dieser Stelle sollen einige Klassiker, aber auch neue Rezepte dieser Spezies nicht ungenannt bleiben.

Man sagt, der Name »Cocktail« – die deutsche Übersetzung dafür ist »Hahnenschwanz« – geht darauf zurück, daß früher die Sieger bei Hahnenkämpfen die bunten Schwanzfedern der unterlegenen Kämpfer als Trophäe erhielten und sich beim anschließenden Umtrunk »on the cock's tail« zuprosteten. In der Umgangssprache hat sich der Begriff »Cocktail« heute für die meisten Mix-Drinks eingebürgert, obwohl Cocktails streng betrachtet nur eine von vielen möglichen Formen, beispielsweise »Sours«, »Fizzes« oder »Flips«, sind.

Die »Mix-Accessoires«

– Der Shaker
Im Shaker werden die Zutaten vermischt. Geshakt wird etwa 10 Sekunden mit kräftigen Schüttelbewegungen.

– Der Strainer
Mit dem Spiralsieb hält man beim Ausgießen das Eis zurück.

– Der Meßbecher
Wichtiges Utensil zum Portionieren der entsprechenden Zutaten.

Die Drinks

Grashopper
2 cl Pfefferminzlikör grün
2 cl Crème de Cacao weiß
2 cl frische Sahne
Die Zutaten im Shaker mit Eis zubereiten und im Cocktail-Glas servieren.

Peach Royal
2 cl Misty Peach
mit trockenem Sekt über Eis auffüllen.

Jungle Juice
2 cl Grüne Banane
4 cl Wodka
6 cl klarer Apfelsaft
mit Zitronenlimonade auffüllen und über Eis in ein Long-Drink-Glas geben. Eine Zitronenscheibe und eine Gurkenschale ins Glas geben. Mit Gurkenscheibe garnieren.

Banana Boat
2 cl Crème de Bananes
2 cl London Dry Gin
über Eis im Long-Drink-Glas mit Orangensaft auffüllen. Einen Spritzer Grenadine zugeben.

139

Belgien und Niederlande

Offen für neue Einflüsse

Obwohl Belgien und die Niederlande, gemeinsam mit dem kleinen Nachbarn Luxemburg, oft als Benelux-Länder in einem Atemzug genannt werden, so muß man sich doch darüber bewußt sein, daß ihre jeweiligen Kulturen unterschiedliche Wurzeln haben. Diese Tatsache spiegelt sich natürlich auch in den kulinarischen Traditionen wider. Während die flämische Welt stark durch einen nordischen Einfluß geprägt wurde und nicht zuletzt auch den neuen, aus fernen Kontinenten nach Europa gelangten Produkten sehr offen gegenüberstand, ist der wallonische Teil Belgiens nach wie vor an der französischen Lebensart orientiert.

Essen und Trinken spielt seit jeher in Belgien eine bedeutende Rolle. Dennoch hat man hier auch heute noch eine sehr differenzierte Einstellung zu hochprozentigen Genüssen. Eine Spirituosen-Tradition wie in den benachbarten Niederlanden kennt man dort nicht.

Während hochprozentige Spirituosen in Holland gerne und zu vielerlei Gelegenheiten getrunken werden, hat es in Belgien stets Bestrebungen gegeben, den Schnaps-Konsum durch staatliche Verordnungen einzuschränken.

Starkbier contra Schnaps

So fördert das Verbot des Spirituosenverkaufs in Cafés nicht zuletzt den Umsatz an extrem starkem Bier, wie man es in Belgien traditionell kennt. Jedoch konnte auch ein paradoxes Gesetz, das von einem Kunden in einer Spirituosenhandlung verlangte, mindestens zwei Liter Schnaps zu kaufen – ursprünglich war es dazu gedacht, die Armen vom Kauf der begehrten Getränke abzuhalten – die Verbreitung von Bränden und Likören nicht verhindern. Neben dem ursprünglich aus Frankreich stammenden Genever, dessen Produktionszentrum das

Die leichten und aromatischen Fruchtspirituosen auf Genever-Basis erfreuen sich immer noch steigender Beliebtheit. Der Klassiker ist nach wie vor »Bessen« aus schwarzen Johannisbeeren.

Marken

Bols
Neben den bekannten Likören gibt es aus dem Hause Bols auch klassische Spirituosen wie Wodka, Gin und Weinbrand. Eine neue Spezialität sind die fruchtigen Schnäpse »Frambozen«, »Williams« und »Citron« auf Basis von frischen Früchten und Genever. Eine Besonderheit ist der »Cassis-Gin«.

De Kuyper
Das Traditionshaus produziert hochwertige Schnäpse mit dem Aroma frischer Früchte.

Petrus Boonekamp
Seit 1823 wird der »Urkamp« nach dem originalen Rezept in einem aufwendigen Verfahren hergestellt.

SPEZIALITÄTEN

Städtchen Hasselt in der Provinz Limburg ist, spielt auch der Pastis, vor allem natürlich in den gallisch geprägten Provinzen, eine wichtige Rolle.

DER BOONEKAMP UND SEINE NACHAHMER

Neben dem klaren Genever schätzt man in beiden Ländern auch Kräuterschnäpse, unter denen der aus den Niederlanden stammende Boonekamp wohl der bekannteste ist. Hierbei handelt es sich um einen leicht süßlichen Bitter. Sein Name geht auf den Apotheker Petrus Boonekamp zurück, der 1743 die Formel für diesen herben und magenfreundlichen Trank gefunden hatte. Diese Bezeichnung wurde allerdings nie geschützt und hat sich deshalb zu einem Gattungsbegriff gewandelt, für den es mittlerweile verschiedene, natürlich von jedem Hersteller geheim gehaltene Rezepturen gibt. Fast immer jedoch sind Sternanis, Fenchel, Süß-

Der »Urkamp« aus dem Hause Petrus Boonekamp wird nach dem Originalrezept hergestellt – der einzig »Echte«.

holz, Nelken, Koriander, Zimt und Zitrone enthalten. Für Wärme und Schärfe sorgen Ingwer und Galgant, der Bittergeschmack wird durch Enzian, Wermutkraut und Aloe geprägt. Eine weitere Besonderheit ist der aus dem holländischen Friesland stammende Beerenburg Magenbitter, der sozusagen als das »Nationalgetränk« dieser Region gilt. Er wurde nach einem Amsterdamer Kräuter- und Gewürzhändler benannt und befindet sich im Sortiment verschiedener Hersteller.

ERFOLGREICHER »BESSEN«

Eine besondere Vorliebe der Niederländer gilt den mit Früchten aromatisierten klaren Schnäpsen. Der wohl beliebteste Vertreter dieser Gattung ist der Bessen-Genever. Mit der steigenden Verbreitung dieser Spezialität aus Schwarzen Johannisbeeren verzichtet man jedoch immer öfter auf die Bezeichnung »Genever« und spricht schlicht vom »Bessen«. Dies ist insofern verständlich, als daß die hochprozentige Basis dieses fruchtigen Drinks zwar junger Genever ist, das wacholdertypische Aroma allerdings durch den süßen Beerengeschmack völlig verdrängt wird. Auch das Herstellungsverfahren dieses typisch holländischen Produkts ist gesetzlich nicht reglementiert, so daß manche Hersteller den »Bessen« aus neutralem Alkohol, künstlichen Aromen und Farbstoffen produzieren.

DIE FRUCHTIGEN VON DE KUYPER

Seitdem der beliebte Show-Master Rudi Carell die fruchtigen Schnäpse des holländischen Traditionsherstellers De Kuyper mit seiner unverwechselbaren Stimme bewirbt, kennt man auch in Deutschland den »Bessen« und seine Geschwister »Kersje«, »Limontje« und »Pruim«. Johannes de Kuyper gründete sein Unternehmen bereits 1695. Damit ist das Haus eines der ältesten Spirituosenunternehmen der Welt. Der Klassiker »Bessen« wird ausschließlich aus frischen schwarzen Johannisbeeren und hochwertigem jungen Genever hergestellt und ist nach wie vor die gefragteste Geschmacksrichtung dieser Art von Spirituosen. Im Zuge des Trends zu alkoholarmen, fruchtigen Drinks wurden aber inzwischen auch der »Limontje« aus Limonen und Zitronen und die Varianten aus Kirschen und Pflaumen auf den Markt gebracht. Man trinkt diese zwar süßen, aber natürlichen Schnäpse normalerweise eisgekühlt oder auf Eis. Sehr beliebt sind auch erfrischende Long-Drinks, beispielsweise »Pruim« mit Ginger Ale oder »Limontje« mit Tonic oder Sekt.

ÖSTERREICH UND UNGARN

Die beiden k. u. k. Staaten können nicht nur auf eine gemeinsame Geschichte zurückblicken, sondern sind auch in ihren gesellschaftlichen Strukturen eng miteinander verbunden. Hierzu zählen natürlich auch kulinarische Gemeinsamkeiten. So verwundert es auch nicht, daß man entlang der Donau eine Frucht, nämlich die Marille, besonders zu schätzen weiß. Sowohl in Österreich als auch in Ungarn weiß man daraus vortreffliche Brände und Liköre zu bereiten. Nicht vergessen werden dürfen auch die hochprozentigen Kräuterschnäpse, wie man sie in den Alpen kennt.

ÖSTERREICH UND UNGARN

Likör und Brand aus Aprikosen

Der Duft aromatischer Früchte

*Sowohl in Österreich als auch in Ungarn schätzt man hochprozentige Spezialitäten, hergestellt aus Marillen, einer besonders feinen Aprikosenart. In der Alpenrepublik ist besonders die Wachau Heimat dieser aromatischen Frucht, während sie in Ungarn vor allem in der Region um die südlich von Budapest gelegene Stadt Kecskemét zu Hause ist.
Hier hat der köstliche Aprikosengeist eine lange Tradition. Diese sehr eigenständigen ungarischen Brände sind in der ganzen Welt als Barack Pálinka bekannt.*

Der Name des traditionsreichen Cafe »New York« hat mit der amerikanischen Metropole nichts zu tun. Plüsch, Gold, Zigeunermusik und Barack Pálinka unterstreichen den typisch ungarischen Charakter.

DER BARACK PÁLINKA

Unter der Vielzahl köstlicher Aprikosenbrände aus anderen Ländern nimmt der ungarische Barack Pálinka eine besondere Stellung ein. Genau genommen handelt es sich bei dieser in der Region um Kecskemét erzeugten Spezialität um ein Aprikosenwasser. Im Gegensatz zum Aprikosengeist, bei dem die Früchte vor der Destillation in hochprozentigem Alkohol ausgelaugt werden, wird der Branntwein für den Barack Pálinka aus der vergorenen Maische von Aprikosen hergestellt. Eine andere ungarische Bezeichnung für diese Nationalspirituose ist Unikum Likörgyár.

Neben dem aus Pflaumen hergestellten Slivovitz ist Barack Pálinka der meistgetrunkene Obstbrand im Osten Europas. Der Name bedeutet allerdings nichts anderes als »Aprikosen-Brand«.

SAFTIGE FRÜCHTE AUS KECSKEMÉT

Seit Generationen schon schätzt man den aromatischen Geschmack der Aprikosen aus der Gegend um Kecskemét. Das von der Sonne verwöhnte Obstanbaugebiet im Herzen Ungarns bietet mit seinem milden Klima die idealen Voraussetzungen zum Gedeihen dieser begehrten Aprikosenart. Nur auserlesene und vollreife Früchte werden für die Produktion des Barack Pálinka verwendet. Nach alter ungarischer Tradition erfolgt eine zweimalige Destillation in kleinen Kupferkesseln.

Zu den besonderen Merkmalen dieser ungarischen Nationalspirituose gehört das ausgesprochen weiche und fruchtig volle Aroma. Seine besondere Reife verdankt der Barack Pálinka einer langjährigen Lagerzeit in alten Eichenfässern.

Neben der Traditionsmarke »Kecskemét« sind vor allem die Erzeugnisse aus dem Hause Fütyülös in vielen Ländern der Welt sehr geschätzt. Dieser bekannte ungarische Spirituosenerzeuger bietet neben dem klassischen Barack Pálinka auch eine exklusive Besonderheit, den »Sehr alten Barack Pálinka«, an. Dieser feine Brand wird acht Jahre gelagert und zeichnet sich durch einen intensiven Duft sowie eine unvergleichliche Geschmacksfülle aus.

»Kecskeméti« ist eine der bekanntesten Barack Pálinka-Marken, die man auch in Deutschland zu schätzen weiß.

Aprikosenbrand und Likör

Nach einem ebenfalls seit vielen Jahren überlieferten Verfahren wird bei Fütyülös auch der allseits beliebte »Barack Liqueur« hergestellt. Auf der alkoholischen Basis von Barack Pálinka sorgt die Verwendung frischer Aprikosen für das volle Bouquet dieser Spezialität.

Marillenbrand aus der Wachau

Ebenso traditionell wie in Ungarn pflegt man auch in Österreich den Anbau der »Marillen« genannten Aprikosen. Hier ist es vor allem die ansonsten eher für ihren Wein bekannte Wachau, wo auch die feinen Aprikosen wachsen.

Schon 1872 gründete Eugen Bailoni in Krems an der Donau seine »1. Wachauer Marillen-Destillerie«. Die Aprikosen von den Hängen des Donautals sind die Grundlage für einen Obstbrand, der auch weit über die Grenzen Österreichs hinaus Anerkennung findet. Die berühmten Wachauer Spirituosen werden nur aus besten Früchten, die gänzlich erntefrisch zur Verarbeitung gelangen, destilliert. In dem heute mit moderner Technik ausgestatteten Betrieb werden jährlich bis zu drei Millionen Kilogramm Marillen verarbeitet. Nach der automatischen Entkernung bilden sie das Grundprodukt einerseits für die Destillation des »Wachauer Gold-Marillenbrands« oder zur Verarbeitung als Rohsaft und Konzentrat für die Erzeugung von »Gold-Marillenlikör«. Speziell entwickelte Maschinen ermöglichen einen schonenden Arbeitsablauf vom Waschen über das Brennen bis zum Abfüllen. Durch eine spezielle Aromagewinnungsanlage wird auch der herrliche Duft voll erhalten.

Auch außerhalb Österreichs bekannt: Die »1. Wachauer Marillen-Destillerie«.

Die zweite große ungarische Aprikosen-Spirituosen-Marke ist »Fütyülös«. Zum Sortiment dieses Hauses gehört neben dem Barack Pálinka in zwei Qualitäten auch ein köstlicher und sehr feiner Aprikosenlikör. Das ungarische Wort »Fütyülös« bedeutet »Flöte« und weist auf die unverkennbare Flötenform der Flaschen dieser Marke hin.

Marken

Bailoni
Traditionelle österreichische Obstbrennerei. Bekannt unter der Bezeichnung »1. Wachauer Marillen-Destillerie« Hier steht die Aprikosenfrucht im Mittelpunkt. Neben dem »Wachauer Gold-Marillenlikör« gibt es auch den entsprechenden Marillenbrand. Zum Sortiment gehören auch ein Kirschlikör und eine Marillen-Konfitüre.

Kecskeméti
Aus dem Hause Budapesti Liköripari Vallalat kommt der »Kecskeméti Barack Pálinka«. Hierbei handelt es sich um eine der beiden großen ungarischen Marken. Man erkennt ihn an der typischen Uhrenform-Flasche.

Fütyülös
Hinter diesem schwer auszusprechenden Namen verbirgt sich eine der bekanntesten ungarischen Spirituosenmarken. Zum Sortiment des Hauses gehören der klassische Barack Pálinka und der »Sehr alte Barack Pálinka«. »Barack Liqueur« ist ebenfalls im Angebot.

Mátás Barack Pálinka
Trotz des ungarischen Namens stammt dieser Marillenbrand aus dem Hause des österreichischen Herstellers Seyringer Schloßbrände.

Stroh
Auch dieser bekannte österreichische Spirituosenproduzent stellt einen aromatischen »Marillen-Edelbrand« her.

ÖSTERREICH

Österreich

Von Kaffeehäusern und Almhütten

In Österreich hat der Genuß von alkoholischen Getränken stets etwas mit Gemütlichkeit zu tun. Sei es der Likör im Wiener Kaffeehaus, der Kirschbrand in der Wachau oder der kräftige Kräuterschnaps nach der Skitour in einer heimeligen Almhütte. Abwechslungsreich wie die Landschaft selbst sind auch die traditionellen Spirituosen der Republik zwischen Neusiedler See und Alpen.

HOCHPROZENTIGE WIENER KAFFEE-SPEZIALITÄTEN

In den feinen und prunkvoll ausgestatteten Wiener Kaffeehäusern pflegt man seit Generationen eine hohe Kaffeekultur. Neben einer Schale »Schwarzem«, einem »Fiaker« oder der »Melange« – einem Milchkaffee – gibt es auch Spezialitäten mit Alkohol. Die bekanntesten sind der »Masagran«, ein kalter Kaffee mit Rum oder Maraschino, der »Salonfiaker«, ein kurzer Doppelmocca mit heißer Sahne und Rum sowie der Mocca »gespritzt« mit einem Schuß Cognac.

Natürlich hat auch Österreich als Land mit intensivem Weinbau seine eigenen Weinbrände. Vor allem die Produkte der alteingesessenen und bereits 1857 gegründeten Firma Spitz in Linz sind in den Regalen der Spirituosenhändler zu finden. Marken wie »Bon Chéri« und »Diplomat« gelten hier als besonders beliebt.

STROH »80« – DER EINZIGARTIGE INLÄNDER-RUM

Eine österreichische Besonderheit ist Stroh »80«, eine von dem seit 1832 bestehenden Hause Stroh seit fünf Generationen nach einem überlieferten Rezept produzierte Spezialität, die als »Inländer-Rum« bezeichnet wird. Dabei hat dieses Erzeugnis kaum Gemeinsamkeiten mit echtem Rum.
Vielmehr handelt es sich dabei um eine aus stark aromatisierter Essenz und Monopolsprit hergestellte, goldbraune Spirituose mit dem extremen Alkoholgehalt von 80 %. Allerdings wird darauf hingewiesen, daß es sich bei diesem Destillat nicht um eine klassische Trinkspirituose handelt. Empfohlen wird die Verwendung in Heißgetränken wie Tee, Punsch oder Grog. Auch zur Aromatisierung von Süßspeisen und Desserts oder zum Mixen von Cocktails eignet sich dieser geschmacksintensive und hochprozentige Klassiker aus Österreich.
Für einige Jahre war der Verkauf des »Inländer-Rums« in Deutschland überhaupt nicht erlaubt, doch mittlerweile ist die typische flache Flasche mit dem leuchtenden orangefarbenen Etikett auch hierzuland wieder in den Läden zu finden.
Weniger umstritten als Stroh »80« sind die feinen Obstbrände, von denen es neben de an besonderer Stelle ausführlich beschrie

Fälschlicherweise oft als Rum bezeichnet, eignet sich Stroh »80« nicht zum puren Trinkgenuß.

SPEZIALITÄTEN

»Mozart Liqueur« und »Capucine« sind zwei typische österreichische Liköre aus dem Hause H.C. König in Salzburg.

enen Marillenschnäpsen auch noch eine Vielzahl anderer Sorten gibt. Ende des vorigen Jahrhunderts entdeckte man im Rheintal sowie im Bodenseeraum beste klimatische Bedingungen für den Obstanbau. Es wurden dort vor allem Apfel- und Birnbäume angepflanzt. Jedoch war nicht alles Obst zum Überwintern geeignet, so daß man sich nach anderen Verwendungszwecken umschaute. Es entstanden zahlreiche Brennereien, die jedoch im Laufe der Jahrzehnte auch wieder verschwunden sind.
In Lustenau gibt es jedoch einen Betrieb, der sich inzwischen weit über Österreichs Grenzen hinaus einen Namen machen konnte. Bereits 1885 gründete der Großvater die Freihof-Destillerie, die heute unter dem Namen des Enkels, Gebhard Hämmerle, edle Brände erzeugt.

UNVERWECHSELBAR – DER MOZART-LIQUEUR

Aus Salzburg kommt eine weitere, einzigartige Spezialität. Auf Basis von Nougat-Schokolade, Kirschwasser und weiteren, ausschließlich natürlichen Zutaten, stellt die Mozart-Liqueur-Manufaktur diesen weltberühmten Likör her. Unverwechselbar ist die von goldenem Papier umgebene Flasche in Form einer überdimensionalen Mozartkugel. Trotz seiner cremigen Konsistenz handelt es sich nicht um einen der üblichen Sahneliköre, wie es der »Capucine«, eine aromatische Kaffeeköstlichkeit aus dem gleichen Hause, ist.

ALPENKRÄUTERLIKÖR UND JAGERTEE

Wer jemals einen Winterurlaub in den österreichischen Bergen verbracht hat, wird sicherlich Bekanntschaft mit einem der vielen Alpenkräuterliköre gemacht haben. Jede Region hat ihre besonderen Erzeugnisse, wobei die Magenbitter der Erzeuger Stroh, Gallsbacher, St. Ullrich und Arzberger auch überregionale Beliebtheit genießen.
Selbst den berühmten »Jagertee«, einen hochprozentigen Après-Ski-Punsch, kann man inzwischen als fertig gemischtes Extrakt kaufen. Das wärmende Getränk ist seit vielen Jahren ein Muß auf den österreichischen Almhütten.

Edle Obstbrände aus Lustenau: Destillate von Gebhard Hämmerle.

MARKEN

Capucine
Neuer Kaffee-Creme-Likör aus dem Hause H. C. König in Salzburg.

Gebhard Hämmerle
Bekannt geworden unter dem Namen »Freihof«, vermarktet Gebhard Hämmerle seine feinen Eaux-de-Vie nun unter dem eigenen Namen.

Gerasdorfer
Unter diesem Markennamen vertreibt die Erste Gerasdorfer Landbrand, Likör und Kräuterweinmanufaktur so individuelle Erzeugnisse wie »Fliederbeerlikör«, »Honiggewürzlikör« oder »Johannisbitter«.

Spitz
Etablierte Weinbrennerei in Linz. »Bon Chéri« und «Diplomat« sind die bekanntesten Marken.

Stroh
Das traditionsreiche Spirituosenhaus produziert heute eine Reihe von unterschiedlichen Bränden und Rumspezialitäten. Am bekanntesten ist aber Stroh »80«, ein sogenannter Inländer-Rum.

Mariazeller
Magenbitter aus dem Hause Arzberger.

Mounier
Bekannte österreichische Likörfabrik mit vielseitigem Sortiment.

Mozart Liqueur
Aus Nougat, Schokolade und Kirschwasser hergestellter Likör in einer markanten Kugelflasche.

BALKANLÄNDER

In den Balkanländern genießen Anisschnäpse schon seit Jahren eine besondere Beliebtheit. Der griechische Ouzo wird ebenso wie der türkische Raki vor allem wegen des unverwechselbaren Aromas geschätzt. Jeder Griechenland-Urlauber wird schon einmal Bekanntschaft mit einem der typischen Weinbrände, beispielsweise dem »Metaxa«, gemacht haben.

GRIECHENLAND

Ouzo

Sinnbild der griechischen Gastlichkeit

ANIS – EINE LANGE GESCHICHTE

Anis ist eine sehr alte Kulturpflanze. Forschungen haben ergeben, daß man bereits 7000 Jahre vor unserer Zeitrechnung die Mazeration von Anis kannte. Fünfzehn Jahrhunderte vor Christus benutzte man Anis bei heiligen Riten zur Huldigung der Göttin Hathor. Schon Plinius der Ältere berichtet: »Anis und Bittermandeln verleihen dem Wein seinen Liebreiz«.

Viele Jahre wurde der Ouzo in Deutschland kaum bemerkt, obwohl er sicher von den in unserem Lande lebenden Griechen schon lange, besonders vor oder nach dem Essen, getrunken wurde. Es bedurfte erst einmal wieder der Urlaubsreisenden, die von ihrer Griechenlandreise nicht nur einen Sonnenbrand, sondern als Erinnerung eine außergewöhnliche Spirituose, den Ouzo, mitbrachten.

Trotz der immer größeren Verbreitung der griechischen Anisspirituose und der damit verbundenen steigenden Beliebtheit gibt es immer noch einige unbekannte Tatsachen, die selbst unter Experten zu Diskussionen führen.

Den ersten Fehler entdeckt man oft auf den gastronomischen Getränkekarten. Selbst in griechischen Restaurants findet man den Ouzo oft in der Kategorie »Liköre«. Dieser Schluß liegt vielleicht aufgrund des süßen Geschmacks nahe, doch richtigerweise handelt es sich um eine ziemlich hochprozentige, klare Spirituose von mindestens 37 % Alkoholgehalt. Der Zuckeranteil jedoch darf 50 Gramm pro Liter nicht übersteigen. Im Prinzip ist der Ouzo eng mit dem türkischen Raki, dem spanischen Anisado und selbstverständlich mit dem Pastis aus Frankreich verwandt. Es gibt jedoch einige Merkmale, die ihm einen völlig eigenständigen Charakter bestätigen.

KRÄUTER UND ANISEXTRAKT

Grundsätzlich ist der Ouzo kein reiner Anisschnaps, sondern in gewisser Weise auch eine Kräuter-Spirituose. Sein unverwechselbares Aroma geht auf eine gelungene, von jedem Hersteller nach einem geheimen Rezept zusammengestellte Mischung aus erlesenen, mediterranen Kräutern und einem Extrakt aus Anissamen zurück. Die Zutaten werden zweifach destilliert, das ergibt eine hohe Reinheit.

In Deutschland wird Ouzo meist pur oder auf Eis getrunken. Interessanterweise bekommt man ihn gerade in griechischen Re-

*Der Ouzo ist mit der griechischen Gastlichkeit eng verbunden.
Bei den Einheimischen ist es nicht üblich, einen Anisschnaps zu trinken, ohne dabei etwas zu essen.
Da es im Laufe des Tages viele Gelegenheiten gibt, eine Kleinigkeit zu essen, ergeben sich auch viele Gelegenheiten, einen Ouzo zu trinken.*

...staurants nach der Mahlzeit als Aufmerksamkeit mit der Rechnung gereicht. Das entspricht wohl unserer mitteleuropäischen Mentalität, nach einem mächtigen Essen einen klaren Schnaps zu trinken.

Ouzo als Aperitif

Ganz anders verhält es sich in der Heimat des Ouzo. Hier wird er am liebsten vor dem Essen getrunken und gilt somit konsequenterweise als Aperitif. Entsprechend den Gepflogenheiten im Lande, wird er dennoch selten alleine serviert. Normalerweise wird zum Ouzo eine Karaffe mit gekühltem, frischem Wasser serviert, denn erst in verdünnter Form entfaltet er sein volles Anis-Aroma. Jeder kann nun den Geschmack und die Stärke seines Ouzo selbst bestimmen. Ähnlich wie der Pastis verändert auch der Ouzo durch Hinzugabe von Wasser oder Eis seine Farbe. Er bekommt allerdings keine gelbliche Trübung, sondern wird weiß. Auch hier ist der Effekt darauf zurückzuführen, daß die ätherischen Öle, die sich aufgrund des hohen Alkoholgehalts vollständig aufgelöst haben, durch dessen Reduzierung weißliche Kristalle bilden. Doch zurück zum typischen Aperitif, wie die Hellenen ihn kennen. Was man in Spanien als

In Griechenland wird zum Ouzo immer ein kleiner Appetithappen gereicht.

»Tapas« zum Sherry schätzt, sind in Griechenland »Mesé« – kleine, mundgerecht zubereitete Häppchen, ohne die ein Grieche niemals zum Ouzo greifen würde. Hierzu gehören beispielsweise Käsestückchen, Auberginen-Salat, Tintenfischringe oder Hackfleischbällchen – aber auch Salzmandeln, Nüsse und Oliven. Leider ist »Ouzo me mesé« in Deutschland noch nicht sehr bekannt, obwohl es sich vor allem im Sommer als mediterrane Abwechslung besonders anbietet.

Das Fass mit der Nr. 12

Der bekannteste Ouzo trägt die Nummer 12. Unter diesem Markennamen kennt man den weltweit bekanntesten griechischen Anisschnaps, dessen Ursprung auf das Jahr 1880 zurückgeht. Damals begann die Familie Kaloyannis damit, Destillate mit Anis und Kräutern herzustellen. Man füllte die gewonnenen Spirituosen in verschiedene Holzfässer. Schnell waren sich die anwesenden Kenner einig, daß der Inhalt des Fasses mit der Nr. 12 ein Produkt mit Zukunft sei. Der »Ouzo 12« war geboren. Noch heute hütet die Familie das geheime Rezept.

Nach wie vor verbindet man in Deutschland den Ouzo in erster Linie mit dem Besuch eines griechischen Restaurants. Aus dem Handel kennt man nur wenige Marken. Eine der Besten: »Ouzo Eoliki«.

Marken

Ouzo Achaia Clauss
Der beliebte griechische Anisschnaps wird in Patras hergestellt. Er ist in Deutschland nicht überall im Handel.

Ouzo Eoliki
»Eoliki« ist eine auch in Deutschland beliebte Marke. Mit 42 % Alkoholgehalt gehört sie zu den Premiumprodukten.

Ouzo 12
Auch außerhalb Griechenlands ist diese Marke Marktführer unter den Ouzos. Der bekannte Anisschnaps wurde erstmals 1880 in Konstantinopel hergestellt.

Ouzo Sans Rival
In Griechenland beliebtes Destillat aus vergorenem Traubensaft, Koriander und Fenchel.

BALKANLÄNDER

Balkanländer

Nektar der Götter

Unter den hochprozentigen Spezialitäten der Länder des Balkans kennt man in Deutschland vor allem die Spirituosen aus Griechenland. Hier spielt der an anderer Stelle ausführlich beschriebene Ouzo eine bedeutende Rolle. Doch auch in der Türkei schätzt man den intensiven Anisgeschmack. Traditionell gibt es hier unterschiedliche Sorten des Raki.

RAKI – MITGLIED EINER GROSSEN FAMILIE

Der türkische Raki ist eng mit dem arabischen Arrak verwandt, wobei er sich aber durch ein sehr intensives Anis-Aroma auszeichnet. Andere Bezeichnungen für diesen Anisée sind Rakia oder Rajikam.

Die hochprozentige Basis des Raki ist ein alkoholisches Destillat, das entweder aus Rosinen oder Feigen durch Rektifikation, also ein kontinuierliches Brennverfahren, erzeugt wird. Zuerst werden die getrockneten Früchte zerdrückt, mit Wasser eingemaischt und anschließend vergoren.

Nach dem Brennvorgang erhält man den sogenannten »Suma«, einen 90 %igen Alkohol, der nun mit der gleichen Menge Wasser verdünnt wird. Danach führt man eingeweichte Anissamen zu und destilliert das Ganze noch einmal. Der Mittellauf dieses Vorgangs wird unter Zugabe von Wasser und Zucker auf Trinkstärke herabgesetzt und in Holzfässern gelagert, nach dreimonatiger Reife wird der Raki gefiltert und auf Flaschen gefüllt. Man unterscheidet zwischen dem aus Rosinen gebrannten Kulüp-Raki mit 50 Vol. % sowie dem alkoholärmeren Yenis Raki. Aus Feigen hingegen destilliert man den Iyi-Raki. Ähnlich wie auch den Ouzo trinkt man den Raki verdünnt mit Wasser. Neben dieser Nationalspirituose gibt es in der Türkei auch einige Liköre, die allerdings außerhalb des Landes keine Bedeutung haben.

METAXA – EIGENTLICH KEIN BRANDY

In Griechenland dagegen spielen neben dem Ouzo vor allem Brände aus Wein eine wichtige Rolle. Am bekanntesten unter ihnen ist der feurige Metaxa. Seine Geschichte hat vor über 100 Jahren in Piräus begonnen. Spyros Metaxa war aus seinem kleinen Heimatdorf hierher gekommen und setzte mit der Gründung der Metaxa Distilleries im Jahre 1888 einen vorläufigen Endpunkt unter jahrelange Experimente mit dem Wein und seinen Destillaten. Für sein neues Produkt, das er konsequenterweise »Metaxa« nannte, wählte er die besten Rotweine, die seine Heimat zu bieten hatte. Aus diesem Grunde erwarb er umfangreiche Weinberge auf Attika. Oft wird Metaxa fälschlicherweise als Brandy bezeichnet, doch seine Herstellungsmethode unterscheidet sich beträchtlich von der des Cognacs oder des

»Centenary« ist die Spitzen-Cuveé im Metaxa-Sortiment. Die handgefertigte Karaffen-Replik ist mit 18karätigem Gold geschmückt und zeigt Szenen aus dem antiken Griechenland.

SPEZIALITÄTEN

Eine Köstlichkeit besonderer Art ist der Trauben-Likör »Nektara«. Die leicht herbe Spezialität entfaltet das volle Aroma der Muskat-Traube.

…eutschen Weinbrands. Metaxa wird nämlich aus Weindestillat, Wein und natürlichen Aromastoffen kunstvoll komponiert. Die genaue Herstellungsmethode sowie die Zusammenstellung der einzelnen Komponenten wird immer noch als Familiengeheimnis streng gehütet.

Die verschiedenen Qualitäten von Metaxa reifen in unterirdischen Kellern. Jede hat ihre eigene spezielle Rezeptur und spezifische Lagerzeit. Nach dem Verschnitt durch erfahrene Kellermeister folgt noch einmal eine Reifephase in ausgesuchten Eichenfässern. Anschließend füllt man den Metaxa in die jeweils typischen Flaschen.

Das schmale und und schlanke Behältnis des Fünfsterne-Metaxa ist einer Säule nachempfunden, während die Flasche der Siebensterne-Qualität eine Amphore darstellt. Der »Grand Olympian Reserve«, für den nur ausgesuchte, alte Destillate miteinander vermählt werden und der sich durch einen besonders milden Geschmack auszeichnet, wird in einer traditionellen Porzellanflasche präsentiert. Das Spitzenprodukt des Hauses Metaxa ist der »Centenary«, für den nur die besten und ältesten Destillate verwendet werden. Sein äußeres Erkennungszeichen ist die aufwendig gefertigte, blaue Porzellankaraffe. Metaxa ist heute das bedeutendste Exportprodukt Griechenlands, und mittlerweile in über 50 Ländern der Welt zuhause. Neben diesen Klassikern entdeckt man in der letzten Zeit eine weitere griechi-

…sche Spirituose, der voraussichtlich auch außerhalb des Landes ein Erfolg zuteil werden wird. Hinter der noch wenig geläufigen Gattungsbezeichnung Tsipouro verbirgt sich ein milder Trester, der stark an einen Traubenbrand erinnert. Viele Kellereien, vom weltweiten Grappa-Erfolg angespornt, setzen nun auch auf die rebsortenreinen Trester der Roditis-, Muscat- oder Xinimavro-Trauben.

EINSTMALS SEHR BELIEBT: SLIVOVITZ

Eher eine Außenseiterrolle spielt der in den Ländern des ehemaligen Jugoslawiens heimische und einstmals auch in Deutschland so beliebte Slivovitz. Grundsätzlich handelt es sich hier nicht um eine geschützte Produktbezeichnung. Jeder Brenner darf sein Zwetschgenwasser Slivovitz nennen.
Der edelste Slivovitz wird aus der Pocegaca-Pflaume gebrannt. Sie ist sehr fleischig, saftig und von einem herrlich intensiven Aroma. Durch Lagerung in Eichenholzfässern färbt sich das Destillat und nimmt die typische, goldgelbe Farbe an.

Der Slivovitz aus dem Hause Badel präsentiert sich sehr zeitgemäß.

MARKEN

Babatzimopoulus
Dieser kreative Winzer aus Makedonien gilt als führender Trester-Brenner Griechenlands.

Badel
Der hochwertige Slivovitz aus kroatischen Pflaumen wird aufwendig durch zweifache Destillation hergestellt.

Idoniko
Sehr individueller Tresterschnaps. Es gibt ihn mit und ohne Anis-Aroma.

Julischka
Die Basis für »Julischka« ist Slivovitz und Birnenlikör. Markant ist das leicht süße Aroma.

Metaxa
Unter diesem Markennamen kennt man das bekannteste griechische Weinbrandprodukt. Hierbei handelt es sich um eine Rezeptur aus Weindestillat, Wein und natürlichen Aromastoffen. Im Handel gibt es vier unterschiedliche Qualitäten, von denen der »Centenary« die Spitzen-Cuvée des Hauses ist.

Nektara
Leicht herber Likör aus dem Hause Metaxa. Basis ist die sonnenreife Muskat-Traube.

Tsantali
Hersteller eines interessanten und beliebten Traubenschnapses.

Yeni Raki
Dieser Raki wird aus feinen Rosinen, Sultaninen und Trauben sowie Anissamen gewonnen.

OSTEUROPA

In den Ländern Osteuropas steht natürlich der Wodka als alkoholisches Getränk für jede Lebenslage an vorderster Stelle. Kaum ein familiärer oder geschäftlicher Anlaß, der nicht mit einer ausreichenden Menge des hochprozentigen Wässerchens begossen würde. Allerdings ist der Begriff »Wodka« sehr großzügig definiert. Neben den reinen und klaren Schnäpsen schätzt man eine Reihe mehr oder weniger stark aromatisierter Varianten. Natürlich kennt man auch im Osten Europas verschiedene Frucht- und Kräuterliköre.

OSTEUROPA

Wodka

Nicht nur die Seele Rußlands

Ebenso unerklärlich wie seine Herkunft ist auch der Charakter des Wodkas. Grundsätzlich beanspruchen Rußland und Polen beide für sich, die wahre Geburtsstätte dieses klaren Schnapses zu sein. Im Laufe der Jahrhunderte wurde er aber auch in Skandinavien, den USA und nicht zuletzt in Deutschland heimisch. Dennoch scheint es legitim, ihn als eine der typischen Spirituosen Osteuropas zu charakterisieren.

DAS STAATLICHE MONOPOL

Wodka ist nach wie vor neben Erdöl und Gold eine der wichtigsten Exportwaren Rußlands. Seit dem 15. Jahrhundert, als der Moskauer Staat zentralisiert wurde, gab es ein Staatsmonopol auf Wodka. Bereits 1474 belegt ein Dokument das russische Urheberrecht an dem hochprozentigen »Wässerchen«. Alkohol gehörte stets zum öffentlichen Leben Rußlands. Bereits vor dem Zerfall der UdSSR wurden 12 bekannte Sorten aus dem Staatsmonopol genommen. Doch das von 1986 bis 1988 bestehende »Abstinenzlergesetz« sowie die Abschaffung des staatlichen Monopols führte trotz historischer Erfahrungen zu chaotischen Verhältnissen auf dem osteuropäischen Wodka-Markt.

Zu den hervorragenden Eigenschaften des Wodkas gehört es, daß er selbst nach übertriebenem Genuß am nächsten Tag keinen Kater hinterläßt.

EIN HOCHPROZENTIGES »WÄSSERCHEN«

Nicht zuletzt bedeutet ja die Übersetzung des russischen Wortes »Voda« schlicht »Wässerchen« – ein klares, reines Destillat, welches sich von seinem Namensgeber in erster Linie durch einen Alkoholgehalt von ca. 40 % Vol. unterscheidet. Genau genommen ist der Wodka eng mit dem Aquavit und dem Korn verwandt, dennoch hat er einen

»Wodka Moskovskaya« wird seit über 30 Jahren nach Deutschland exportiert. Neu ist der »Moskovskaya Cristall«.

eigenständigen Charakter, der mit der russischen Seele eng verwandt ist. Verbindliche Belege über die Entstehungsgeschichte des Wodkas konnten bis heute nicht entdeck[t] werden. Ein Dokument aus dem Jahre 154[?] zeugt von der Tatsache, daß man sich damals in Polen bereits auf die Herstellung einer starken, klaren Spirituose verstand. Auch der rege Handel Rußlands mit de[n] Muselmanen läßt darauf schließen, daß die Kunst des Brennens in Osteuropa schon über einen langen Zeitraum bekannt war. Zwei Faktoren haben dazu beigetragen, da[ß]

WODKA

ich der Wodka so und nicht anders entwickeln konnte. Einerseits kannte man in den osteuropäischen Ländern keinen Weinbau, und auch Obst war nicht im Überfluß vorhanden. So lag es nahe, daß vor allem die Getreidesorten Gerste, Hafer und Roggen, aber auch Kartoffeln als Grundlage für einen starken Schnaps dienen mußten. Auch das Küferhandwerk war in diesem Teil der Welt ebenfalls unbekannt. So entfiel die in den Weinbauregionen typische Faßlagerung, deren vorrangiger Zweck darin liegt, daß sich die Unreinheiten des Destillats absetzen können.

WICHTIGSTES ZIEL IST DIE REINHEIT

Zwangsläufig experimentierten die Destillateure schon sehr früh mit Verfahren, die ein möglichst reines Brennergebnis gewährleisten. Aus diesem Grunde war bereits im 18. Jahrhundert die Dreifachdestillation sehr verbreitet. Im Prinzip läßt sich der Wodka weder durch Herkunft noch durch bestimmte Grundprodukte oder spezifische Brennverfahren kategorisieren. Wichtigstes Qualitätsmerkmal ist die Reinheit des Destillats. Als zu Beginn des 19. Jahrhunderts die Herstellungstechniken immer weiter perfektioniert wurden und schließlich eine Produktion im großen Stil ermöglichten, erlangte der Wodka unter der in sehr bescheidenen Verhältnissen lebenden Bevölkerung eine schnell wachsende Popularität.

Es entstanden einige große Marken, für die Arseni P. Smirnoff, der seine Brennerei im Jahre 1818 gründete, ein typisches Beispiel ist. Smirnoff bemühte sich um absolute Perfektion und entwickelte ein mehrstufiges Holzkohle-Filterverfahren. Hierdurch erreichte sein Produkt eine sehr hohe Reinheit, die der Marke bis heute einen guten Ruf sichert. Doch der erfolgreiche Weg dauerte noch nicht ganz hundert Jahre, als seine Söhne nach der Oktoberrevolution 1917 enteignet wurden. Vladimir Smirnoff konnte mittellos nach Paris fliehen und später das

Bis zum Beginn der 90er Jahre kannte man in der Bundesrepublik nur die offiziell aus Osteuropa importierten Wodka-Marken.
Die offenen Grenzen der letzten Jahre ermöglichen nun auch die Bekanntschaft mit traditionellen russischen und polnischen Erzeugnissen. Zu den besten gehören »Zytnia« und »Eristoff«.

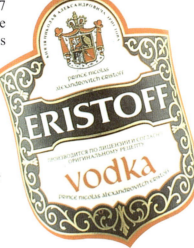

SMIRNOFF – EIN TYPISCHER RUSSE
SEIN WEG FÜHRTE ÜBER PARIS IN DIE USA

Der Urtyp des russischen Wodkas ist heute in den USA zuhause. Die Erfolgsstory der mittlerweile zweitgrößten Spirituosenmarke der Welt begann im Jahre 1818 in Moskau. Arseni Pertowich Smirnoff hatte in Moskau eine Brennerei eröffnet, in der er Wodka nach einer eigenen Rezeptur herstellte. Nach der Oktoberrevolution jedoch mußte der Hoflieferant des Zaren mit seiner Familie nach Paris flüchten.

Rudolph Kunetchansky, ehemaliger Getreidelieferant der Smirnoffs und in die USA emigriert, erwarb von Vladimir Smirnoff bald darauf die Lizenz zur Herstellung des geliebten Wodkas in den Vereinigten Staaten, um anschließend eine Wodka-Destillerie in Connecticut zu eröffnen. Noch heute ist Hartford/Conn. der Sitz des amerikanischen Spirituosenkonzern Heublein, zu dem die Marke Smirnoff gehört. Traditionsbewußt wird das Destillat über Holzkohle gefiltert, und auch das alte Familienrezept ist nach wie vor Grundlage zur Herstellung der Maische und für das Brennverfahren. Neben dem »Red Label« mit 37,5 % Vol. gibt es auch die speziell für die Gastronomie entwickelte Marke »Blue Label« mit einem Alkoholgehalt von 45 %.

OSTEUROPA

MARKEN

Baltic Special Vodka
Dieser Wodka ist ein Erzeugnis des staatlichen Betriebs Polmos in Warschau.

Eristoff Vodka
Nach dem Originalrezept des russischen Fürsten Nicolaus Alexandrowitsch Eristoff zuerst in Rußland, inzwischen in vielen anderen Ländern in Lizenz produzierter Wodka. Eine Spezialität ist die rote, mit Schlehen aromatisierte Variante.

Gorzalka
Eine polnische Spezialität, aus Roggen gebrannt. Seine hellbraune Farbe erhält dieser Wodka durch die zehnjährige Lagerzeit im Eichenfaß.

Grasovka
Bison Brand Vodka
Einer der bekanntesten Zubrovka-Typen aus Polen. In jeder Flasche befindet sich ein Büffelgrashalm aus den Urwäldern Polens.

Jalowcówa
Dieser polnische Wodka ist mit Wacholderbeeren aromatisiert.

Moskovskaya
Hierbei handelt es sich um einen besonders milden russischen Wodka. Ursprünglich hatte er 57 % Vol., aber seit über 30 Jahren kann man ihn als 40 %igen Klaren auch in Deutschland kaufen. Spitzenprodukt ist der »Moskovskaya Cristall«. Mittlerweile ist »Moskovskaya« die meistverkaufte Wodka-Import-Marke in Deutschland.

Nur echt mit dem Büffelgras. Der Halm in der Flasche ist das typische Markenzeichen des polnischen »Vodka Grasovka«.

berühmte Familienrezept in die USA verkaufen. Da Wodka an jedem Ort der Welt gebrannt werden kann, setzte sich so der bis heute andauernde Erfolg des Klaren aus dem Osten fort.

Parallel hierzu nahm die Entwicklung in Polen einen etwas anderen Lauf. Auch dort wurde das hochprozentige Destillat rasch zum Nationalgetränk und selbst hohe Besteuerungen konnten den Durst der Bevölkerung nicht bremsen. Allerdings gab es stets Bestrebungen, den ansonsten recht geschmacksarmen klaren Wodka mit aromareichen Kräutern, Blüten und anderen Extrakten zu würzen. Der bekannteste unter ihnen ist der Zubrovka, ein Wodka-Typ, der in Polen durch Zugabe von Bisongras, in Rußland meist von Bisongrasauszügen, aromatisiert wird. Das cumarinhaltige Gras gibt dem Schnaps eine hellgelbe Farbe sowie das typische an Waldmeister erinnernde Aroma. Geichzeitig soll der Halm in der Flasche die Kraft des Büffels symboli

Der Größte aus Polen. Die Top-Marke »Wyborowa« hat sich in den letzten Jahren in Westeuropa bestens etablieren können. Es gelte höchste Qualitätsmaßstäbe.

WODKA

...eren. Der Name ist von »Zubr«, dem polnischen Wort für Wisent, abgeleitet. Die in Deutschland beliebteste Marke dieses Typs ist der polnische »Grasovka Bison Brand Vodka«.

PREMIUM-QUALITÄT AUS POLEN

Aber auch in Polen schätzt man die klaren und neutralen Erzeugnisse. Ein Wodka von bester Qualität ist der »Wiborowa«, dessen Maxime das sogenannte 3 x 3 Premiumprinzip ist: dreimal wird das ausgesuchte Getreide gereinigt, dreimal wird destilliert und ebenso oft anschließend filtriert. Konsequenterweise bedeutet das Wort »Wyborowa« auf deutsch »Auslese«.

Man findet auch Spezialitäten mit dem Aroma der Wacholderbeere, der Eberesche, mit Pfeffer oder mit Honig. Eine Besonderheit bildet der Roggenwodka »Starka«, dem eine fünfjährige Faßlagerung zuteil wird.

Einige Hersteller behaupten zwar, »echter Wodka« ließe sich nur in Rußland herstellen, doch auch die hochwertigen Erzeugnisse aus Skandinavien können sich jederzeit damit messen lassen. Sie finden an entsprechender Stelle Erwähnung.

BLOODY MARY, SCREW-DRIVER UND ANDERE

In direkter Konkurrenz zum Gin hat der Wodka als Grundlage für Cocktails und Long-Drinks seine Position in den letzten Jahren bedeutend ausbauen können. Im Gegensatz zu den in Osteuropa beliebten, aromatisierten Wodkas hat der im Westen bevorzugte, klare Schnaps keine spezifische Geschmacksnote.

Eine weitere, sehr vorteilhafte Eigenschaft des Wodkas ist die Tatsache, daß er keine unangenehme »Alkoholfahne« hinterläßt. Wodka verändert auch kaum den ursprünglichen Geschmack eines Getränks, sondern setzt lediglich einen interessanten Akzent, der sich mit fast allen Fruchtsäften, Limonaden und anderen Soft-Drinks bestens vereinbaren läßt. Deshalb besteht die einzige heimtückische Eigenschaft des Wodkas auch darin, daß man ihn kaum schmeckt und deshalb oft mehr davon trinkt, als man ursprünglich wollte. Nicht umsonst heißt einer der beliebtesten Fancy-Drinks »Screw Driver«, »Schraubenzieher«. Dabei handelt es sich um über Eis gegossenen Orangensaft mit Wodka im Verhältnis 1 : 3.

Weniger tückisch ist der weltbeste »Katerkiller«, die »Bloody Mary«. Hier sind sich die Gelehrten allerdings über deren genaue Zusammensetzung höchst uneinig. Deshalb nun drei »anerkannte« Rezepte:

Bloody Mary 1
4 cl Wodka
6 cl gekühlter Tomatensaft
3 Spritzer Worcestershire-Sauce,
Salz, Pfeffer, Tabasco nach Wunsch.
Die Zutaten in ein Glas geben und umrühren.

Bloody Mary 2
4 cl Wodka
5 cl gekühlter Tomatensaft
2 cl Zitronensaft
Salz, Pfeffer, Tabasco, Worcestershire-Sauce nach Wunsch.
Die Zutaten in einen Shaker geben und mixen.

Bloody Mary 3
3 cl Wodka
6 cl gekühlter Tomatensaft
1 cl Zitronensaft
Im Mixglas zubereiten und eine Prise Paprika auf den Drink geben.

Orzechóva
Eine dunkelbraune polnische Spezialität mit Nußaroma.

Pertsova
Dieser klare, leicht rötliche russische Wodka zeichnet sich durch ein pikantes Paprikaaroma aus.

Sibirskaya
Hochwertiger sibirischer Wodka, der ausschließlich aus bestem Wintergetreide gebrannt wird.

Soplica
Eine weitere polnische Wodka-Spezialität mit Apfelaroma.

Starka (Polen)
Eine besondere Form des versetzten Wodkas. Er erhält sein Aroma durch die Zugabe von Malagawein.

Starka (Rußland)
Die russische Variante des »Starka« wird mit Likörwein versetzt und zusätzlich mit den Blättern des Krimapfel- und Krimbirnbaumes aromatisiert.

Solichnaya
Interessanter russischer Wodka mit leichter Zuckerdosage. Es gibt ihn mit 40 % und 50 % Alkoholanteil. Er ist vor allem im österreichischen Handel zu finden.

Yubileynaja
Eigenwilliger russischer Wodka. Er ist mit Weindestillaten, Kräutern und Honig aromatisiert.

Zytnia Extra
In Polen und Rußland hergestellter Roggenwodka.

OSTEUROPA

Osteuropa

Alte Traditionen werden wiederbelebt

Im 19. Jahrhundert hatten die Staaten Osteuropas eine lebhafte Spirituosenkultur, die neben dem klaren und in vielerlei Varianten bekannten Wodka auch zahlreiche Liköre, Kräuterschnäpse sowie Obst- und Weinbrände kannte. Doch viele namhafte Firmen mußten ihre angestammte Heimat verlassen und im Ausland wieder von vorn beginnen.

MARKEN

Bernardynka
Ein in Polen aus feinen Kräutern hergestellter Likör.

Black Balsam
Intensiver russischer Kräuterbitter von hoher Qualität.

Borovicka
Ein in Osteuropa beliebter, hocharomatischer Wacholderschnaps, der von verschiedenen Herstellern erzeugt wird.

Cacao Choix
Sehr beliebter, dunkelbrauner polnischer Kakaolikör.

Grusniak
Aus grusinischen Weinen hergestellter Brandy. Die Lagerung im Holzfaß verleiht ihm seinen besonderen Charakter.

Jarschinowka
Dieser Fruchtaromalikör wird nach altböhmischem Rezept aus Ebereschen in Tschechien hergestellt.

Klare und qualitativ meist schlichte Schnäpse beherrschten in der darauffolgenden Periode das Spirituosenangebot in den bis vor wenigen Jahren noch »Ostblock« genannten Ländern. Sie erhellten sicherlich ein wenig den Alltag der Menschen, haben aber zugleich in den westlichen Ländern das Klischee von den minderwertigen aber hochprozentigen Spirituosen zwischen Oder und Ural geprägt.
Deshalb ist es an der Zeit, diesem Vorurteil einige

Das Original: der würzige Kräuterlikör »Karlsbader Becher« wird in dem berühmten böhmischen Kurort hergestellt.

Erzeugnisse entgegenzustellen, die sich durchaus auf internationalem Niveau messen lassen können. Nach wie vor gibt es in den GUS-Staaten und den übrigen Ländern des Ostens große Destillationsfabriken, in denen einfacher Schnaps gebrannt wird, doch auch traditionsreiche Firmen entdecken ihre alte Heimat wieder und produzieren nach traditionellen Rezepturen eine Vielfalt interessanter Spirituosen.

BEVORZUGT: AROMATISCHE LIKÖRE

Eine dieser Spezialitäten ist der in Lettland beheimatete Allasch. Er galt schon fast als vergessen, erfreut sich aber mittlerweile wieder wachsender Beachtung. Der Allasch ist ein überaus süßer Kümmellikör, der seinen eigenwilligen Geschmack durch Zugabe von Mandeln, Anis und anderen Aromastoffen erhält. Der Name leitet sich von einem bei Riga im Ort Allasch gelegenen Gut ab, denn dort wurde dieser Likör erstmal produziert. Mit dem Allasch verwandt ist der »Kontuczowka«, ein aus Polen stammender Kümmellikör mit starkem Lavendelaroma.
Ein weiterer, in ganz Osteuropa beliebter Schnaps ist der Borovicka. Mit dem Begriff bezeichnet man sowohl einen sehr geschmacksintensiven, wasserklaren Wacholderlikör als auch Gin-ähnliche, intensive Wacholder-Branntweine. Zur Aromatisierung von Spirituosen sind in Osteuropa auch

SPEZIALITÄTEN

Holunderbeeren, Ebereschen und Vogelbeeren sehr beliebt. Zu den bekannten Produkten dieser Gattung gehören »Jarschinowka«, »Jarzebiak« und »Jarzebinka«.

In Polen schätzt man auch die sogenannten Krupnikas. Das sind süße und mit Kräutern aromatisierte Honigliköre. In die Reihe individueller polnischer Kräuterliköre gehört auch der »Krambambuli«, ein aus Veilchenwurzeln, Pomeranzenschalen, Kamille, Pfeffer, Piment, Wacholderbeeren und Wermutkraut hergestelltes, dunkelrotes Elixier. In die Kategorie lieblicher Spirituosen, wie sie in Osteuropa oft zu finden sind, gehört auch der in Bulgarien populäre Rosen-Brandy. Dieser stark gesüßte Likör wird mit Rosenblättern aromatisiert. Natürlich werden auch Obst und Früchte zur Erzeugung von Likören verwendet. Erzeugnisse wie der aus Branntwein, Erdbeeren, Kirschen, Pflaumen und Wildbeeren hergestellte »Nalewka« oder der russische »Solotaja Ossenj« sind hierfür ein gutes Beispiel.

Der bekannteste Likör aus dem Osten Europas ist der Becherowka. Diese Kräuterspezialität wird von verschiedenen Firmen produziert, wobei das Original, der »Karlsbader Becher« aus der Becher Destillerie im böhmischen Karlsbad stammt. Der helle, feinbittere Kräuterlikör wird seit 1807 nach einem geheimen Familienrezept von Johann Becher hergestellt. Auch ein anderer Halbbitter wird seit einiger Zeit in Deutschland angeboten. Er heißt »Russischer Kräuter-Balsam« und zeichnet sich durch einen milden Geschmack aus.

BLUMIGE BRANDYS VOM SCHWARZEN MEER

Neben klaren Bränden und sehr individuellen Likören haben auch Brandys in Osteuropa ihren angestammten Platz. In Rußland sagt man, daß hier schon vor über 200 Jahren »conjac« gebrannt wurde. Fest steht, daß die erste industrielle Brennerei 1886 in Georgien ihre Arbeit aufnahm und daß nach der Revolution in allen weinbautreibenden Provinzen am Schwarzen Meer und im Kaukasus weitere Destillerien entstanden. Im Laufe der Jahrzehnte konnte sich der Weinbrand neben dem allseits präsenten Wodka durchaus behaupten.

»Russischer Kräuter-Balsam« ist ein hochwertiger Halbbitter, dessen Individualität man mittlerweile auch in Deutschland erkannt hat. Als besondere Geschmacksnuance sorgen Rosenöl, Enzian, Kalmus und Thymian für eine unverwechselbare Originalität.

Erst durch die »Abstinenzlergesetze« Gorbatschows kam es zu einem kleinen Einbruch, der jedoch nicht lange anhielt, so daß die Staaten im Osten Europas, hier leistet auch Bulgarien einen bedeutenden Beitrag, durchaus zur Spitzengruppe der Brandy-Erzeuger gehören.

Allerdings werden die blumigen Brände fast ausschließlich in seiner Heimat konsumiert. Normalerweise dauert die Faßlagerung drei Jahre, anschließend wird der ausgereifte Branntwein mit Zucker oder Karamel gefärbt und manchmal auch mit sogenannten »alkoholversetzten, aromatischen Wässern« angereichert.

Jarzebiak
Der Jarzebiak ist ein polnischer Likör, der sein Aroma aus Ebereschen, Holunderbeeren, Traubentrestern, Engelwurz und Schlehen erhält.

Karlsbader Becher Likör
Der »echte« Becherowka aus der Karlsbader Becher Destillerie wird seit über 180 Jahren nach einem alten Rezept hergestellt.

Kontuczowka
Polnische Likörspezialität auf Kümmelbasis mit starkem Lavendelaroma.

Krambambuli
Aus Veilchenwurzeln, Pomeranzenschalen und vielen anderen Aromaten hergestellter, polnischer Kräuterlikör.

Krupnik
Polnischer Honiglikör mit mildem Kräuteraroma.

Rosen-Brandy
Süßer, in Bulgarien sehr beliebter Likör mit dem Aroma von Rosenblättern.

Russischer Kräuter-Balsam
Dieser Halbbitter erhält sein unverwechselbares Aroma aus den Kräutern der russischen Steppen und Tundren. Rosenöl, Thymian, Kalmus und Enzian vervollständigen das Aroma. »Russischer Kräuter-Balsam« wird auch nach Deutschland exportiert.

Schumadinski Tschai
In Rußland und Polen bezeichnet man so einen Zwetschgen-Branntwein, der heiß und mit Zucker getrunken wird.

USA UND KANADA

Sowohl die Vereinigten Staaten als auch Kanada treten auf dem Spirituosen-Sektor vor allem wegen ihrer ausgezeichneten Whisky(e)s in Erscheinung. Darunter ist der Bourbon sicherlich der bekannteste, wobei aber auch Tennessee-Whiskeys wie »Jack Daniel's« nicht zu verachten sind. Darüber hinaus gibt es einige Liköre auf Whisky-Basis sowie eine nicht zu unterschätzende Weinbrand-Produktion. Selbst Apfelbrände Grappe, Wodka und Gin werden in den USA hergestellt.

USA

Bourbon & Co.

Charaktertyp durch Mais

Wir Europäer scheren oft die Whiskeys aus den USA mit dem Begriff »Bourbon« über einen Kamm. Dabei handelt es sich hierbei nur um einen von mehreren in den Vereinigten Staaten hergestellten Whiskey-Typ. Sein Name geht auf den Baptistenpfarrer Elias Craig zurück, der als erster einen Whiskey nach der Bourbon-Methode herstellte. Er wählte ihn wohl, so erzählt man sich, in Anlehnung an die gleichnamige Region in Kentucky, gleichzeitig aber auch aus Hochachtung vor dem französischen Königshaus.

Die Whiskey-Typen

Rye-Whiskey
Der Roggen-Whiskey muß mindestens zu 51% aus Roggen, ansonsten aus anderen Getreidesorten, Mais oder gemälzter Gerste bestehen. Er gilt als Vorläufer

aller amerikanischen Whiskeys. Der Alkoholgehalt des Destillats darf 80 % nicht überschreiten. Die Lagerzeit in neuen, innen ausgeflämmten Eichenholzfässern muß mindestens vier Jahre betragen.

Bourbon-Whiskey
Dieser klassische Whiskey-Typ muß mindestens zu 51 % aus Mais gebrannt werden. Auch für ihn ist eine Mindestlagerzeit von 3 Jahren in neuen, ausgeflämmten Eichenfässern vorgeschrieben. Die gesetzliche Definition für den Bourbon wurde erst 1964 eingeführt. Wie alle anderen Sorten auch kann Bourbon-Whiskey überall in den USA hergestellt werden.

Wie dem auch sei, die amerikanischen Spirituosen stehen in ihrer Entwicklung denen in Europa in nichts nach. Vor allem von den negativen Auswirkungen blieben die USA nicht verschont.

Dabei fing auch hier alles ganz harmlos an. Bekanntlich lebten die indianischen Ureinwohner ohne Alkohol, bevor man sie in die Reservate verbannte. Die ersten Siedler konnten sich den teuren Rum aus Neuengland auch nur sehr selten erlauben.

Nicht nur für's tägliche Brot

Mit der fortschreitenden Kultivierung des Landes jedoch reichte der Getreideertrag für mehr als nur das tägliche Brot aus. Nachdem zur gleichen Zeit irische und schottische Einwanderer ihre Kenntnisse der Alkoholdestillation mit in das »Land der unbegrenzten Möglichkeiten« gebracht hatten, dauerte es nicht mehr lange, und an vielen Orten entstanden kleine Brennereien. Sehr bald entdeckten die Menschen, daß der Alkohol das harte und entbehrungsreiche Leben im »Wilden Westen« ein wenig erträglicher machen konnte. Gleichzeitig produzierten skrupellose Geschäftemacher immer mehr minderwertigen Fusel, der bei den Menschen nicht nur zu Vergiftungserscheinungen führte, sondern auch Erblindung zur Folge haben konnte. Natürlich versuchte auch die amerikanische Regierung, mit hohen Steuern die Alkoholfreudigkeit der zumeist trinkfesten Siedler zu trüben. Man hatte jedoch nicht mit dem Widerstand der frommen Farmer gerechnet. Ihre Devise hatten sie der Bibel entnommen: »Gebt starkes Getränk denen, die elend sind, und Wein den betrübten Seelen!« Es wurden sogenannte »Verbindungskomitees« gegründet

»Wild Turkey« ist eine der beliebtesten Whiskey-Marken Amerikas.

BOURBON & CO.

KEIN WHISKEY AUS BOURBON-COUNTY

BOURBON

1. Bourbon-County: Hier befindet sich heute keine einzige Brennerei mehr.
2. Südliches Kentucky: Hier gibt es nach wie vor Whiskey-Destillerien.

»Old Grand-Dad« ist ein unverschnittener, also Straight-Bourbon-Whiskey, dessen Maische im sogenannten »Sour-Mash-Verfahren« vergoren wird.

Corn-Whiskey
Die Übersetzung des amerikanischen Wortes »Corn« ist »Mais« und darf deshalb nicht mit den schottischen »Corns« aus Getreide verwechselt werden. Zur Herstellung dieses Whiskeys muß mindestens 80 % Mais verwendet werden. Die Lagerung findet auch in schon einmal benutzten Fässern statt.

American-Light-Whiskey
Seit 1972 gibt es diesen, dem »Scotch« sehr ähnlichen Whiskey-Typ. Es handelt sich dabei um einen Verschnitt leichter Whiskeys ohne Neutralsprit-Anteil.

Straight-Whiskey
Diese Erzeugnisse stammen aus der Produktion einer bestimmten Brennerei und dürfen auch nicht aus verschiedenen Destillaten verschnitten werden.

Blended-Whiskey
Die amerikanischen Whiskey-Verschnitte dürfen mit 95 %igem Neutralsprit vermischt werden. Voraussetzung ist ein Straight-Whiskey-Anteil von 20 %.

und schnell verbreitete sich die neue Bewegung über das ganze Land. Gegen Ende des 18. Jahrhunderts fand sich so mancher von der Regierung ausgesandte Steuereinnehmer geteert und gefedert, oft sogar mit gebrochenen Knochen und dem Hohn der mutigen Landbevölkerung ausgesetzt, in einem Gebüsch wieder.

EINE ARMEE GEGEN DEN WHISKEY

Als Reaktion setzte die Regierung eine Armee von über 13 000 Soldaten und Grenadieren gegen die aufgebrachte Landbevölkerung ein. Der sogenannte »Whiskey-Krieg« entbrannte mit dem Erfolg, daß die Farmer von Pennsylvania nach Kentucky flüchteten, um hier ihre Brennkolben wieder aufzubauen. Erst im Jahre 1909 wurde erstmals ein Gesetz erlassen, das die wichtigsten Merkmale des amerikanischen Whiskeys verbindlich festlegte.

Vorher schon entstanden, parallel mit dem wachsenden Wohlstand und der damit verbundenen Kaufkraft einer neuen, etablierten Gesellschaftsschicht, gewerbliche Brennereien, in denen hochwertige Whiskeys erzeugt wurden.

Eine interessante Entwicklung ist auf die großen Entfernungen im Lande zurückzuführen. Rechtzeitig hatte man erkannt, daß es schwieriger war, Getreide über lange Strecken in die Brennereien zu transportieren, als den fertigen Whiskey hinterher den Kunden zu bringen. In Kentucky und Virginia brannte man Whiskey aus Mais, während Pennsylvania und Maryland die Heimat des Roggen-Whiskeys wurden. Doch besonders während dieser Zeit blühte die Schwarzbrennerei, »Moonshining« genannt, allerorten. Mit der Beliebtheit des Whiskeys wuchs zwangsläufig auch der Widerstand gegen den teuflischen Alkohol. Nach jahrelangen Debatten wurde am 16. Januar 1920 um Mitternacht eine folgenschwere Entscheidung verkündet. Die Prohibition trat in Kraft. Nun war der Illegalität Tür und Tor geöffnet. Unglaubliche Mengen von ausländischem Whisky erreichten auf dunklen Pfaden, vor allem über den Seeweg, die Vereinigten Staaten. Abermals setzte die Re-

CHARCOAL MELLOWING

Eine besondere Methode der Filterung ist das »Charcoal Mellowing«. In einem langwierigen Prozeß muß sich das frische Destillat den Weg durch eine hohe Holzkohleschicht bahnen.

Die dafür benötigte Holzkohle wird aus Zucker-Ahorn-Bäumen im Freien gebrannt.

165

USA

MARKEN

Evan Williams
Dieser über Holzkohle gefilterte Kentucky-Straight-Bourbon reift sechs Jahre in Eichenholzfässern.

I. W. Harper
Bekannter Straight-Bourbon-Whiskey. Neben dem 40 %igen Basisprodukt wird der »Harper de Luxe 12 Years Old« in einer ansprechenden Karaffe angeboten.

Jack Daniel's
Zentrum der ältesten registrierten Destillerie der USA ist eine Quelle mit frischem, eisenfreien Wasser. Besonderes Merkmal der Herstellung ist das aufwendige Holzkohle-Filterverfahren.

Jim Beam
Seit 1795 wird »Jim Beam« in Kentucky nach dem »Sour-Mash-Verfahren« destilliert. Es werden der 4 Jahre alte »Kentucky Straight Bourbon Whiskey« sowie der achtjährige »Jim Beam aged eight Years« angeboten.

Four Roses
Die zum Seagram-Imperium gehörende Four Roses Distilling Co. in Louisville produziert diesen Straight-Bourbon-Whiskey bereits seit über 100 Jahren.

Maker's Mark
»Maker's Mark« unterscheidet sich von anderen Bourbons dadurch, daß sein Mais-Anteil 70 % beträgt. Besonderes Kennzeichen sind die versiegelten Flaschen.

gierung ein riesiges Aufgebot an Menschen und Material gegen den illegalen Whiskeyhandel ein, ohne jedoch den Nachschub sowie den Durst der Amerikaner stoppen zu können. Erst nachdem das Alkoholverbot im Jahre 1933 aufgehoben wurde, bot sich auch für die Hersteller eine wirklich gesunde wirtschaftliche Basis.

ZUERST GAB ES DEN »RYE«

Als Stammvater aller amerikanischen Whiskeys gilt der »Rye«, ein aus Roggen gebranntes Destillat, das leider heute im Handel fast keine Rolle mehr spielt, obwohl es mit seinem ausgeprägten Charakter als besondere Spezialität gilt.

Bekannt und stets präsent hingegen ist der klassische Bourbon, dessen Name erst seit 1964 gesetzlich geschützt und damit auch definiert ist. Im eigentlichen »Bourbon

Besonderes Kennzeichen von »Maker's Mark«: die handversiegelten Flaschen.

WHISKEYGENUSS AUF AMERIKANISCHE ART

Mint Julep
Es herrscht eine ständige Diskussion das richtige Rezept. Hier eine klassi Version:

4 Pfefferminz-Zweige, 1 TL Zucker
1/2 Tasse Soda, 8 cl Bourbon
Von den Zweigen 12 Blätter entfernen in einem Barglas mit dem Zucker ve schen. Whiskey und Soda dazugeben verrühren, bis der Zucker sich aufgelöst In ein vorgekühltes Glas mit zerstoße Eis geben und vorsichtig umrühren.

Bourbon & Co.

Kein typischer Bourbon, sondern ein echter »Tennessee-Whiskey« ist der seit Jahren auch in Deutschland sehr beliebte »Jack Daniel's«. Mr. Jack Daniel gründete seine Brennerei im Jahre 1866.

n Amerika geht man mit dem 'hiskey sehr nkompliziert n. Normalerweise trinkt man ihn »on the Rocks«

amerikanischen skeys, besonders Bourbon, werden ür Mix-Drinks und ktails verwendet. allem in den Südstaaten sind bei warn Wetter »Mint-Juleps« eine beliebte zialität.

man sich entschieden, den Whiskey r« zu trinken, so ist die immerwähren- Eis-Frage« zu klären. Grundsätzlich n die Amerikaner dieses Thema locker trinken ihren Bourbon meistens »on the s«.

will, kann seinen Whiskey aber auch kühlem Wasser verdünnen und das sich entfaltende Aroma dieser amerikani- n Spezialität in aller Ruhe genießen.

County«, einer Region des Bundesstaates Kentucky, gibt es heute bedauernswerterweise keine Brennereien mehr. Rund um diese Gegend jedoch finden sich namhafte Destillerien, die im Laufe der Zeit auch ihren eigenen Stil gefunden haben.

Zwei verschiedene Verfahren

Die Herstellung des Bourbon läßt zwei verschiedene Verfahren zu. In jedem Fall wird das Getreide zuerst gemahlen und anschließend mit Wasser verkocht. Nach einer Abkühlphase bis auf 60°C wird gemälztes Getreide hinzugegeben. Dies setzt die Umwandlung von Stärke in Zucker in Gang. Die Vergärung läßt nun entweder die »Sour-Mash-Methode« oder die »Sweet-Mash-Methode« zu. Zur Durchführung der ersteren wird der Maische ein Teil des hefehaltigen Rückstandes einer vorhergehenden Destillation zugesetzt. Hierdurch wird dem Whiskey der markentypische Charakter übertragen.

Bei der zweiten Variante fügt man neue Hefen hinzu und erhält einen eigenständigen Brand. Nun folgt die Destillation im Patent-Still-Verfahren. Die Fässer für die Lagerung befinden sich in sogenannten »Rackhouses«. Mit frischem Quellwasser werden die teilweise recht hochprozentigen Destillate auf Trinkstärke herabgesetzt. Anders als in Schottland darf zur Farbkorrektur in den USA kein Karamel verwendet werden.

Ein Whiskey besonderer Art kommt aus Tennessee. Im kleinen Städtchen Lynchburg wird der weltbekannte »Jack Daniel's« hergestellt. Er unterscheidet sich vom Bourbon vor allem durch die Filtermethode. Bereits vor der Faßlagerung, und nicht erst vor der Flaschenabfüllung, durchläuft das edle Destillat eine drei Meter dicke Schicht aus Ahorn-Holzkohle. Hierbei nimmt der Whiskey einen leichten Holzkohlegeschmack an, verliert aber auch etwas an eigenem Aroma. Das Ergebnis dieses bis zu 10 Tagen dauernden Verfahrens ist der sehr individuelle und auch in Deutschland sehr beliebte »Tennessee-Whiskey«.

Old Crow
Dr. James Crow war Apotheker und lebte in Edinburgh, bis er nach Kentucky auswanderte und 1835 eine Destillerie eröffnete. Seine große Tat war die Erfindung des »Sour-Mash-Verfahrens«.

Old Forester
Traditioneller Straight-Bourbon-Whiskey aus Louisville/Kentucky. Unübersehbares Erkennungszeichen ist das in Handschrift ausgeführte Flaschenetikett.

Old Fitzgerald
Traditioneller Bourbon aus Louisville. Er stammt aus der Stitzel & Weller Distillerie, einer Brennerei, die verschiedene Marken von gutem Ruf im Sortiment hat.

Old Grand-Dad
Die Geschichte des »Old Grand-Dad« beginnt im Jahre 1776, als Basil Hayden seinen ersten Bourbon-Whiskey brannte. Jahrzehnte später ehrte sein Enkel ihn, indem er einen Whiskey »Old Grand-Dad« nannte.

Seagram's 7 Crown
Dieser »Blend« wurde 1934 erstmals angeboten. Er gilt heute in der Verkaufsstatistik als Nr. 1 in Amerika.

Wild Turkey
In den 30er Jahren ursprünglich als Privatbrand für eine Jagdgesellschaft hergestellt, gab die entsprechende Nachfrage den Ausschlag dafür, diesen Whiskey auch in den Handel zu bringen.

KANADA

Kanadischer Whisky

In Europa oft unterschätzt

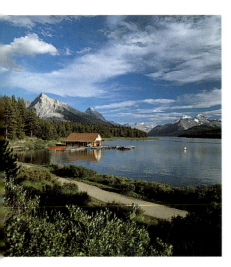

Die amerikanische Prohibition, und damit verbunden die Verlagerung der Brennereien, hat entscheidend zum bedeutenden Stellenwert der kanadischen Whisky-Produktion beigetragen.

Neben den großen Whisk(e)y-Nationen Schottland und USA nimmt sich Kanada auf den ersten Blick ein wenig bedeutungslos aus. Um dieses Vorurteil aus dem Weg zu räumen, muß man zuerst einige historische Begebenheiten betrachten. Auch im Kanada des 17. Jahrhunderts machten die Whiskybrenner ihre frühen Brennversuche mit der Destillation von Roggen. Vor allem die Schotten unter ihnen erkannten darin eine gute Einnahmequelle, bot dieses gehaltvolle Getränk doch ein wenig Wärme in dem kalten und unwirtlichen Klima Kanadas.

MARKEN

Black Velvet
Dieser bekannte kanadische Blended-Whisky zeichnet sich durch einen sehr weichen Geschmack aus. Dem Mais wird in einem besonderen Verfahren gebranntes Roggendestillat zugefügt. Die »Canadian-Whisky-Company« in Toronto läßt den »Black Velvet« fünf Jahre reifen, bevor sie ihn in numerierte Flaschen abfüllt.

Canadian Club
Dieses weltbekannte Produkt von »Hiram Walker« wurde 1858 erstmals auf den Markt gebracht. Heute kann man diesem hochprozentigen Botschafter Kanadas in 140 Ländern der Welt begegnen. In einer formschönen Karaffe wird die Premium-Qualität »Classic«, ein zwölf Jahre gelagerter Whisky, angeboten.

Lange Zeit spielte aber die Whiskyerzeugung im Norden des amerikanischen Kontinents keine bedeutende Rolle und stand im Schatten der Entwicklungen in den Vereinigten Staaten.

Dies änderte sich erst nach 1858, als ein gewisser Hiram Walker, selbst aus den USA nach Kanada eingewandert, in Ontario eine Brennerei für Rye-Whisky eröffnete. Von Anfang an setzte er auf den Erfolg seines Namens. So war er der erste Hersteller, der seine Fässer mit einem eingebrannten Firmennamen versah. Auch auf Steinkrügen und Flaschen konnte man bald den »Markennamen«, ein zur damaligen Zeit völlig neues Werbemittel, entdecken. Vor allem in Clubs, Restaurants und Hotels lernte man die zuverlässige Qualität der Walker'schen Brennerei zu schätzen. Aus diesem Grund gab er seinem beliebten Whisky bald den Beinamen »Club«.

CANADIAN WHISKY FÜR DIE USA

In den 80er Jahren des vorigen Jahrhunderts begann Hiram Walker damit, auch seine ehemalige Heimat USA zu beliefern. Schnell verzeichnete der kanadische Whisky auch dort einen solch unglaublichen Erfolg, daß die etablierten Whiskeyhersteller verlangten, man müsse das aus dem Norden importierte Destillat als »Canadian« deklarieren. Auf solch unfreiwillige Weise wurde der »Canadian Club« geboren.

Mit der Zeit vergrößerte Walker seine Brennereien und erfreute sich eines guten Rufs als in den USA die Prohibition erklärt wurde. Damit war die Stunde des kanadischen

»Black Velvet« ist ein besonders weicher Whisky, der fünf Jahre im Holzfaß reift und anschließend in numerierten Flaschen abgefüllt wird.

Kanadischer Whisky

Whiskys gekommen. In kürzester Zeit verhundertfachte sich die Produktion entlang der großen Seen und des Ontario-Rivers. Bereits 1920 hatte der Geschäftsmann Samuel Bronfman eine kleine Destillerie in Ontario mit dem Namen »Seagram« gekauft. Ständig verbesserte er seine Produkte und verstand es, auch in den USA Brennereien aufzukaufen sowie Rechte an schottischen Marken zu erwerben. Ganz nebenbei hortete er große Whiskybestände in der Hoffnung auf das Ende der Prohibition.
Als sich 1933 der Markt wieder normalisierte, war »Seagram« bereits eine angesehene Marke. Inzwischen gehören Hiram Walker und Seagram zu den größten Spirituosen- und Getränke-Konzernen der Welt.

Fast ein schottischer Charakter

Der kanadische Whisky steht auch heute noch seinen schottischen Verwandten näher als den US-amerikanischen Nachbarn. Seine Charaktermerkmale sind Leichtigkeit, ein spürbarer Roggengeschmack, aber etwas weniger Aroma als ein »Scotch«. Zur Destillation werden Roggen, Weizen, Gerste und Mais verwendet. In einem speziellen, dem Patent-Brennapparat ähnlichen Säulenbrennkolben, dem sogenannten »Beer-Still«, wird ein hochprozentiges, sauberes und nicht sehr geschmacksintensives Destillat erzeugt.

Nun folgt die Arbeit des Blendmeisters, denn alle kanadischen Whiskys sind Verschnitte. Seine Aufgabe besteht vor allem darin, jedesmal aufs neue den markenspezifischen Geschmack zu finden. Nun schließt sich eine mindestens dreijährige Faßlagerung an, die entweder in von innen gerußten oder auch in neuen Fässern stattfinden kann. Oft werden vor der Abfüllung in Flaschen geringe Anteile »Rye-Whisky« zugefügt, um ihm seine typische Note zu verleihen.

Canadian Whisky – Ideal für Cocktails

Gerade seine Leichtigkeit macht den kanadischen Whisky unverzichtbar für die Zubereitung vieler Cocktails und Longdrinks. Der berühmteste unter ihnen ist der »Manhattan-Cocktail«.

Eine besondere Variante ist auch der »Maple-Leaf-Cocktail«, ein kanadischer Whisky auf Eis mit Ahornsirup.

Der klassische Manhattan

Ein normaler »Manhattan« wird aus 4 cl Canadian Whisky, 2 cl Vermouth und 2 Spritzern Angostura gemischt. Danach serviert man ihn in einem gekühlten Glas mit Cocktail-Kirsche.
Für den »Manhattan Dry« nimmt man französischen Vermouth und garniert ihn mit einer Limonenschale; der »Perfect« wird aus gleichen Teilen italienischen und französischen Vermouths gemixt.

Leichtigkeit, Eleganz und ein vorherrschender Roggengeschmack kennzeichnen den kanadischen Whisky. Aus diesem Grunde sagt man ihm auch nach, er sei der »sauberste« aller Whisky-Typen. Auch in Deutschland wächst seine Beliebtheit ständig.

Canadian Mist
Dieser Whisky ist erst wenige Jahre auf dem Markt. Er wird in Collingwood/Ontario destilliert und anschließend drei Jahre im Eichenfaß gelagert. Die Flaschenabfüllung findet in den USA statt.

Seagram's Crown Royal
Im Jahr 1939 besuchten König George VI. und Königin Elisabeth von England zum ersten Male Kanada. Dem Anlaß entsprechend präsentierte das Haus Seagram den »Crown Royal«. Er besteht aus über 100 aufeinander abgestimmten Blends, von denen keiner jünger als 10 Jahre ist.

Seagram's 7 Crown
1934 stellte Seagram diesen »Blend« zusammen mit dem »5 Crown« vor. Schnell erfreuten sich beide Erzeugnisse einer regen Nachfrage. Nach dem Zweiten Weltkrieg wurde jedoch nur noch der »7 Crown« produziert und ist heute eine der meistverkauften Marken in den USA.

USA und Kanada

Neben den klassischen, international verbreiteten Spirituosen kennen die Amerikaner nur sehr wenige eigene Schnäpse. Typisch, vor allem in den Südstaaten, sind fruchtige und kühle Long-Drinks.

Schmelztiegel vieler Kulturen

Das Land der unbegrenzten Möglichkeiten ist ein Schmelztiegel unterschiedlichster Nationalitäten. Entsprechend vielfältig haben sich im Laufe der Generationen die Kulturen entwickeln können. Deshalb ist es auch kein Wunder, daß die Menschen unter anderem ihre traditionellen, an die Heimat erinnernden Spirituosen mit in die Neue Welt brachten.

Trotz der öffentlichen Vorbehalte gegen den Konsum alkoholischer Getränke sind Spirituosen in den USA stets präsent. Ursprünglich waren es die aus aller Herren Länder stammenden Einwanderer, die vor allem die klassischen Drinks auch in der Neuen Welt heimisch gemacht haben. So gehören Whiskey, Wodka, Gin, Tequila und Grappa zu den bevorzugten Schnäpsen der Amerikaner. Dabei haben sich die kulturellen Grenzen im Laufe der Jahrzehnte stark vermischt, so daß die Destillate der mexikanischen Agave nicht nur von den lateinamerikanischen Einwanderern geschätzt werden. Auch Grappa gehört inzwischen in jede gut sortierte amerikanische Bar. Whiskey und Wodka wurden ohnehin in einem Maße eingebürgert, daß viele Amerikaner glauben, hierbei handele es sich um eine Erfindung aus der Neuen Welt. Gleiches gilt auch für den Gin, der in den Vereinigten Staaten und Kanada von großen und kleinen Herstellern erzeugt wird. Diese Marken sind allerdings international kaum bekannt.

IST SMIRNOFF EIN AMERIKANER?

Anders schaut es hingegen mit der Wodka Produktion aus. Zwar gibt es auch hier viele meist nur auf dem amerikanischen Kontinent verbreitete Marken, doch der ursprünglich aus Rußland stammende und nach einer abenteuerlichen Odyssee über Paris nach Hartford in Connecticut gelangte »Smirnoff« gehört heute zum Spirituosenkonzern Heublein und darf wohl mit Fug und Recht als amerikanische Spirituose bezeichnet werden.

Eine auch nur innerhalb der USA bedeutsame Rolle spielen die qualitativ sehr guten Brandys, die zumeist aus dem kalifornischen

DIE AMERIKANISCHE BAR

Die Bars in den USA verkörpern wohl den höchsten Standard, den das Barwesen seinen Gästen zu bieten hat, obwohl das Land paradoxerweise auch die komplizierteste Gesetzgebung in diesem Bereich aufweist. Die Fähigkeiten der amerikanischen und kanadischen Barkeeper faszinieren den europäischen Besucher immer wieder, kennt er solch kompetente Mix-Künstler doch höchstens aus dem Grand-Hotel. Eine Stätte für geselliges Trinken, entsprechend dem englischen Pub, der deutschen Kneipe oder der südamerikanischen Cantina, kennt man in den Vereinigten Staaten nicht. Doch während man dort, zumindest in einigen Staaten, dem Alkoholausschank, kontrolliert durch ein staatliches Monopol, einigermaßen aufgeschlossen gegenübersteht, werden die Gäste in den Bars mancher kanadischer Provinzen betont unaufmerksam bedient.

SPEZIALITÄTEN

»Smirnoff« gilt bei vielen US-Bürgern als amerikanische Erfindung.

San Joaquin Valley stammen und aus der ertragreichen Thompson-Seedless-Traube gebrannt werden. Die Destillate werden in alten Bourbon-Fässern gelagert und präsentieren sich anschließend als vollmundige Brandys, auf die man auch gerne als Grundlage für Mix-Drinks zurückgreift.

SOUTHERN COMFORT UND ANDERE

Die Vielfalt amerikanischer Liköre darf nicht unterschätzt werden, auch wenn uns Europäern in den meisten Fällen nur eine Marke bekannt ist. Hierbei handelt es sich um den bereits im Jahre 1860 erstmals produzierten »Southern Comfort«. Es ist zweifellos die älteste Likörmarke der USA. Das Rezept geht auf einen jungen Barkeeper zurück, der damals in die Südstaaten kam und von dem seinerzeit frisch vom Faß gezapften Whiskey wenig überzeugt war. So erdachte er eine Rezeptur für ein mildes alkoholisches Getränk, das er »Southern Comfort« nannte und das später als »Grand Old Drink of the South« zu Weltruhm gelangen sollte.

Verbreitet sind aber auch noch andere Liköre, beispielsweise »Forbidden Fruit«, ein auf Basis von Orangen, Mandarinen, Pampelmusen und Zitronen hergestellter Drink mit hohem Alkoholgehalt. Weitere Spezialitäten sind der aus Bourbon-Whiskey und Honig hergestellte »Wild Turkey Liqueur« sowie »Crème de Yvette«, ein grell-violetter Aromalikör nach französischem Vorbild.

Der »Grand Old Drink of the South« regt immer noch die Fantasie vieler Barkeeper in aller Welt an und bildet die Grundlage neuer, junger Drinks.

MARKEN

Chocolate Mint
Von Hiram Walker in Kanada hergestellter Schokoladen-Minz-Likör.

Gallo
Meistverkaufter Brandy der USA. Sein Erfolg basiert auf einer gelungenen Marketingstrategie.

Forbidden Fruit
Sehr eigenwilliger Zitrus-Fruchtlikör mit hohem Alkoholgehalt und stark süßlich-bitterem Geschmack.

Rock & Rye
Ein mit Kandiszucker und Zitrone versetzter Roggenwhiskey. Oft befinden sich auch noch Fruchtfleisch-Stücke und Schalen in der Flasche.

Rieder Maple Liqueur
Aus Ahornsirup und Weintrauben hergestellte, kanadische Spezialität.

Southern Comfort
Der weltweit bekannteste und zugleich älteste amerikanische Markenlikör. Seine Basis sind Whiskey sowie frische Früchte und Kräuter.

Smirnoff
Der in den USA unter dem Namen der traditionsreichen russischen Familie hergestellte Wodka gehört zu den bedeutendsten Spirituosenmarken der Welt.

Wild Turkey Liqueur
Ein auf Basis von Bourbon-Whiskey hergestellter Honiglikör der Firma Austin Nichols Destilling.

KARIBIK, SÜD- UND MITTELAMERIKA

Die stets sonnigen Inseln der Karibik, aber auch die Staaten Süd- und Mittelamerikas haben uns Europäern vor allem den Rum beschert. Wir können das meist hochprozentige Zuckerrohrdestillat in den verschiedensten Variationen kaufen. Aber auch der aus Mexiko stammende Tequila hat seine Position in den letzten Jahren ausbauen können. Ebenfalls stark im Kommen ist der Pisco, ein aus den südamerikanischen Weinbauregionen stammender Weinbrand. Schließlich erfreuen wir uns auch an den köstlichen Kokos-, Kaffee-, Kakao- und anderen exotischen Likören, die man in diesen Ländern kennt.

KARIBIK

Rum

Botschafter karibischer Träume

Die Werbung läßt uns glauben, Rum sei das typische Getränk der Karibik. An weißen Stränden genießen sonnengebräunte Menschen unter schattigen Palmen eisgekühlte Rum-Drinks. Bevor der gute alte Rum aber in dieser vom Zeitgeist geprägten Freizeitwelt akzeptiert wurde, mußte er eine über 300jährige Odyssee, geprägt von den Interessen der Alten und der Neuen Welt, hinter sich bringen.

RUM-TYPEN

Original-Rum
»Original-Rum« ist ein hochwertiges und sehr teures Spirituosenerzeugnis. Die Bezeichnung »Original« besagt, daß es sich um einen im Herstellungsgebiet erzeugten und dort auch in Flaschen gefüllten Rum handelt. Er hat einen Alkoholgehalt zwischen 70 und 80 %.

Echter Rum
»Echter Rum« ist ein auf Trinkstärke herabgesetzter »Original Rum«. Sein Alkoholgehalt beträgt zwischen 38 und 54 %.

Rum Verschnitt
Der größte Teil des »Original Rums« wird mit Alkohol anderer Art zu Rum-Verschnitt verarbeitet. Mindestens fünf Prozent des trinkfertigen Rum-Verschnitts müssen allerdings aus »Original-Rum« bestehen. Der Mindestalkoholgehalt dieses Produkts beträgt 37,5 %.

Angefangen hat alles mit dem Zuckerrohr, eine der ältesten Kulturpflanzen der Erde. Man nimmt heute an, daß sie sich von Neu-Guinea aus schon vor unserer Zeitrechnung in ganz Asien verbreitet hatte.

VON INDIEN ZUM MITTELMEER

Alexander der Große jedenfalls entdeckte die Qualitäten dieser süßen Pflanze als Alternative zum Honig und brachte sie von einer Indienreise mit in die Heimat. Schon nach wenigen Jahren konnte das süße Rohr auch im Mittelmeerraum kultiviert werden. An diesem Zustand änderte sich über ein Jahrtausend kaum etwas. Zwar hatte man zwischenzeitlich entdeckt, daß sich durch Gärung aus dem Zuckerrohr auch alkoholische Getränke herstellen lassen, doch in erster Linie schätzte man den daraus erzeugten und nun erschwinglich gewordenen Süßstoff.

»Bacardi-Rum« ist heute Inbegriff des modernen Rums und zugleich die mit Abstand meistgetrunkene Spirituose der Welt. Zugleich ist er die Basis für unzählige beliebte Mix-Drinks.

- ~~7 Maraschino~~
- ~~Marc de Ch~~
- ~~3 Marsala~~
- ~~1 Remy~~
- ~~2 RA Wein~~
- 4 Rum
- 6 Scotch
- 4 Sherry
- 11 Sou. Con
- 0 Vermouth
- 8 Weinbrand
- ~~9 White RA~~

3,88 / 10 3 / 56 / 70 Wdk

GEROLSTEINER
NATÜRLICHES MINERALWASSER

~~Vermouth~~

Pa

~~119~~ ~~114~~
102   ~~166~~
~~121~~ 23/24
~~85~~   ~~166~~
~~65~~   ~~251/109r~~
~~57~~   ~~127~~
~~45~~
       168
       ~~14~~
       ~~15~~ ~~82~~

RUM

KARIBISCHE VIELFALT

GROSSE UND KLEINE ANTILLEN

1. Kuba
Kuba ist die größte Antilleninsel. Hier wird hauptsächlich leichter Rum hergestellt. Die Produkte haben in der westlichen Welt heute kaum eine Bedeutung. Ursprünglich stand hier das Stammhaus von Bacardi. Eine Marke wird heute allerdings wieder nach Deutschland exportiert.

2. Jamaika
Traditionell werden auf Jamaika schwere Rumsorten hergestellt. Aufgrund der Nachfrage gibt es heute auch leichtere Marken. Von hier kommt der sogenannte »German-Flavoured Rum«, den man hierzulande als »Jamaika-Rum-Verschnitt« kennt.

3. Haiti
In Haiti wird ein reicher voller Rum zubereitet. Die anspruchsvollen Sorten werden zweifach destilliert und zeichnen sich durch einen individuellen Charakter aus.

4. Puerto Rico
Puerto Rico ist einer der Haupterzeuger von Rum. Aufgrund der Zollregelungen geht der größte Teil des hier erzeugten Rums in die USA. Vor allem weiße leichte Destillate werden im kontinuierlichen Verfahren hergestellt. Heute befindet sich hier der Firmensitz von Bacardi.

5. Virgin Islands
Die beiden ehemals dänischen Jungferninseln St. Cruz und St. Thomas wurden 1917 von den USA erworben und beliefern heute ausschließlich den amerikanischen Markt.

6. Guadeloupe und Martinique
Die zu Frankreich gehörenden Inseln werden zollpolitisch als Teil der EG betrachtet. Hier erzeugt man einen besonders feinen und aromareichen Rum. Auf Martinique werden einige der besten Rums überhaupt destilliert.

7. Barbados
Barbados, die östlichste der Westindischen Inseln, hat die älteste Rum-Tradition. Die Brennereien stellen sowohl nach dem Pot-Still- als auch nach dem kontinuierlichen Verfahren sehr gute Qualitäten her.

8. Trinidad
Diese Insel liegt vor Venezuela und wurde von Columbus entdeckt, der ihr aufgrund von drei sichtbaren Bergspitzen diesen Namen gab. Die Rumsorten sind sehr leicht und ähneln denen von Barbados.

9. Venezuela
Die hiesigen Rums sind weich und aromatisch. Sie haben eine klare goldene Farbe und werden in verschiedenen Qualitäten auch in Deutschland verkauft.

10. Guyana
Die einstige britische Kolonie produziert heute in Georgetown, an der Mündung des Demerara gelegen, einen nach diesem Fluß benannten Rum, den man auch unter dem Namen »Navy-Rum« kennt.

Nachdem Christoph Columbus seine denkwürdige Entdeckung gemacht hatte, und daraufhin die alten Europäer die karibische Welt als lohnendes Ziel für ihre Expansionspläne entdeckten, dauerte es nur noch zwei Jahre, bis auch die ersten Zuckerrohrpflanzen auf der Insel Hispaniola eintrafen. Aufgrund der geradezu idealen Wachstumsbedingungen verbreitete sich die Zuckerpflanze hier sehr schnell. Auch heute noch sind die karibischen Inseln und das südamerikanische Festland sowie die Länder Mittelamerikas neben einigen Regionen Asiens Hauptanbaugebiete für das Zuckerrohr. Wer letztendlich als erster Rum gebrannt hat, dar-

Rum eignet sich nicht nur für einen wärmenden Grog, sondern ist auch eine bewährte Basis für sommerliche Drinks.

KARIBIK

MARKEN

Appleton
Die älteste Brennerei Jamaikas betreibt in Kingston eine hochmoderne Produktionsanlage. Zum Sortiment gehören der leichte »Special«, der dunkle reife »Dark« sowie ein weißer und ein 12jähriger Rum.

Bacardi
Das ursprünglich schon 1862 in Santiago de Cuba gegründete Haus hat seinen Sitz seit 1960 in Puerto Rico. Die Standardmarke ist der leichte »Carta Blanca«. Von höchster Qualität sind der »Premium Black« sowie der lange im Eichenfaß gelagerte »Gold Reserve«.

Captain Morgan
Der »Captain Morgan Jamaika Rum« wird in Deutschland unter anderem als »Original Rum« mit einem Alkoholgehalt von 73 % angeboten. Daneben gibt es den ebenfalls sehr aromatischen »Echten« mit 42 % Vol.

Cockspur
Bekannter Rum aus Barbados. Das Sortiment umfaßt verschiedene Qualitäten, die alle mit dem Firmenemblem, einem bunten Hahn, versehen sind.

Havana Club
Kuba galt einmal als bedeutender Rum-Lieferant. Heute ist auf dem deutschen Markt lediglich die Traditionsmarke »Havana-Club« vertreten.

über gehen die Meinungen auseinander. Es scheint heute gesichert, daß holländische Kolonisten, die 1655 aus Brasilien vertrieben wurden und sich auf den Westindischen Inseln niederließen, mit der Destillationskunst vertraut waren und ein alkoholisches Getränk auf Zuckerrohrbasis, das man »Tafia« nannten, herstellten.

UNGEKLÄRTER URSPRUNG

Woher schließlich das Wort »Rum« stammt, bleibt ebenfalls ungeklärt. Einige Quellen weisen auf einen Erlaß des Gouverneurs von Jamaika vom 2. Juli 1661 hin. Hier findet man das Wort »Rumbellium«, ein damals geläufiger Ausdruck der englischen Umgangssprache für Unruhe oder Aufruhr. Eine andere Theorie hält das aus dem Sanscrit stammende »Roma«, es bedeutet Wasser, für den Ursprung des Wortes Rum. Die dritte Variante verweist auf den botanischen Na-

men des Zuckerrohrs – er lautet »Saccharum Officianarum«. Im Laufe der Jahrhunderte haben sich unterschiedliche Brennmethoden und Herstellungsverfahren durchsetzen können. Nicht zuletzt waren es Franzosen, Engländer, Holländer oder auch Dänen, die in ihren Kolonien Rum destillierten und dabei die jeweiligen Erfahrungen aus der Schnapsproduktion ihrer Heimat

Begriffsbestimmung des Rums (Begr.Best.Art. 16)

»Rum ist ein Branntwein, der durch Vergären und Destillieren von Zuckerrohrsaft, -melasse, -sirup oder anderen bei der Rohrzuckerherstellung anfallenden Stoffen gewonnen wird und durch den im Ursprungsland üblichen Herstellungsvorgang diejenigen charakteristischen Eigenschaften erhalten hat, die beteiligte Verkehrskreise von einem Rum erwarten.«

einbrachten. Eines haben jedoch alle Sorten gemeinsam: den Rohstoff Zucker. Dementsprechend sieht auch die Begriffsbestimmung nach dem deutschen Lebensmittelgesetz eine sehr weit gegriffene Definition des Rums vor.

SKIMMINGS UND DUNDER

Am Anfang des Produktionsverfahrens steht das Maischen. Die Maische besteht im wesentlichen aus Zuckerrohrmelasse, einem sirupartigen, braunen Nebenprodukt der Zuckerherstellung. Ihr mischt man »Skimmings«, einen Schaum, der bei der Verkochung des Zuckerrohrs entsteht, und »Dunder«, einen alkoholfreien Rückstand aus früheren Brennvorgängen, bei. Zusätzlich wird auch noch Hefe zugegeben. Die Maische wird nun je nach Rumtyp mit aro-

RUM

Die weit gefaßte Begriffsbestimmung für Rum läßt Raum für die unterschiedlichen Typen. In dem renommierten »Captain Morgan« aus Jamaika und dem »British Navy Pusser's Rum« lebt die vergangene Seefahrer-Romantik des 17. Jahrhunderts weiter.

[...]matischen Dosagen gewürzt. Hierfür sind Rosinen, Vanille, Zimtäpfel oder Botaya-Akazien sehr beliebt. Nachdem die Maische vergoren ist, folgt der Destillationsvorgang. Auf den Inseln mit britischer Tradition wird vor allem das Pot-Still-Verfahren angewandt, während man in den französisch beeinflußten Regionen den Alambic-Brennkolben einsetzt. Die heute so beliebten leichten Rumsorten allerdings werden in modernen Anlagen mit kontinuierlich arbeitenden Brennkolonnen erzeugt. So lassen sich die unerwünschten Begleitstoffe exakt abtrennen, damit ein sehr reines Destillat mit 85 bis 95 % Vol. erzeugt werden kann. Eine besondere Bedeutung kommt der anschließenden Lagerung zu. Ursprünglich füllte man den Rum in alte ausgebrannte Eichenholzfässer, die ihm seinen unverkennbaren Holzgeschmack und auch die dunkle Färbung verliehen. Reicht der gewünschte Farbton nicht aus, so darf mit Karamel nachgeholfen werden. In den letzten Jahren ist man allerdings immer häufiger dazu übergegangen, das Destillat in modernen Stahltanks zu lagern. So erhält man den leichten und immer stärker verbreiteten weißen Rum. Normalerweise dauert die Zeit der Reife drei bis sechs Monate. Allerdings gibt es auch Spezialitäten, die wesentlich länger gelagert werden. Man unterscheidet zwischen drei Rum-Typen, die in dem Kasten auf Seite 174 erläutert werden.

Heute gibt es wieder einen international vertretenen Rum, der auf Kuba hergestellt wird. Der »Havana Club« basiert auf der über 400jährigen kubanischen Rum-Tradition. Alle drei Qualitäten werden unterschiedlich lange in Eichenholzfässern gelagert.

Lemon Hart
Einer der bekanntesten Jamaika-Rums ist die Marke »Lemon Hart«. Spitzenprodukt ist der »Golden Jamaika Rum«, eine Originalabfüllung mit 73 % Vol.

Mount Gay
Die Tradition dieser ältesten Destillerie auf Barbados reicht bis in das 17. Jahrhundert zurück. Die Brennerei kann auf frisches Wasser aus einer eigenen Quelle zurückgreifen. Seit einigen Jahren kann man die hochwertigen Erzeugnisse, unter anderem den »Eclipse«, auch in Deutschland kaufen.

Old Oak
Dieser Rum stammt aus Trinidad. Hier steht eine hochmoderne Brennerei, die auch durch die Herstellung des »Angostura Bitter« weltbekannt ist.

KARIBISCHER RUM AUS FLENSBURG

Bei dem in Deutschland konsumierten Rum handelt es sich zum weitaus größten Teil um Rum-Verschnitt. Dieser wird aus Original-Erzeugnissen, vor allem von den Marktführern Hansen/Dethleffsen und Pott hergestellt. Beide Unternehmen sind zwar in Flensburg zuhause, betreiben aber auch in der Karibik eigene Destillerien, nicht zuletzt, um das Marktsegment des »Original-Rum« abdecken zu können.

Das 1848 von Hans-Hinrich Pott gegründete Unternehmen konzentrierte sich schon sehr früh auf ein Produkt: »Der Gute Pott« war schon vor über 100 Jahren ein Markenartikel und ist der meistverkaufte Rum Deutschlands.

Der Weinhändler Hans Hansen eröffnete im Jahre 1868 eine kleine Brennerei, die durch die Kaufmannsfamilie Grün übernommen wurde. Nach erfolgreichen Jahren der Expansion fusionierte das Unternehmen 1986 mit dem traditionellen Spirituosenhaus Dethleffsen. Heute werden unter diesem Firmenmantel mehr als ein Dutzend verschiedene Rumprodukte der Marken »Hansen«, »Balle«, »Andreesen«, »Nissen« und »Old Schmidt« angeboten.

MEXIKO

Tequila
Kultgetränk der 90er Jahre

Der Tequila galt immer schon als Symbol exotischer und unkomplizierter Lebensform. Sein internationaler Siegeszug begann in den USA, wo er vor allem durch die vielen mexikanischen Restaurants schnell bekannt und beliebt wurde. Inzwischen hat er seinen Weg nach Europa gefunden und wird auch in Deutschland gern getrunken. Die Faszination jedoch, die vom Tequila ausgeht, ist weniger auf seine Individualität zurückzuführen als vielmehr auf den Kultstatus, der vor allem durch spezielle Trinkriten aufrechterhalten wird. Nicht zuletzt John Hustons Spielfilm »Unter dem Vulkan«, in dem der mexikanische Nationalschnaps eine bedeutende Rolle spielt, verhalf dem Tequila im Jahre 1984 zu weltweiter Popularität.

MARKEN

Cuervo
Bereits 1795 erhielt diese Destillerie vom Spanischen König - Mexiko war damals noch Kolonie - die Erlaubnis zur Herstellung von Tequila. Heute ist die Firma eines der modernsten Unternehmen Mexikos. Gleichzeitig sind die Erzeugnisse der Marke »José Cuervo« die meistverkauften Tequilas der Welt.

Sierra
»Sierra Tequila« ist Marktführer in Deutschland. Die in 2000 Metern Höhe gelegene Destillerie verarbeitet nur hochwertige Agaven und bestes Wasser. Zum Sortiment gehören der milde »Silver« und der faßgelagerte »Gold«.

Sauza
Der Patron dieses Hauses war seit 1858 an der Entwicklung der Tequila-Industrie Mexikos beteiligt. Heute gehört »Sauza« zu den führenden Weltmarken.

Montezuma
Diesen großen Tequila gibt es als weißen »Montezuma« und als »Aztek Gold«.

Als Ende der 80er Jahre auch in Deutschland nach und nach immer mehr mexikanische Restaurants eröffneten, machten die Gäste nicht nur Bekanntschaft mit Tortillas, Tacos und Enchiladas, sondern auch mit den Mais-Biersorten »Corona« und »Sol«, welche bald zum Pflichtprogramm der Trendsetter gehörten. Sehr schnell erfreute sich auch der Tequila besonderer Beliebtheit. Vor allem der unverzichtbare Trinkkult weckte die Neugier und sorgte für Kommunikation. Nun, Trends vergehen oft ebenso schnell, wie sie gekommen sind. Der Tequila jedoch ist uns geblieben, und zwar in einer großen Vielfalt. Er verbucht für sich sogar Jahr für Jahr einen immer größeren Zuspruch.

▎TEQUILA GEHÖRT HEUTE IN JEDE BAR

Man kann Tequila inzwischen als legitime Basisspirituose in jeder guten Bar antreffen. Hier gilt er besonders als beliebte Grundlage für exotische Mixdrinks, vor allem für die berühmten Margaritas. Weniger bekannt ist die Tatsache, daß es auch sehr kultivierte Vertreter dieser mexikanischen Nationalspirituose gibt.
Gerade diese großen Unterschiede machen eine Kategorisierung äußerst schwierig. Oft verspricht die Werbung Eigenschaften, die als Selbstverständlichkeiten anzusehen sind.

Eines der hartnäckigsten Gerüchte ist die Behauptung, Agaven für die Tequilaherstellung dürften ausschließlich aus dem Bundesstaat Jalisco stammen. Ursache hierfür ist wohl die Anekdote, nach der Don José Antonio de Cuervo vom spanischen König im Jahre 1758 in der Nähe des Dorfes Tequila ein Stück Land zugewiesen bekam, au

TEQUILA

em er Agaven anbaute und daraus Schnaps rannte. Aus der artenreichen Gattung der Agaven ist ausschließlich die »Blaue Agave« mit dem botanischen Namen »Tequilana Weber« für die Tequilaproduktion zugelassen. Nach 8-10 Jahren blüht diese anspruchslose Pflanze ein einziges Mal. Während der Blüte ernten geübte mexikanische Landarbeiter die 25 - 70 kg schwere Frucht. Diese wird zuerst zerkleinert, anschließend gekocht und dann ausgepreßt. Hierbei erhält man eine milchige Flüssigkeit, die man »Aguamiel«, also Honigwasser, nennt. Mit Hefe vergoren nennt man dieses Honigwasser als »Pulque«, ein beliebtes, leicht alkoholhaltiges Erfrischungsgetränk. Pulque ist die Grundlage für die Tequiladestillation. Im Fachjargon der Brenner redet man allerdings von "Mosto". Es folgt eine zweifache Destillation, die für den Tequila vorgeschrieben ist und deshalb nicht als besonders erwähnenswertes Qualitätsmerkmal gilt. Der Mittellauf des zweiten Durchgangs ist ein Destillat mit 55% Alkohol - der »Tequila«. An dieser Stelle sei erwähnt, daß Tequila keine Fremddestillate enthalten darf, auch wenn dies manchmal behauptet wird. Eine Ausnahme wurde Ende

TEQUILA-REGIONEN

Nach einem Gesetz aus dem Jahre 1978 sind neben dem ursprünglichen Staat Jalisco auch noch 51 weitere Gemeinden in vier Bundesstaaten berechtigt, die Tequila-Agaven anzubauen.

1. Jalisco
2. Guanajuato
3. Michoacán
4. Nayarit
5. Tamaulipas

Tequila ist ein kleines Dorf, 40 Kilometer entfernt von Guadalajara.

der siebziger Jahre gewährt, als es aufgrund der Agavenknappheit an Rohstoff fehlte und der Mosto mit Fremdzucker angereichert werden mußte. Aus diesem Grunde unterscheidet man zwischen »Tequila« und »100-Prozent-Tequila«. Die Herstellung des letzteren war bis vor einigen Jahren sogar limitiert. Heute jedoch hat sich die Lage wieder entspannt und wegen des ausreichenden Angebots der Blauen Agave ist der ohne Fremdzucker hergestellte Tequila auch keine Rarität mehr. Grundsätzlich wird jeder Tequila zwischen einigen Wochen und einem halben Jahr im Tank gelagert.

Diese Standardqualitäten heißen »White« und »Silver«. Wird dem Agavendestillat eine Lagerung im Holzfaß zuteil, so darf er nach mindestens einem Jahr die Bezeichnung »Gold« tragen. Inzwischen gibt es aber auch Abfüllungen, die mehrere Jahre im Faß gelagert wurden.

Auch beim Tequila spielt die originelle Aufmachung der Flasche inzwischen eine bedeutende Rolle.

WICHTIG IST DAS TRINKRITUAL

Kenner schwören auf die traditionelle Methode: Der Tequila wird in einem schmalen hohen Glas serviert, dazu gibt es auf einem Teller Salz und Limonenscheiben. Man streut nun etwas Salz auf den Handrücken, träufelt etwas Limonensaft darüber, leckt diese Mischung auf und trinkt das Glas mit einem Zug leer. Eine andere Variante heißt »rapido«. Man füllt den Tequila mit Tonic auf, bedeckt das Glas mit der rechten Hand, hebt es an und schlägt es kurz auf die Theke. Den nun aufschäumenden Drink trinkt man nun »rapido« aus. Die edlen und im Faß gereiften alten Tequilas trinkt man ungekühlt aus einem Schwenker als Digestif.

■ KARIBIK, SÜD- UND MITTELAMERIKA

Karibik, Süd- und Mittelamerika

Cachaça, Pisco und Liköre

Bunt wie das Leben der karibischen Welt zeigt sich auch die Vielfalt der dort erzeugten Spirituosen. In Mexiko und Südamerika begeistern sich die Menschen seit Generationen für alkoholische Getränke. Entsprechend hoch ist natürlich auch ihr Konsum. Neben den in Europa inzwischen zum Standardsortiment gehörenden Dauerbrennern Rum und Tequila gibt es noch eine Vielzahl weiterer, meist exotischer Brände und Liköre.

In Mexiko und Südamerika liebt man alkoholische Getränke in geselliger Runde. Allerorts finden sich Cantinas und Bars mit reichhaltigem Angebot.

MARKEN

Anis Gorila
Klarer und sehr aromatischer Anis-Likör aus Puerto-Rico.

Batida de Coco
Aus Kokosnüssen und Milch destillierter, brasilianischer Likör. Es gibt auch eine Variante mit Kaffee-Aroma.

Berro d'Agua
Dieser Cachaça stammt aus Brasilien und gilt als einer der Feinsten seiner Art.

Cachaça de Carice
Hochwertiger brasilianischer Zuckerrohr-Schnaps im Vertrieb der Firma Vetter.

Cana-Rio
In Deutschland sehr beliebter, original brasilianischer Cachaça aus der bereits 1827 gegründeten Destillerie Fazenda Soladade.

Überall dort, wo seit Generationen Weinbau betrieben wird, hat man im Laufe der Zeit auch Methoden entwickelt, aus dem Rebensaft Schnäpse zu brennen. Der beträchtliche Branntweinkonsum der Südamerikaner ist wohl vor allem auf den Einfluß der Spanier zurückzuführen.

▌PISCO – VERMÄCHTNIS DER INKA?

Der Pisco hingegen, ein aus einheimischen Trauben im geschlossenen Brennapparat destillierter, klarer Branntwein soll bereits im 17. Jahrhundert erfunden worden sein. Chilenen und Peruaner streiten sich allerdings um das ältere Recht. Pisco-Indianer, die sehr früh in der Lage waren, Tongefäße herzustellen, in denen sie die berauschende Köstlichkeit aufbewahrten, belegen den chilenischen Ursprung, während die Peruaner ihren Anspruch darauf stützen, daß der hochprozentige Brand ursprünglich über den Hafen Pisco im Süden des Landes verschifft wurde. Wie dem auch sei, der Pisco ist ein sehr gehaltvoller Weinbrand, der grundsätzlich nach der klassischen Brandy-Methode hergestellt wird, aber anschließend zumeist in Fässern aus Rauli, einer südamerikanischen Buchenart, altert und deshalb keine Farbe annimmt. Eine Ausnahme ist der in Eichenfässern gelagerte Gran Pisco. Oft bewahrt man den Pisco auch noch nach der traditionellen Methode in mit Bienenwachs abgedichteten Tontöpfen auf.

Sehr verbreitet ist der brasilianische Zuckerrohrschnaps Cachaça sowie der mexikanische Mescal, ein herber, dem Tequila verwandter Brand, der allerdings in Europa kaum bekannt ist.

Beliebt hingegen sind die exotischen Likö

»Batida de Coco« ist wohl einer der weltweit beliebtesten südamerikanischen Liköre. Meistens verwendet man ihn zur Aromatisierung exotischer Drinks.

SPEZIALITÄTEN

e, von denen an dieser Stelle die berühmtesten nicht unerwähnt bleiben dürfen. Der bekannteste unter ihnen ist der brasilianische »Batida de Coco«, eine auf der Basis von Kokosnüssen und Milch destillierte Spezialität, von der es mittlerweile auch eine Café-Variante gibt.

SEHR BELIEBT SIND KAFFEE-LIKÖRE

Ohnehin wird das Kaffeearoma in Likören sehr geschätzt, was auch am Erfolg von »Kalúa« und »Tia Maria« nicht zu übersehen ist. Der erstere stammt aus Mexiko und wird nach einem Geheimrezept aus Kräutern, Kaffee und Vanille hergestellt. »Tia Maria« geht auf ein altes jamaikanisches Familienrezept zurück, das eine Sklavin im 17. Jahrhundert von ihrer spanischen Herrin dafür bekommen hatte, daß sie ihr die Flucht vor den englischen Eroberern ermöglichte.

Generationen später erfuhr der Arzt Dr. Kenneth Leigh Evans von der Rezeptur und entwickelte ein Verfahren zur Produktion dieses aus Rum, Kaffee, Kakao, Vanille und Kräutern komponierten Likörs.

CACHAÇA – VON KOLUMBUS BIS CAIPIRINHA

Die Geschichte des Cachaça – man spricht das Wort »Kaschassa« aus – reicht zurück in das Brasilien des 16. Jahrhunderts. Der Schweizer Einwanderer Erasmus Schelz soll um 1550 damit begonnen haben, Zuckerrohrsaft zu destillieren. Auch die ersten portugiesischen Siedler suchten nach einer Alternative für ihren traditionellen Tresterschnaps. So griffen sie auf Produkte zurück, die das Land ihnen bot. Aus dem Saft des vergorenen Zuckerrohrs destillierten sie eine klare Spirituose, aus der sich im Laufe der Jahrhunderte durch Experimente und neue Techniken die heute angewendete und bewährte Destillationsmethode für Cachaça, den brasilianischen Nationalschnaps, entwickelt hat.

Einer der beliebtesten Mix-Drinks, dessen Basis der beliebte brasilianische Zuckerrohrschnaps ist, hat in den letzten Jahren auch die europäischen Bars erobern können: der Caipirinha. Die Brasilianer sagen, seine Erfindung verdanke man einer Grippewelle im Jahre 1918. In der Nähe von Sao Paulo hatte ein Barbesitzer die Idee, einen alkohol- und vitaminhaltigen Drink gegen die Symptome dieser Krankheit anzubieten. Die Mischung ist ganz einfach und in jeder Hinsicht sehr effektvoll: Man preßt eine geviertelte Limone im Glas aus, gibt 2 Teelöffel zerstoßenen, braunen Zucker und 4 cl. Cachaça dazu und füllt alles mit gestoßenem Eis auf.

MARKEN

Kalúa
»Kalúa Licor de Café« wird in Mexiko nach einem geheimen Rezept unter Verwendung von Tequila hergestellt und ist in der westlichen Welt schon seit vielen Jahren sehr beliebt.

Pandero
Bekannte, auch in Deutschland allerorts erhältliche Cachaça-Marke.

Pisco Control
Dieser Weinbrand stammt aus einer der größten Genossenschaften Chiles. Es werden verschiedene Qualitäten, die auch in Europa angeboten werden, hergestellt.

Pisco Capel
Auch diese chilenische Genossenschaft bietet ihre Produkte auf dem internationalen Markt an.

Regnier do Brasil
Brasilianische Firma, die verschiedene Exotic-Drinks in Originalflaschen exportiert. Hierzu gehören Spezialitäten aus Kokosmilch, Maracuja, Bananen und auch Kaffee und Milch mit brasilianischem Rum.

Rumona
Typischer jamaikanischer Likör auf Rumbasis.

Tia Maria
Weltweit bekannter, exotischer Kaffee-Vanille-Likör. Seine Geschichte reicht bis in die Kolonialzeit zurück.

Xoxolatl
Traditioneller mexikanischer Kräuterlikör mit Vanillearoma.

AFRIKA, ASIEN UND AUSTRALIEN

Spirituosen dieser drei fernen Erdteile spielen bislang in Deutschland keine bedeutende Rolle. Aus Asien sind einige interessante Spezialitäten im Handel. Japan präsentiert vor allem die hochwertigen Whiskys aus dem Hause Suntory sowie einige exotische Liköre. In Australien und Neuseeland kennt und schätzt man neben den international bekannten Markenspirituosen in erster Linie Brandys und einige Likörweine.

Asien

Arrak, Liköre – aber auch Whisky

Aufgrund der sehr unterschiedlichen Kulturkreise kennt man in Asien viele Spirituosen, die zumeist nur von regionaler Bedeutung sind und die man in europäischen Spirituosenregalen nicht findet. Allerdings zeigt die Entwicklung der vergangenen Jahre, daß auch bei uns ein erhebliches Interesse an exotischen Spirituosen besteht. Dies ist nicht zuletzt eine Folge der zunehmenden Fernreiselust. Inzwischen ist der Handel auch in Deutschland diesen Wünschen nachgekommen und bietet einige hochprozentige Spezialitäten aus Asien an.

Auch in den internationalen Großstädten Asiens haben sich westliche Markenprodukte etablieren können.

MARKEN

Basi
Dieser aus Zuckerrohr hergestellte Branntwein ist eine Spezialität auf den Philippinen.

Mahua
Der braune Schnaps wird in Sri Lanka hergestellt. Es handelt sich dabei um ein Destillat aus den Butterbaumblüten des Mahua-Baumes.

Takara
Bekanntester Hersteller des japanischen Reisweinschnapses Shochu.

Kikkoman
In Deutschland ist dieser nach traditioneller Methode hergestellte, sehr aromatische Pflaumen-Aperitif seit einiger Zeit erhältlich.

Bislang kannte man in Europa in erster Linie den asiatischen Arrak. Hierbei handelt es sich um den Oberbegriff für eine Vielzahl alkoholischer Getränke. Im orientalischen Raum benutzt man das Wort für Branntweine aller Art. Oft bezeichnet man den Arrak auch als den »Rum der Asiaten«. Für den Export nach Europa hat eigentlich nur der Arrak aus Java, der sogenannte »Batavia-Arrak«, eine Bedeutung. Man geht davon aus, daß die Chinesen dieses Getränk schon vor dem 17. Jahrhundert nach Java gebracht haben. Gute Erzeugnisse kommen auch von der Westküste Indiens, Thailands und Sri Lankas.

VOM PALMENWEIN ZUM ARRAK

Der bei uns bekannte Arrak wird durch Vergärung und Destillation von Melasse, Reis und zuckerhaltigen Pflanzensäften gewonnen. Anstelle von frischem Palmensaft wird oft auch sogenannter »Palmenwein«, der aus den Blüten der Kokospalme erzeugt wird, verwendet. Besonders auf Java macht man sich die Fähigkeiten einer bestimmten Schimmelpilzart zunutze, um die Gärung in Gang zu setzen. Der für den Export bestimmte Arrak wird dreifach destilliert und oftmals noch einige Jahre im Eichenfaß gelagert.

Europäer trinken Arrak nur sehr selten pur, vielmehr schätzt man ihn als Grundlage für einen starken Grog. In Skandinavien ist der alkoholstarke »Schwedenpunsch« mit Arrak eine besondere Spezialität.

Der »Kikkoman Pflaumen-Aperitif« hat zwar eine alte Tradition, wurde jedoch auf den Geschmack der heutigen Zeit abgestimmt. So zeigt er sich in leichter, alkoholarmer Form.

SPEZIALITÄTEN

Auch in China kennt man einige besondere Liköre, wie den »Chu Ymh Ching«, ein Kräuterdestillat, das aus Bambusblättern, Nelken, Orangenschalen, Sandelholz und verschiedenen Wurzeln erzeugt wird. In Japan werden traditionelle Erzeugnisse jedoch immer öfter durch Markenprodukte aus der westlichen Welt verdrängt.

Ein Verwandter des Wodkas

Trotzdem spielt auch der für europäische Gaumen gewöhnungsbedürftige »Shochu« eine wichtige Rolle. Hierbei handelt es sich um einen wasserklaren, dem Wodka ähnlichen Schnaps mit einem Alkoholgehalt zwischen 40 und 45 %. In den letzten Jahrzehnten ist in Japan aber vor allem der Whisky in Mode gekommen. Nachdem 1923 die erste Destillerie von dem großen Spirituosenkonzern »Suntory« in der Nähe Kyotos erbaut wurde, sind schnell weitere Firmen entstanden. Es werden erstaunliche Qualitäten erzeugt, die sich, von Ausnahmen abgesehen, an der schottischen Tradition orientieren.
Mittlerweile werden auch schon japanische Liköre vereinzelt in Deutschland angeboten. Hierzu gehört der mehrfach prämierte

Neu auf dem deutschen Markt ist der Melonenlikör »Midori« aus der bekannten japanischen Destillerie »Suntory«.

»Midori«, eine grüne Spezialität aus Honigmelonen, oder der alkoholarme und nach traditioneller Methode hergestellte »Kikkoman Pflaumen-Aperitif«.
Eine weitere Fundgrube für die Freunde asiatischer Spirituosen sind die gut sortierten Feinkost-Geschäfte mit kulinarischen Spezialitäten aus fernöstlichen Ländern.

Midori
Dieser hochwertige Likör, hergestellt aus der Honigmelone, stammt aus dem Hause »Suntory«.

Suntory-Whisky
Das Sortiment dieser größten und ältesten japanischen Whiskydestillerie ist breit gefächert. Neben den Blends für den japanischen und asiatischen Markt gibt es einige Produkte auch in Deutschland zu kaufen. Hierzu gehören der »Royal«, ein Blend aus 20 Malt-Whiskys in einem Alter von durchschnittlich 12 Jahren sowie der »Hibiki«, ein Premium-Erzeugnis aus über 30 Malts, die alle über 20 Jahre alt sind. Eine besondere Spezialität ist der »Yamazaki«, ein 12jähriger Single-Malt.

Weitere japanische Whisky-Produzenten sind Nikka, Kirin Seagram und Sunraku Ocean.

Whisky aus Japan

Den Japanern ist es im Laufe der Jahrzehnte mit Akkuratesse und Hingabe gelungen, Whiskys zu produzieren, die dem schottischen Vorbild sehr nahe kommen. Dabei soll das Ergebnis bewußt kein Plagiat des europäischen Vorbilds sein, sondern durchaus einen eigenen Charakter vorweisen.
Die Nippon-Whiskys sind leicht und auf die Gewohnheit der Japaner, einen Whisky grundsätzlich mit Wasser zu trinken, abgestimmt. Es gibt sowohl »Single Malts« als auch japanische »Blended Whiskys«. Hierfür verwendet man Destillate aus dem eigenen Land, aber auch Anteile von original schottischen Erzeugnissen. Der bedeutendste Hersteller im Land der aufgehenden Sonne ist die Destillerie »Suntory«.

Afrika

Europäische Tradition mit exotischem Flair

Spirituosen aus den unterschiedlichen Kulturkreisen des »Schwarzen Kontinents« sind bei uns kaum im Handel zu finden. Eine Ausnahme machen die Erzeugnisse aus Südafrika, denen man in den letzten Jahren doch öfter auch in Europa begegnet. Neben einigen exotischen Spezialitäten spielen vor allem Brennerei-Erzeugnisse mit europäischen Wurzeln eine wichtige Rolle.

MARKEN

Van der Hum
Bekannter südafrikanischer Mandarinenlikör auf Basis von Weindestillaten. Die Rezeptur geht auf die Erfahrung der ersten holländischen Einwanderer zurück.

Amarula
Der einzige auch in Deutschland erhältliche afrikanische Cream-Likör aus den Früchten des wildwachsenden Amarula-Baums. Das exotische Produkt kam erst 1989 in Südafrika auf den Markt und erfreute sich sehr bald auch in anderen Ländern größter Beliebtheit.

KWV
Die »Kooperatieve Wijnbouwers Vereiniging van Zuid-Afrika« ist der bedeutendste Hersteller von Brandys in Südafrika. Einige dieser Weinbrände werden bis zu 15 Jahre gelagert. Grundsätzlich genießen die Produkte aber außerhalb des Landes kein sehr hohes Ansehen. Im Sortiment befinden sich einige auch im Ausland erhältliche Dessertweine nach der traditionellen Sherry-Methode.

Vor allem Brandy hat am Kap eine lange Tradition. Schon 1672 errichteten die frühen Siedler eine erste Brennerei. Über 200 Jahre lang produzierte man feurige Tresterbranntweine, die unter dem Namen »Dopbrandeweyn« – das bedeutete »Hülsenbranntwein« – gehandelt wurden. Erst im 19. Jahrhundert begann man damit, reine und hochwertige Brandys zu brennen. Einer der Pioniere auf diesem Sektor war René Santhagens, ein Kavallerieoffizier französischer Abstammung, der den ersten Cognac-Destillierapparat ins Land brachte. Allerdings begann man erst nach 1920, gesetzliche Richtlinien zur Branntweinerzeugung aufzustellen.

WEIN-SPIRITUOSEN AUS SÜDAFRIKA

Die Destillation von Brandys wurde nun auf die »Kooperatieve Wijnbouwers Vereiniging van Zuid-Afrika« konzentriert. Diese Vereinigung beherrscht auch heute noch das Brennereiwesen und bietet Brände verschiedener Qualitäten an. Die meisten Grundweine kommen aus der Region am Kap, wo man optimale Bedingungen für den Rebbau vorfindet.

Nachdem die Engländer 1806 die Märkte Südafrikas entdeckten, begann man auch hier, »Portweine« zu erzeugen. Diese waren bis zum Zweiten Weltkrieg bei den Briten außerordentlich gefragt. Das gleiche galt auch für »Sherrys« aus Südafrika. Erst nachdem Spanien 1987 Mitglied der EG wurde, dürfen die Weine aus dem Süden Afrikas nicht mehr als Sherry bezeichnet werden.

Eine Spezialität besonderer Art wird seit 1989 in Stellenbosch bei Kapstadt von der

Südafrikanische Brandys sind zwar in Deutschland noch selten zu finden, spielen aber im Ursprungsland und als Exportartikel in andere Teile der Welt eine bedeutende Rolle.

AFRIKA

Die Tatsache, daß am Kap der Guten Hoffnung ausgezeichnete Weine produziert werden, ist inzwischen auch über den Kreis der Kenner hinaus in Europa bekannt geworden. Konsequenterweise hat dort auch die Branntwein-Herstellung Tradition. So ist es nur noch eine Frage der Zeit, bis südafrikanische Brandys, die in ihrer Feurigkeit spanischen Erzeugnissen ähneln, auch in deutschen Geschäften angeboten werden.

Destillers Corporation hergestellt. Den inzwischen auch in Deutschland erhältlichen »Amarula« Likör destilliert man aus den Früchten des wildwachsenden Marula-Baumes. Eine weitere Köstlichkeit dieses Landes ist »Van der Hum«, ein Mandarinenlikör, dessen Geschichte bis zu den ersten holländischen Einwanderern zurückreicht. Er wird aus einem Weindestillat, kapländischen Tangerinen und besonders ausgesuchten Gewürzen hergestellt. Traditionell gelten in Südafrika die nach einem traditionellen Verfahren erzeugten Zuckerrohr-Destillate als »Nationalspirituose«. Diese von vielen Herstellern in unterschiedlichen Qualitäten gebrannten und in großen Mengen produzierten Schnäpse haben allerdings außerhalb des Landes keinerlei Bedeutung.

HOCHPROZENTIGES AUS FREMDEN WELTEN

Auch in den anderen Ländern Afrikas kennt man Spirituosen, die aber meistens in Europa nicht erhältlich sind. Ein Beispiel hierfür sind »Mont Kenya«, ein interessanter kenianischer Likör aus Zuckerrohrmelasse, Kaffee, verschiedenen Kräutern und der »Uchi«, ein Destillat aus Palmsubstanzen und Kokosnüssen.

DER ERSTE AFRIKANISCHE LIKÖR IN EUROPA: AMARULA WILD FRUIT CREAM

Das Ursprungsland von »Amarula« ist Südafrika. Die Basis für die Destillation dieses wohlschmeckenden Getränks ist der Marula-Fruchtsaft.

Der Marula ist ein für Südafrika typischer, wildwachsender Baum, der über 90 000 Früchte trägt. Seine tropisch-herbe, hellgelbe Frucht umschließt mit ihrer festen Haut das weiße Fruchtfleisch. Wenn die Frucht reif ist, verströmt sie einen besonders intensiven Duft. Tage- und nächtelang folgen daraufhin die Elefanten dieser Spur der Wildnis, um endlich die reife Frucht als Festessen genießen zu können. Deshalb bezeichnet man den Marula-Baum seit Generationen als »Elefantenbaum«.

Der Saft dieser Früchte wird zunächst traditionell in kupfernen Brennblasen destilliert und anschließend drei Jahre in Eichenfässern gelagert. Anschließend wird der edle Marula-Brand mit frischer Sahne veredelt.

Als Erfrischung genießt man diese Spezialität entweder pur, »on the Rocks« oder zum Dessert.

Australien

Boten aus einer unbekannten und fernen Welt

Ebenso unbekannt wie die kulinarischen Genüsse Australiens sind uns auch die Spirituosen vom anderen Ende der Welt. Die ersten Vorboten dieser fremden Welt sind tadellose Weine, die man mittlerweile in gut sortierten Fachgeschäften findet. Ab und zu bietet ein Spezialist auch eine Flasche australischen Brandy an, aber normalerweise muß man Hochprozentiges aus diesem Teil der Welt noch mühsam suchen.

WEINBAU UND WEINBRAND

Seit einigen Jahren hat man auch in Deutschland erfahren, welch bedeutender Wirtschaftsfaktor der Weinbau in Australien ist. So ist es auch verständlich, daß Trauben in erster Linie die Grundlage der Spirituosen des 5. Kontinents sind. Neben den allgegenwärtigen Brandys spielen vor allem die mit Alkohol verstärkten Weine wie Muskateller, aber auch »Sherrys« und »Ports« eine wichtige Rolle.

Besonders stolz ist das Weinland Australien natürlich auf seine Brandys. Seit über 150 Jahren schon werden hier Branntweine aus Trauben produziert. Ursprünglich ging es lediglich darum, die Überproduktion der Sultana-Trauben zu verwerten. Den erzeugten Branntwein verwendete man zur Herstellung gespriteter Weine, wie sie auch heute noch in den südöstlichen Weinbauregionen des Landes hergestellt werden. Man kann mit Fug und Recht sagen, daß in Australien die interessantesten Süßweine außerhalb Europas erzeugt werden. Neben den Sorten, die Sherry und Portwein nachahmen, gibt es auch zwei eigenständige Typen: den Muskateller-Likörwein und den Tokajer-Likörwein. Verstärkte Weine kennt man in Australien bereits seit 1788. Bis in die Mitte des 20. Jahrhunderts hinein hatten diese sogenannten »stickies«, so nannte man die süßen, klebrigen Produkte vergangener Jahrzehnte, vor allem in England einen gesicherten Markt.

NEUE BEDINGUNGEN FÜR SÜSSWEINE

Strengere Handelsgesetze, der britische EG-Beitritt und nicht zuletzt das veränderte Verbraucherverhalten sorgten innerhalb kürzester Zeit für eine extreme Veränderung des australischen Süßwein-Marktes. Heute werden Likör-Muskateller und Muscadelle hierbei handelt es sich um verstärkte Tokajer-Weine, die aber unter diesem Namen in Europa nicht verkauft werden dürfen, damit Verwechslungen mit den Erzeugnissen aus Ungarn vermieden werden, in überzeugender Qualität auf dem Weltmarkt angeboten. Im Ursprungsland selbst ist das Angebot aufgespriteter Weine ungleich größer. Die Herstellungsmethoden unterscheiden sich kaum von denen klassischer Sherrys oder Ports. Überall auf der Welt liegt das Geheimnis der Reifung im Holz. Die Likör-

Eine der typischen australischen Weinbauregionen ist Hunter Valley nördlich von Sidney.

SPEZIALITÄTEN

Hardy in Reynella ist einer der erfolgreichsten Brandy-Erzeuger Australiens. Die Weine für »Hardy's Brandy« werden zunächst in einer kontinuierlichen Brennanlage und anschließend in einer geschlossenen Brennblase destilliert. Danach erfolgt die Zeit der Reife im Holzfaß.

...weine sind stark zuckerhaltig und damit auch recht alkoholstark. Früher wurde ihnen neutraler Alkohol zugesetzt, heute verstärkt man sie mit Weinbrand. Anschließend folgt eine je nach Qualität unterschiedlich lange Lagerzeit. Die Verschnittweine lagert man in den meisten Fällen, wie in Spanien auch, in Soleras.

ALTE BRANDY-TRADITION

Schon vor dem Ende des 19. Jahrhunderts kannte man aber auch in Australien schon ausgereifte Methoden zur Herstellung von Brandys. Vor allem im Süden des Kontinents hatte ein Kupferschmied einen verbesserten Brennapparat entwickelt, der dem hochprozentigen Weindestillat zu rascher Beliebtheit verhalf. Heute noch arbeiten die australischen Brandy-Hersteller mit den klassischen Sherry-Trauben Palomino und Pedro Ximénez sowie der Ugni Blanc, die dort White Hermitage genannt wird.

Die Produktion der Weinbrände unterliegt strengen Vorschriften. Brandy darf frühestens nach zwei Jahren verkauft werden. Ist eine fünfjährige Lagerzeit vergangen, trägt das Etikett die Bezeichnung »Old«. Nach zehnjähriger Lagerzeit darf das Prädikat »Very Old« verwendet werden. Für die Weinbrand-Hersteller war es ein sehr schwerer Schlag, als eine drastische Steuererhöhung nach 1970 den Brandy-Konsum um mehr als 50 % reduzierte. Seitdem allerdings konnte man auch einen allgemeinen Anstieg der Qualität verzeichnen.

Zu den namhaften und auch in Europa bekannten Erzeugern gehört das seit 1852 im südaustralischen Reynella ansässige Weingut Hardy.

In Australien kennt man auch einige Liköre, unter denen der »Marnique«, ein dem französischen »Grand Marnier« ähnliches Orangenerzeugnis, hergestellt aus Weindestillat und dem Aroma aus Bitterorangen, einer der beliebtesten ist.

Schließlich hat auch Neuseeland eine eigene, sehr typische Likörspezialität. Aus Kiwis, die an der »Bay of Plenty« gedeihen, wird der im Lande sehr bekannte »Plenty Kiwi«, ein süßer und alkoholarmer Likör, hergestellt.

MARKEN

Hardy
Der 1852 gegründete Familienbetrieb gehört zu den anerkanntesten Weingütern des Landes. Neben »Ports« und »Sherrys«, die nur im eigenen Land verkauft werden, gibt es auch tadellose Brandys. Das Standardprodukt ist der hell-fruchtige »Black Bottle«.

Marnique
»Marnique« ist ein sehr beliebter Mandarinenlikör auf Basis von Weindestillaten und Schalenextrakten der Mandarine.

Plenty Kiwi
Dieser neuseeländische Likör wird aus der für das Land typischen Kiwi-Frucht hergestellt. Der Name bezieht sich auf die »Bay of Plenty«, eine Region, die für die besten Kiwis bekannt ist.

Saint Agnes
Der »St.-Agnes-Brandy« wird seit über 100 Jahren von der Familie Angove in Renmark, einer Weinbaugemeinde im Süden Australiens, hergestellt. Die Weine werden doppelt gebrannt und in Holzfässern gelagert.

Rosemount
Anerkannter Hersteller von Likörweinen. Die Erzeugnisse des Hauses erinnern stark an Madeira-Weine.

Romavilla
Einer der ältesten Weinbaubetriebe Australiens. Spezialität sind alte Muskatellerweine.

Destillation

Die Kunst der Alkoholherstellung

In der Chemie bezeichnet man mit »Alkohol« eine Reihe von Produkten, die bestimmte Gemeinsamkeiten besitzen und in ihrem Molekül eine für den Alkohol typische Wasserstoff-Sauerstoff-Verbindung aufweisen. Neben Propylalkohol, der beispielsweise dem Benzin beigemischt wird, um Motoren bessere Winterlaufeigenschaften zu verleihen, kennt man den Butylalkohol, der als Lösungsmittel für Farben und Kunstharze Verwendung findet. Auch Glyzerin ist ein Alkohol. Im Zusammenhang mit dem Thema Spirituosen sind vor allem der Methylalkohol und der Äthylalkohol von Interesse.

ROHSTOFFE

Vor der Destillation muß aus natürlichen Rohstoffen wie Trauben, Beeren, Getreide, Mais oder Wurzeln mittels entsprechender Verfahren zuerst der Zucker in Alkohol umgewandelt werden. Unter Zucker versteht man allerdings nicht nur den Süßstoff Saccharose, sondern auch andere Produkte, die nicht unbedingt süß schmecken müssen.

Süßende Wirkung haben:
Fructose – Fruchtzucker
Glucose – Traubenzucker
Saccharose – Rohr- oder Rübenzucker

Keine süßende Wirkung haben:
Stärke – Kartoffeln sowie Getreide und Reis
Da Stärke nicht über genügend Eigenzucker verfügt, muß sie durch den Vorgang des Mälzens erst in Zucker umgewandelt werden. Dieses Verfahren wird vor allem bei Getreide angewandt. Eine andere Methode ist die Umwandlung durch Schimmelpilze, wie man es beim Reis kennt.

Der giftige Methylalkohol entsteht bei der Destillation und wird bei fachgerechter Arbeitsweise ausgeschieden. Dieser Vorgang ist besonders wichtig, da Methylalkohol völlig geruchs- und geschmacksneutral ist und durch Probieren nicht festgestellt werden kann. Schon der Genuß von 10 Gramm dieses tückischen Gifts kann zur Erblindung führen, während größere Mengen unweigerlich den Tod zur Folge haben. Aus diesem Grunde ist auch von Destillationsversuchen auf dem heimischen Küchentisch dringend abzuraten.

In der Umgangssprache versteht man unter »Alkohol« normalerweise den genießbaren Äthylalkohol, der im Zusammenhang mit Spirituosen auch »Weingeist« genannt wird, da man als Ausgangsprodukt für die Destillation zuerst nur den Wein kannte.

AM ANFANG STEHT DIE GÄRUNG

Vor der Destillation muß der Alkohol zuerst aus den jeweiligen Grundstoffen gewonnen werden. Hierfür ist die Gärung das übliche und überall verbreitete Verfahren. Es besteht darin, die in den Grundprodukten vorhandenen Zucker durch Zusatz von Mikroorganismen, den Hefepilzen, in Alkohol und Kohlensäure umzuwandeln.

Während dieses Vorgangs, der sogenannten Fermentation, erhöht sich die Temperatur der Maische oder des Mostes, gleichzeitig kann man das sprudelnde Entweichen des Gases beobachten. Normalerweise beginnt der Gärvorgang sehr rasch, wird immer langsamer und hört nach einigen Wochen dann auf, wenn der Zucker gänzlich in Al

DESTILLATION

...ohol umgewandelt wurde. Handelt es sich bei den zu vergärenden Produkten um stärkehaltige Substanzen, so müssen diese durch den Vorgang der Verzuckerung erst einmal in gärfähigen Zucker umgewandelt werden. Vor allem zur Whiskyherstellung und bei Kornspirituosen kann man auf die Methode des Mälzens nicht verzichten.

DIE DESTILLATION

Nachdem der Gärprozeß abgeschlossen ist, kann die Maische destilliert werden. Sie besteht hauptsächlich aus Wasser und Nebenprodukten in geringen Mengen. Der Alkoholgehalt beträgt nun zwischen sechs und zwölf Prozent.
Alle heute angewendeten Verfahren basieren im Prinzip auf zwei unterschiedlichen Methoden: Die Destillation im einfachen Brennkolben und der Brennvorgang in Rektifizieranlagen.

ÄTHYLALKOHOL

Dieser Alkoholtyp wird im allgemeinen als Weingeist bezeichnet. Er entsteht durch Destillation von Agrarprodukten. Als absoluter Alkohol mit mindestens 99,8 Vol. % ist er farblos und zeichnet sich durch einen brennenden Geschmack sowie den typischen Geruch aus.
Alkohol besitzt zahlreiche chemische Eigenschaften, die aber an dieser Stelle nicht erläutert werden müssen.

Die Wissenschaftler bezeichnen ihn mit der Formel:

$$H-\underset{\underset{H}{|}}{\overset{\overset{H}{|}}{C}}-\underset{\underset{H}{|}}{\overset{\overset{H}{|}}{C}}-O-H$$

funktionelle Gruppe des Alkohols

- **C:** Kohlenstoff
- **H:** Wasserstoff
- **O:** Sauerstoff

FAKTEN

1. Alkohol hat ein spezifisches Gewicht von 794 Gramm pro Liter und ist somit leichter als Wasser.

2. Der Siedepunkt von Alkohol liegt bei 78,35° Celsius.

3. Alkohol ist leicht entzündlich und verbrennt schon bei einer Temperatur von 10-12° Celsius mit einer blauen Flamme völlig rückstandslos.

4. Alkohol verflüchtigt sich leicht, so daß man bei Branntweinen mit einem jährlichen Verlust von 2 % rechnen muß.

5. Wird Alkohol der Wärme ausgesetzt, so erhöht sich sein Volumen um 1 % pro Wärmegrad.

6. Alkohol läßt sich mit Wasser in jedem beliebigen Verhältnis mischen. Dabei entsteht das Phänomen der Volumenminderung. Mischt man einen Liter Wasser mit einem Liter Alkohol, so erhält man 1,94 Liter Flüssigkeit.

Vorstufe aller Spirituosen ist das klare, reine Alkoholdestillat.

Grundsätzlich hat sich am Prinzip der Destillation seit Jahrhunderten nichts geändert, wie dieser frühe Brennapparat aus dem 14. Jahrhundert zeigt.

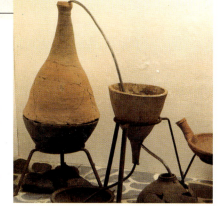

DESTILLATION

Die Alambic-Brennblase garantiert ein hochwertiges Destillat.

Frisch gebrannter Alkohol wird sofort verschlossen!

Unter dem Brennkolben-Verfahren ist vor allem die Pot-Still-Methode und der traditionelle Alambic gebräuchlich. Mit der technischen Entwicklung sind heute einige für spezielle Spirituosen entwickelte Brennanlagen gebräuchlich, deren Funktionsweise jedoch immer auf dem Prinzip der unterschiedlichen Siedepunkte von Wasser und Alkohol basiert. Neben der industriellen Erzeugung von Alkohol ist aber die handwerkliche Spirituosenerzeugung immer noch von erheblicher Bedeutung.

ALAMBIC – DIE URSPRÜNGLICHE BRENNMETHODE

Die Destillation im Alambic wird auch als »Charenteser Brennverfahren« bezeichnet, da es sich hier um die klassische Herstellungsform des Cognac handelt.

Der Alambic ist eine kleine, kupferne Brennblase, in der die vorgewärmte Maische über offenem Feuer erhitzt wird. Die aufsteigenden Dämpfe gelangen in den sogenannten Schwanenhals, der zum Kondensator führt. Das ist eine gewundene Kühlschlange, in der das Kondensat abkühlt und verflüssigt wird. Auf diese Weise entsteht der Rauhbrand, den man anschließend noch zwei- bis dreimal destilliert. Beim letzte[n] Durchlauf werden »Kopf« und »Schwanz« die unerwünschten Nebenprodukte de[r] Destillation, abgetrennt. Der Mittellauf wir[d] in einem Behälter gesammelt und der Ver[-] edelung zugeführt.

Eine Weiterentwicklung dieses Verfahren[s] ist der Pot-Still-Brennapparat. Er wir[d] hauptsächlich zur Whiskydestillation ein[-] gesetzt. Hier findet der Brennvorgang i[n] zwei voneinander unabhängigen Durch[-] läufen in zwei Kupferkesseln statt. Die Mai[-] sche, beim Whisky »Wort« genannt, komm[t] in den »Wash-Still«, die erste Brennblase[.] Ähnlich wie beim Alambic gelangen di[e] Dämpfe über einen Kondensator in de[n] »Low-Wine-Receiver«, einen Auffang[-] behälter für den Rauhbrand. Dieser wir[d] nun in die nächste Blase, den »Spirit-Still[«] geleitet und anschließend ein zweites Ma[l] destilliert. Während dieses Vorgangs wer[den] den Vor- und Nachlauf ausgeschieden un[d] der Mittellauf zur weiteren Verarbeitung i[n] einen Sammeltank geleitet.

Um große Mengen hochkonzentrierten Al[-] kohols zu erhalten, wendet man das von de[n] Schotten Stein entwickelte und im Jahr[e] 1831 durch den Iren Aeneas Coffey per[-] fektionierte, kontinuierlich arbeitende Pa[-] tent-Still-Verfahren an. Der grundlegend[e] Unterschied zum Alambic und Pot-Still[-] Verfahren besteht vor allem darin, daß hier

KATEGORISIERUNG DER GEBRANNTEN SPIRITUOSEN

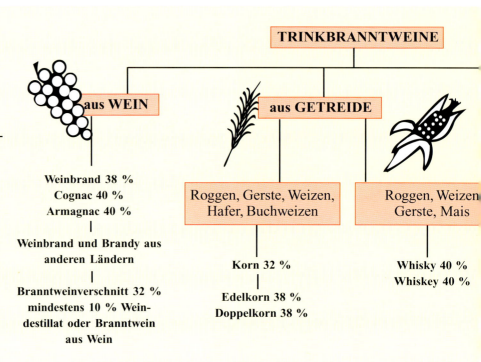

DESTILLATION

bei das Brenngut nicht für jeden Durchlauf neu in die Brennblase gefüllt werden muß, sondern eine kontinuierliche Zuführung möglich ist. Eine »Coffey-Anlage« besteht hauptsächlich aus mindestens zwei hohen Kammern, die man auch Säulen nennt. In der ersten, dem »Analyser«, wird von oben die vorgewärmte Maische zugeführt, während man unten den Wasserdampf einleitet. Der heiße Dampf drückt nun das Alkoholkondensat durch eine Leitung in die zweite Kammer, den »Rectifier«. Beide Kammern sind mit perforierten Platten bestückt, an denen zuerst Wasser und Alkohol getrennt werden. Anschließend erfolgt die Abscheidung von Vor- und Nachlauf. Das reine, hochprozentige Destillat läuft in einen Sammelbehälter und wird je nach Bedarf weiterverarbeitet.

Das Pot-Still-Verfahren ist die klassische Methode zur Whiskyerzeugung.

Im kontinuierlichen Brennverfahren läßt sich hochkonzentrierter Alkohol in großen Mengen und gleichbleibender Qualität erzeugen.

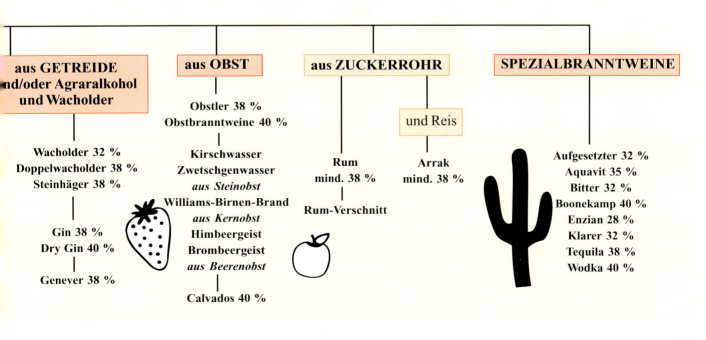

aus GETREIDE und/oder Agraralkohol und Wacholder
- Wacholder 32 %
- Doppelwacholder 38 %
- Steinhäger 38 %
- Gin 38 %
- Dry Gin 40 %
- Genever 38 %

aus OBST
- Obstler 38 %
- Obstbranntweine 40 %
- Kirschwasser
- Zwetschgenwasser
  aus Steinobst
- Williams-Birnen-Brand
  aus Kernobst
- Himbeergeist
- Brombeergeist
  aus Beerenobst
- Calvados 40 %

aus ZUCKERROHR
- Rum mind. 38 %
- Rum-Verschnitt

und Reis
- Arrak mind. 38 %

SPEZIALBRANNTWEINE
- Aufgesetzter 32 %
- Aquavit 35 %
- Bitter 32 %
- Boonekamp 40 %
- Enzian 28 %
- Klarer 32 %
- Tequila 38 %
- Wodka 40 %

Gläser

Vom Luxusgegenstand zum Gebrauchsgut

GENUSS FÜR ALLE SINNE

Das richtige Glas spielt besonders beim Genuß von Spirituosen eine bedeutende Rolle. Die Form, die Stärke des Materials und seine Beschaffenheit beeinflussen die Temperatur, die Entwicklung des Aromas im Glas, die Farbe des Inhalts und nicht zuletzt die Präsenz auf der Zunge.

Schon seit Menschengedenken hat man nach Möglichkeiten gesucht, Flüssigkeiten in Behältern und Trinkgefäßen aufzubewahren. Im Laufe der Jahrtausende haben verschiedene Kulturen dabei unterschiedlichste Methoden hervorgebracht. Es gibt kaum ein durch Menschenhand formbares Material, welches nicht zur Herstellung von Flaschen und Bechern verwendet worden wäre. Vor allem einfache Töpferwaren eigneten sich besonders gut und konnten auch allerorts leicht hergestellt werden.

Stets jedoch blieb die Menschheit von dem Wunsch beseelt, einen transparenten Werkstoff zu schaffen. Als es endlich gelungen war, Glas herzustellen, bot sich dieses vor allem auch zur Aufbewahrung von Flüssigkeiten an. In früheren Zeiten galt die Glasbläserei als große und vor allem für das Volk unerschwingliche Kunst. Schmuckvolle Trinkbehälter waren das Privileg weniger Menschen. Über viele Jahrhunderte galt da Glas als Luxusgegenstand. Dennoch blie das Material Glas mit der Entwicklungs geschichte hochprozentiger Destillate un trennbar verbunden. Als Behälter für de Transport und zur Aufbewahrung von Flüssigkeiten bewährt es sich in Form von Flaschen bis zum heutigen Tage.

DAS GLAS AUS GLAS

An dieser Stelle soll aber die Betrachtung jenes Gefäßes stehen, welches vor allen beim Genuß edler Getränke eine bedeuten de Rolle spielt. Das Glas aus Glas. Niemand weiß genau, wann erstmalig Glas erzeug worden ist. Frühe Entdeckungen reichen bi in das Jahr 7000 v. Chr. zurück. Fundstät ten liegen in Ägypten und Mesopotamien Aber auch nach Griechenland, China und Nordtirol führen die Spuren. Meist jedoch waren es zufällige Glasuren, entstanden beim Brennen von Töpferwaren. Erst 1500

Hochwertige und zeitlos gestaltete Gläserserien werden heute mehr denn je geschätzt. Die stilvollen Gläser aus der Riedel-Serie »Sommeliers« findet man sehr oft auf den liebevoll eingedeckten Tischen anspruchsvoller Restaurants.

GLÄSER

Chr. ist es gelungen, Glas als eigenständigen Werkstoff aus Sand, Soda und Kalk zu schmelzen und im heißen, zähflüssigen Zustand zu formen.

REVOLUTION DURCH DIE GLASMACHERPFEIFE

Nun setzte vielerorts eine Entwicklung ein, die es vor allem durch die Verbesserung manueller Fertigkeiten ermöglichte, immer größere Gefäße, teilweise mit kunsthandwerklicher Ornamentierung, zu fertigen. Sozusagen als Revolution galt im Jahre 100 v. Chr. die Erfindung der Glasmacherpfeife. Jetzt war es endlich möglich, dünnwandige Hohlkörper zu fertigen. Durch Einblasen in hölzerne Formen ließen sich die Produkte standardisieren und in gleichförmigen Serien herstellen. Hundert Jahre nach der Zeitenwende gelang durch die Beimengung von Manganoxyd erstmals die Herstellung von farblosem Glas. Bekanntlich hatten die Römer eine Vorliebe für prunkvollen Zierat und sorgten auf diese Weise für eine Blüte der Glasmacherkunst. Einen weiteren Höhepunkt erlebte die Zunft im mittelalterlichen Venedig. Noch heute kann man die Muranoglas-Herstellung dort bewundern. Auch in Deutschland entstanden im Mittelalter die ersten Glashütten. Vor allem in den verkehrsfernen, waldreichen Mittelgebirgen fand man ideale Bedingungen zur Herstellung des nicht entfärbten Glases auf Basis von Sand und Pottasche. Waren die umliegenden Waldungen abgeholzt, so wurden die Öfen einfach verlegt. Seßhaft wurde die Glasproduktion erst zu Beginn des 18. Jahrhunderts. Die Entwicklung der Technologie ermöglichte in den letzten 100 Jahren die hochwertige Mengenerzeugung von Gebrauchsglaswaren jeder Art. Gerade vor diesem Hintergrund spielt jedoch die handwerkliche Herstellung hochwertiger Trinkgläser eine bedeutende Rolle.

Für welchen Glastyp man sich als Cognac-Genießer letztendlich entscheidet, bleibt dann doch die Geschmackssache eines jeden einzelnen.

BEDEUTENDES KUNSTHANDWERK

Bereits im Mittelalter hatte die Kunst der Glasherstellung eine große Bedeutung erlangt. Alte Dokumente und zeitgenössische Stiche belegen, daß sich dieses historische Handwerk seit der damaligen Zeit kaum verändert hat. Selbstverständlich hat die industrielle Glasfertigung das zerbrechliche Material heute für jedermann erschwinglich werden lassen, so daß die traditionelle Glasbläserei heute eher dem Kunsthandwerk zugeordnet werden muß. Der Trend zu hochwertigen Spirituosen hat auch in diesem Bereich den Wunsch nach anspruchsvollen Trinkgläsern laut werden lassen. Mittlerweile haben die Hersteller dieser Entwicklung Rechnung getragen und auch für Hochprozentiges entsprechende, in handwerklicher Tradition gefertigte Gläser entwickelt.

GLÄSER

GLASTYPEN

Die Vielfalt der auf dem Markt befindlichen Spirituosengläser macht es nicht leicht, eine schematische Übersicht zu schaffen. Zu nahezu jedem Markenprodukt gibt es inzwischen ein individuelles Glas. Dennoch spielen die klassischen Formen immer noch eine wichtige Rolle: Likör- und Schnapsgläser sind beispielsweise **Stumper**, **Stengelgläser**, **Bolsgläser** und **Likörschalen**.
Für Cognac, Weinbrand, Armagnac und andere Edelspirituosen eignen sich **Schwenker** und **Ballongläser**.

Sherry- und **Südweingläser** können durchaus auch für Grappa, Calvados oder Brandy verwendet werden.
Unter dem Begriff **Old Fashioned** versteht man kurze, breite Gläser, in denen man vorzugsweise Whisky serviert.
Tumblers sind hohen Wassergläsern ähnlich und sehr geeignet für Long-Drinks, aber auch für Hochprozentiges »on the Rocks«.

Ein edles Glas ist stets ein Gradmesser für Kultur und Stilgefühl, will man den Genuß mit dem »letzten Schliff« abrunden. Das zerbrechliche Glas fasziniert seinen Betrachter aber nicht nur um seiner selbst willen. In erster Linie hat es verschiedene Funktionen zu erfüllen. Aber auch diese veränderten sich in der Vergangenheit immer wieder. Hinzu kamen geschmackliche Ansichten, über die sich im nachhinein bestens streiten und auch schmunzeln läßt.
Heute jedoch sind die funktionellen und ästhetischen Kriterien unserer Zeit die Grundlage der Betrachtung. Augenfälligste Tatsache: Das Glas ist durchscheinend. Je farbloser es ist, desto besser kann man seinen Inhalt betrachten. Eingeritzte oder eingeschliffene Ornamente verwehren diesen Blick oftmals. Um nicht dem Inhalt seinen Glanz zu nehmen, sollte man deshalb Gläser ohne Dekoration bevorzugen.

DIE ERSCHLIESSUNG ALLER SINNE

Grundsätzlich trägt ein gutes Glas dazu bei, den Genuß für alle Sinneswahrnehmungen zu erschließen. So spielt es auch eine bedeutende Rolle, wie man ein Glas anfaßt. Dickwandige Trinkgefäße verfügen über eine Eigentemperatur, die sich auf den Inhalt überträgt. Dies wird bei eisgekühlten

Ein bauchiges Glas, welches sich nach oben durch einen »Kamin« verjüngt, vermittelt dem Genießer das Bukett edler Brände und aromareicher Grappe in besonders intensiver Form.

Spirituosen wie Aquavit oder Wodka durc vorgekühlte Gläser erwünscht. Bei feine Bränden wie Cognac, Calvados oder Grap pa jedoch soll das Glas sehr dünnwandi sein, um einerseits keinen Einfluß auf di Temperatur nehmen zu können, auf der an

Auch unter Whisky-Kennern gibt es di unterschiedlichsten Ansichten darüber welche Glasform den vollkommene Genuß des geliebten Getränks am beste vermittel

GLÄSER

deren Seite aber soll es dem leicht das Glas berührenden Finger anzeigen, ob der Inhalt richtig temperiert ist. Nicht zu vergessen ist natürlich auch die sinnliche Wahrnehmung klingender Gläser. Die Formgebung ist ebenfalls nicht ausschließlich der Künstlerlaune unterworfen. Unter den Spirituosen findet sich eine bunt gemischte Palette verschiedenster Eigenschaften. All diesen werden individuelle Glasformen gerecht.

DIE BESCHRÄNKUNG AUF DAS WESENTLICHE

Nahezu jedes Markenprodukt bietet heute ein spezielles Glas mit unverwechselbarem Charakter. Der Flut des Angebots sollte man aber die Reduzierung auf das Wesentliche entgegensetzen. Vier bis fünf klassische und vielseitig verwendbare Glastypen von bester Qualität reichen aus, um gute Spirituosen sprichwörtlich mit allen Sinnen genießen zu können. Dabei sollte man sich aber in erster Linie auf den persönlichen Geschmack verlassen.

Unerschöpflich ist die Fantasie der Glasdesigner, wenn es darum geht, ein auf das Image eines bekannten Markenprodukts maßgeschneidertes Glas zu entwerfen.

MARKEN

Riedel
Besonders für hochwertige Spirituosen sind die Gläser aus der Serie »Sommeliers« geeignet.

Spiegelau
Vor allem die Serie »Grand Palais« genießt den Ruf, für edle Genüsse geeignet zu sein.

Royal Copenhagen
Klassisch und gediegen sind die Gläser der Reihe »Fontaine«

Schott-Zwiesel
Die bekannte Glasmanufaktur bietet gleich zwei anspruchsvolle Gläserserien: »Domaine« und »Sélection«.

GENUSS AUS ZARTEM GLAS – DIE EDLEN KREATIONEN VON CLAUS RIEDEL

Langbeinig, leicht und schön gerundet, so präsentiert die Glasmanufaktur Riedel aus Kufstein ihre Geschöpfe aus Glas. Ebenso wie die auf spezielle Rebsorten abgestimmten Weingläser gibt es solche auch für Spirituosen.

Die Gläser aus dem Hause Riedel sind das Ergebnis einer unermüdlichen Suche nach dem vollkommenen Genuß. Neben ihrer funktionalen Ästhetik sollen sie sowohl den Geschmack als auch die Farbe und das Bouquet ihres Inhalts von der besten Seite zeigen.

Gute und mit viel Können erzeugte Spirituosen in schlechten Gläsern zu degradieren, ist aber immer noch ein weit verbreiteter Brauch. Einer der ersten, die sich mit Engagement für eine neue und zeitgemäße Glaskultur stark gemacht haben, ist Claus C. Riedel, Abkömmling einer alten böhmischen Glasmacherfamilie und Seniorchef des weltbekannten Unternehmens Riedel. Der »Glasprofessor« ist unter anderem Schöpfer der »Sommeliers«-Reihe, einer Kollektion von Ideal-Gläsern. Riedel fand es an der Zeit, eine Idee wiederzubeleben, die längst vergessen schien: Gläser sind nicht zum Imponieren da, sondern zum Trinken und Genießen. Zusammen mit anderen Fachleuten wurde Form um Form entwickelt, bis das bestmögliche Glas für den entsprechenden Zweck gefunden war. Sie sind undekoriert, dünn und passen sich in der Form dem Charakter des dafür vorgesehenen Inhalts an. Riedel-Gläser sind letztendlich vom Rand bis zum Fuß auf Funktionalität eingestellt. Darin liegt sicherlich auch ihre unverwechselbare Ästhetik.

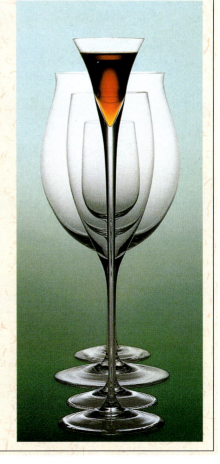

KLEINES SPIRITUOSENLEXIKON

A

Abfindungsbrenner
Kleinbrenner, der pro Jahr maximal 300 Liter reinen Alkohol erzeugen darf und dafür einen Pauschalsteuersatz (Abfindung) zahlen muß.

Abricotine
Klarer Branntwein aus Aprikosen.

Absinth
Inzwischen verbotener Wermut-Typ. Aufgrund seiner Ingredienzien sagte man ihm schädliche Nebenwirkungen nach. Zum Ende des 19. Jahrhunderts beflügelte er viele Künstler.

Adet
Sammelbezeichnung für echte italienische *Weinbrände* von bester Qualität.

Advokaat
Emulsions*likör* aus Eiern, Gewürzen und *Genever*. Eier*likör*.

Äthylalkohol
Der für den menschlichen Genuß geeignete, in Spirituosen vorhandene, alkoholische Anteil. Meistens kurz »Alkohol« genannt.

Age Inconnu
= Alter unbekannt. Zusatzbezeichnung für sehr alte *Cognacs* und *Armagnacs*.

Agraralkohol
Bezeichnung für Alkohol aus landwirtschaftlich kultivierten Pflanzen.

Aktivkohlefilter
Gängiges Verfahren zum Filtern von klaren Spirituosen.

Akvavit
Andere Schreibweise für *Aquavit*.

Alambic
Bereits um 1500 entwickelte, zwiebelförmige *Brennblase*. Sie wird hauptsächlich zur *Cognac*-destillation eingesetzt.

Allasch
Kümmel*likör*, stammt ursprünglich aus Lettland.

Amaraschino
Andere Bezeichnung für *Maraschino*.

Amaretto
Likör aus Mandeln, Bittermandeln, Kräutern, Gewürzen und Vanille.

Amaro
Italienische Bezeichnung für *Bitter*.

Amer
Französische Bezeichnung für *Bitter*.

Angostura
Alkoholstarker *Bitter*, vor allem zum Aromatisieren von Cocktails.

Antiqua-Rum
Sammelbegriff für *Rum* von den Kleinen Antillen.

Anisette
Sammelbezeichnung für *Liköre*, die aus Anis, Sternanis oder Anisöl hergestellt werden.

Anteil der Engel
Flüssigkeitsschwund durch Verdunstung während der Faßlagerung.

Apfelkorn
Korn*destillat* mit Apfelsaft. Es gibt inzwischen auch Korn vermischt mit anderen Obstsäften.

Appellation
Gesetzlich geregelte Herkunftsbezeichnung für Weine und Brände in Frankreich.

Apple-Brandy
Englische Bezeichnung für Apfel*branntwein*.

Apple Jack
Amerikanische Bezeichnung für Apfel*branntwein*. In den USA bezeichnet man auch den *Calvados* als Apple Jack.

Aprikot-Brandy
Bei der Herstellung werden der *Branntweinmaische* Aprikosen zugesetzt.

Aquardente
Portugiesische Bezeichnung für *Weinbrand* bzw. *Brandy*.

Aquavit
Skandinavischer *Branntwein* mit Kümmelaroma.

Ardente
Sammelbezeichnung für echt italienische *Weinbrände*.

Areka
Branntwein aus Stutenmilch in Kirgisien. Areka soll der älteste *Branntwein* der Welt sein.

Armagnac
Großer französischer *Branntwein* aus der im Südwesten Frankreichs gelegenen Region Armagnac.

Ar(r)ak
Alkoholisches Getränk des Orients. Arrak kann aus verschiedensten Grundstoffen erzeugt werden.

Aromastoffe
Natürliche oder künstliche Stoffe, die Lebensmitteln bzw. auch Spirituosen zugesetzt werden.

Arzente
Sammelbezeichnung für italienische *Weinbrände*, die dem *Cognac* ähnlich sind.

Assemblage
Verschnitt, der Ausdruck wird vor allem beim *Armagnac* verwendet.

Aufgesetzter
Westfälische Spezialität. Wird durch Mischen von Korn oder *Sprit* mit Beerenfrüchten hergestellt.

Auszug
Aroma*extrakt* durch *Perkolation*, *Infusion* oder *Digestion*.

B

Ball of Malt
Bezeichnung für ein Glas *Whiskey* in Irland.

Barillenbrand
Bezeichnung für Aprikosenbrand in der Ostschweiz.

Basquaise
Armagnac-Flasche in Bocksbeutelform.

Batavia-Arrak
Besonderes *Arrak*-Herstellungsverfahren auf Java. Ähnelt dem *Rum*.

Beer
Die vergorene Würze bei der *Whiskey*herstellung in den USA.

Bitter
Bitterer *Likör* oder Aperitif, meist mit *Extrakten* des Chinarindenbaumes.

Blended Whisk(e)y
Verschnitt verschiedener *Whisk(e)y*sorten.

B.N.I.A.
Abkürzung für *Bureau National Interprofessionel du Armagnac*.

B.N.I.C.
Abkürzung für *Bureau National Interprofessionel du Cognac*.

Boisé
Bei zu langer Lagerung im neuen Faß bildet sich ein unerwünschter Holzton durch die zu viel absorbierte Gerbsäure.

Bonaparte
Hauptsächlich bei *Cognac* gewählte Zusatzbezeichnung, die über Alter oder Qualität des Produkts nichts aussagt.

Bonbonne
Glasballon zur Aufbewahrung des *Branntweins* nach der Faßreife.

Bonded
Zusatzbezeichnung für eine mehrere Jahre unter Zollverschluß gelagerte Ware.

Boonekamp
Bekannte holländische *Bitterbranntwein*spezialität.

Bootlegger
Amerikanischer *Whiskey*schmuggler während der Prohibition.

Kleines Spirituosenlexikon

Bourbon-Whisky
Klassischer amerikanischer *Whiskey*-Typ mit einem Maisanteil von mindestens 51 %.

Brande
Portugiesische *Brandys* aus der Duororegion. Sie werden in alten Portweinfässern gelagert.

Brandy
Englische Bezeichnung für *Weinbrand* und *Cognac*. Der Begriff ist auch in Spanien, Portugal, Italien und Griechenland gebräuchlich.

Branntweine
Hierunter versteht man alle alkoholischen Flüssigkeiten, die durch *Vergärung* von Zucker und anschließender *Destillation* gewonnen werden.

Brennblase
Einfaches, traditionelles Brenngerät. Sie besteht aus einem Kupferkessel, in dem das Brenngut erhitzt wird, und einem Schwanenhals, durch den der Dampf in den Kondensator entweichen kann.

Brenncampagne
Zeitraum von der Traubenlese bis zum Beginn der Faßlagerung des *Destillats*.

Brennerei
Als solche darf ein Betrieb bezeichnet werden, der selbst Primär*branntwein* herstellt.

Brennrecht
Ein in Litern Alkohol zur Herstellung desselben zugewiesenes Recht für Eigenbrennereien.

Brennwein
Der für die *Destillation* vorgesehene Grundwein.

Brinjevec
Serbische und slowenische Bezeichnung für *Branntwein* aus Wacholderbeeren.

Bureau National Interprofessionel du Armagnac
Staatliche Institution zur Überwachung und Deklarierung von *Armagnac*. Abkürzung: B.N.I.A.

Bureau National Interprofessionel du Cognac
Staatliche Institution zur Überwachung und Deklarierung von *Cognac*. Abkürzung: B.N.I.C.

C

Calvados
Feines Apfel*destillat* aus der Normandie. Die Region für die Herstellung ist staatlich festgelegt.

Campbeltown
Schottische *Whisky*region. Hier gibt es heute nur noch 2 *Destillerien*.

Cassis
Sammelbegriff für *Liköre* aus schwarzen Johannisbeeren.

Chai
Luftige Lagerhalle, in der *Cognac* oder *Armagnac* in Eichenfässern reift.

Charente
Cognac-Anbaugebiet nordöstlich von Bordeaux.

Cherry-Brandy
Kirschlikör auf *Weinbrand*basis.

Crème de Cacao
Farbloser oder brauner Schokoladen*likör*.

China-Likör
Chininhaltige *Liköre*.

Chriesi
Alemannischer Ausdruck für Kirsche. In Baden und der Schweiz gebräuchlich.

Cidre
Apfelwein. Ausgangsprodukt für die *Calvadosdestillation*.

Cinnamon-Brandy
Englische Spezialität. In der *Weinbrand*flasche befindet sich zur Aromatisierung eine Stange mit Zimtrinde.

Coer
= *Herz*. Der *Mittellauf* eines *Destillations*vorgangs.

Coffey-Still
Auch *Patent-Still* oder *Column-Still* genannt. Säulenbrennapparat mit *kontinuierlicher* Zuführung.

Cognac
Der wohl weltweit bekannteste *Weinbrand*. Er wird nach einem vorgegebenen Verfahren in der Charente, einer Region im Südwesten Frankreichs, hergestellt.

Col de Cygne
= Schwanenhals. So bezeichnet man die gewundene Leitung des *Alambic*-Brenngeräts.

Column-Still
Anderer Ausdruck für *Coffey-Still* oder *Patent-Still*.

Compte
Bezeichnung für das Alterskonto von *Cognac* und *Armagnac*.

Congeners
Englische Bezeichnung für *Nebenprodukte* beim Gärprozeß.

Cordial
Amerikanische und englische Bezeichnung für *Likör*.

Corenwijn
Holländischer Kornschnaps höchster Qualität. Er ist die Basis für Oude *Genever*.

Coupage
Französische Bezeichnung für *Verschnitt*.

Cow
Alkoholarmer *Likör* auf Basis von Milch oder Rahm.

Crème de...
Besonders süße *Liköre*, die 400 Gramm und mehr Zucker je Liter enthalten.
In Frankreich auch mit geringerem Zuckeranteil.

Curaçao
Orangen*likör* auf Basis von kleinen Bitterorangen, deren Schale man zur Herstellung verwendet. Sie stammen ursprünglich von der Insel Curaçao. Der Curaçao ist meist gefärbt, es gibt aber auch eine glasklare Version.

Cuvée
Mischung verschiedener Einzel*destillate* zu einem fertigen Erzeugnis.

D

Deputat
Getränke, die ein Spirituosenhersteller dem Arbeitnehmer zum Eigenbedarf verbilligt oder unentgeltlich überläßt.

Destillat
Das durch Destillieren oder Rektifizieren gewonnene alkoholische Erzeugnis.

Destillation
Verfahren, bei dem durch Verdampfung von Bestandteilen mit verschiedenen Siedepunkten konzentrierter Alkohol gewonnen wird.

Destillerie
Im allgemeinen ist eine Destillerie ein gewerblicher Brennbetrieb.

Diaste
Ein beim Keimen von Gerste abgesondertes Ferment, das die Stärke löslich macht.

Digestif
Verdauungsfördernde (Lat. Digestion = Verdauung) Spirituose. Der Ausdruck wird meist für einen hochwertigen Brand nach einer Mahlzeit verwendet.

Digestion
Auslaugen. Durch Erwärmung entzieht man Pflanzen, Früchten oder Wurzeln *Aromastoffe*. Man erhält einen *Auszug*.

Double Chauffe
Brennvorgang in zwei Durchläufen. Beim *Cognac* vorgeschrieben.

Douzico
Anderer Name für *Ouzo*.

Draff
Bei der *Whisky*herstellung nach dem *Maischen* verbliebene Getreidereste, die als Viehfutter verwendet werden.

KLEINES SPIRITUOSENLEXIKON

Dram
In Schottland umgangssprachlicher Ausdruck für ein Glas *Whisky*.

Dunder
Rückstand früherer Brennvorgänge bei der *Rum*erzeugung.

Dutch Gin
Englische Bezeichnung für *Genever*.

E

Eau-de-Vie
= Lebenswasser. Französische Bezeichnung für *Branntwein*. Normalerweise versteht man darunter aber die klaren Brände.

Eau-de-Vie-de-Cognac
Frühere Bezeichnung für *Cognac*. Erstmals 1726 in einem Dokument niedergeschrieben.

Eau-de-Vie-de-Marc
Französischer Tresterbrand.

Egrappé
Zusatzbezeichnung für *Branntweine* aus entstielten Trauben.

Eislikör
Eis*liköre* haben einen hohen Zuckergehalt und werden mit Eis vermischt getrunken. Sie werden meist aus Zitrusfrüchten hergestellt.

Elixier
Das Wort stammt aus dem Arabischen. „Al-Iksier" bedeutet: Der Stein der Weisen. Man versteht darunter eine Arznei oder Heilmittel.

Essenzen
Auszüge aus Kräutern, Pflanzen und Früchten. Sie sind die Grundlagen von *Likören*.

Extrafeinsprit
Fein filtrierter Sprit, der einem besonderen Reinigungsverfahren unterworfen wurde. Oft auch als Feinstsprit bezeichnet.

Extrakte
Auszüge aus pflanzlichen Rohstoffen. Zumeist in eingedickter oder trockener Form.

F

Feinbrand
Zweiter Durchlauf des Rauhbrands bei der Zweifachdestillation. Beim *kontinuierlichen* Brennverfahren wird in einem durchgehenden Prozeß erst der *Rauhbrand*, anschließend der Feinbrand erzeugt.

Feints
Bei der *Whisky*produktion der *Nachlauf* der zweiten *Destillation*. Er enthält unerwünschte unreine Bestandteile.

Fermentation
Umwandlung von Zucker in Alkohol. Ein anderer Ausdruck ist *Gärung*.

Fernet
Kräuter*likör* nach der Rezeptur des Dr. Fernet. Fernet wird seit 1845 vor allem in Italien hergestellt.

Filtration
Verfahren zur *Likör*herstellung. Die Alkoholbasis wird kalt oder als Dampf durch einen Behälter mit *Aromastoffen* geleitet. Diese werden dadurch freigesetzt und vom Destillat aufgenommen.

Foreshots
Bei der *Whisky*herstellung der *Vorlauf* der zweiten *Destillation*, der abgetrennt und erneut gebrannt wird.

Fusel
Umgangssprachlicher Ausdruck für minderwertige Spirituosen.

Fuselöle
Unerwünschte Bestandteile des frischen *Destillats*.

G

Gerbsäure
Anderer Ausdruck für *Tannin*. Gerbsäure befindet sich unter anderem im Holz der Eichenfässer und wird während der Lagerzeit an das *Destillat* abgegeben.

Gärung
Die Gärung ist ein chemischer Umwandlungsprozeß, bei dem Stärke und Zucker durch Zusatz von Hefepilzen in Alkohol und Kohlensäure umgewandelt werden. Auch: *Fermentation*.

Geist
Deutsche Bezeichnung für einen *Obstbrand* aus Rohstoffen, die nicht *gären*, sondern in *Monopolalkohol* mazeriert und dann zusammen *destilliert* werden.

Geistblase
Die in Verschlußbrennereien zur Erzeugung von *Geisten* bestimmte *Brennblase* ohne zollamtliche Meßuhren.

G(e)lägerbrand
Österreichische Bezeichnung für Hefe*branntwein*.

Grain-Whisky
Ausschließlich aus Getreide gebrannter *Whisky*.

Genever
Andere Scheibweise *Jenever*. Holländische Nationalspirituose auf Wacholderbasis.

Gin
Klare Spirituose mit Wacholderaroma. Besondere Typen sind *London Dry Gin* oder *Plymouth Gin*.

Ginipero
Italienische Bezeichnung für einen mit Wacholderauszügen *destillierten Branntwein*.

Grappa
Die Grappa ist eine italienische Spirituose, die aus vergorenen Traubentrestern *destilliert* wird.

H

Herz
Anderer Ausdruck für den *Mittellauf* der *Destillation*.

Highlands
Schottische *Whisky*region. Bereits im „Wash Act" 1784 festgelegt.

Hogshead
Gebräuchlichste Faßgröße für die *Whisky*reifung. Inhalt 250-305 Liter.

Holler
In Süddeutschland und Österreich gebräuchliche Bezeichnung für Holunder.

Huaco
Farbloser, nicht in Holzfässern gelagerter *Weinbrand* in Südamerika.

I - J

Impuretés
Französische Bezeichnung für *Nebenprodukte*.

Infusion
Herstellung von Kräuter- oder Gewürz*auszügen* durch Übergießen mit heißem Wasser und Alkohol.

Inländer-Rum
Österreichische Spirituose. Wird aus aromatisierter *Essenz* und Monopol*sprit* hergestellt und hat nichts mit *Rum* auf Zuckerrohrbasis zu tun.

Jenever
Andere Schreibweise für *Genever*.

K

Karamel
Andere Bezeichnung für *Zuckerkulör*.

Keepers of the Quaich
Exclusiver Verein zur Förderung des schottischen *Whiskys*.

Kislaw
Russischer *Branntwein* aus Wassermelonen.

Klarer
Sammelbezeichnung für klare Spirituosen. In Deutschland versteht man darunter meist *Korn*, *Aquavit* und Wacholder.

KLEINES SPIRITUOSENLEXIKON

Klarer aus Wein
Sammelbezeichnung für klare deutsche *Weinbrände*, die nicht in Holzfässern gelagert werden.

Kognac
Russische Bezeichnung für *Branntweine* aus Weinen der Krim und Kaukasiens. Sterne geben den Alkoholgehalt, nicht das Alter an.

Kontinuierliches Brennverfahren
In kontinuierlich arbeitenden Brennanlagen wird das Brenngut kontinuierlich zugeführt. Der Kolben braucht nicht nach jedem Durchgang wieder aufgefüllt werden.

Kopf
Anderer Ausdruck für den *Vorlauf* der *Destillation*.

Korn
In Deutschland nach strengen Vorschriften destillierter Kornbrannt ohne Zutaten.

Kroatzbeere
Schlesische Bezeichnung für Brombeere.

Kümmel
Süßer *Likör* aus Kümmel, Kümmelsamen und Anis. Ursprünglich von Lukas Bols in Holland entwickelt.

L

Likör
Oft süßes, aber auch herbes oder bitteres alkoholisches Getränk, das durch Einlegen von Wurzeln, Kräutern, Blüten, Obst oder Samen in Alkohol sowie anschließende *Destillation* hergestellt wird.

Liquors
Englisch-amerikanischer Ausdruck für alkoholische Getränke. Hierzu gehören nicht nur Liköre.

London Dry Gin
Besonderer *Gin*-Typ, bei dem vor allem die Würzzutaten eine eigene Formel haben.

Lowlands
Schottische *Whisky*region. Bereits im „Wash Act" 1784 festgelegt.

Low Wine
Das *Destillat* des ersten Brenndurchgangs im *Pot-Still*.

Lutter
Andere Bezeichnung für *Rauhbrand*.

M

Machandel
Ehemals ostpreußische Bezeichnung für Wacholderschnaps. Heute auch in einigen Teilen Deutschlands noch gebräuchlich.

Maische
Breiartiger, gärender oder bereits vergorener Grundstoff zur *Destillation*.

Malt Whisky
Ausschließlich aus gemälzter Gerste in Pot-Stills gebrannter *Whisky*.

Mälzboden
Anlage zum Keimen ausgebreiteter feuchter Gerste, um Fäulnis zu vermeiden.

Maraschino
Klarer *Likör*, destilliert aus Kirschwasser der dalmatinischen Sauerkirschen. (Marasca-Kirschen). Aromazusatz durch Vanille, Rindenauszüge und andere Gewürze.

Marc
Französische Bezeichnung für Brände aus Traubentrestern. Andere Bezeichnung: Eau-de-Vie-de-*Marc*.

Mariage
= Hochzeit. *Verschnitt* von *Destillaten*. Hierbei werden hochwertige Produkte mit solchen minderer Qualität oder ältere Jahrgänge mit jüngeren *verschnitten*.

Marsala
Verstärkter, süßer Wein aus Sizilien.

Mash
Maische aus gemahlenem Gerstenmalz und heißem Wasser.

Mazeration
Das Einlegen von Früchten, Wurzeln, Kräutern oder anderen Pflanzenteilen, um diese zu konservieren und ihnen die *Aromastoffe* zu entziehen.

Mescal
Mexikanischer, sehr gewöhnungsbedürftiger Schnaps, dessen Basisprodukt die mexikanische Ulme ist.

Methode Charantaise
Bezeichnung für den Brennvorgang im *Alambic*-Brenngerät.

Mexican Gin
In Großbritannien übliche Bezeichnung für Tequila.

Mittellauf
Anderer Ausdruck: *Herz*. Der hochwertige Teil des *Destillations*vorgangs. Er enthält kaum *Fuselöle*, ist klar und hat einen hohen Alkoholgehalt.

Monopolalkohol
Geschmacksneutraler, von der Monopolverwaltung der Länder in den Handel gebrachter Alkohol.

Moonshine
Umgangssprachliche Bezeichnung für schwarzgebrannten *Whiskey* in den USA.

Mow Toy
Kornschnaps aus Hong-Kong.

N

Nachlauf
Anderer Ausdruck: *Schwanz*. Alkoholschwacher, letzter Teil des *Destillations*vorgangs. Der *Nachlauf* wird der Maische ein zweites Mal zugesetzt.

Napoléon
Zusatzbezeichnung bei *Weinbränden*, vor allem *Cognac*.

Nebenprodukte
Begleitstoffe bei der alkoholischen *Gärung*. Sie bestehen aus flüchtigen und nichtflüchtigen Stoffen.

Noisette
Französische Bezeichnung für Nuß*likör*.

O

Obstbrand
Branntwein, dessen Rohstoffe eine oder verschiedene Obstsorten sind.

Obstler
In Österreich und der Schweiz: Mischobstbrand
In Deutschland: Anderer Ausdruck für Obstwasser. Zumeist aus Äpfeln und Birnen oder deren Säften *destilliert*.

Obstwasser
siehe: *Obstler*

Ouzo
Weißer Anisschnaps aus Griechenland. Anderer Name: *Douzico*.

P - Q

Palo
Spanischer *Likör* aus Johannisbrot.

Parfait Amour
Likör aus Veilchen und exotischen Zutaten. Markante lila Farbe und herrliches Blütenaroma.

Pastis
Französische Sammelbezeichnung für anishaltige Aperitifs. Wird als Aperitif mit Wasser verdünnt.

Patent-Still
Auch *Coffey-Still* oder *Column-Still* genannt. Säulenbrennapparat mit *kontinuierlicher* Zuführung.

201

KLEINES SPIRITUOSENLEXIKON

Pêche
Leichter französischer Pfirsich-*likör*.

Perkolation
Verfahren zum Ausziehen von Pflanzen*extrakten*. Im Perkolator werden die zerkleinerten Stoffe mit einem *Sprit*-Wasser-Gemisch angesetzt und durch langsames Abfließen gewonnen. Der erhaltene *Auszug* heißt Perkolat.

Persico
Aus Pfirsichen, Pfirsichkernen und Mandeln hergestellter *Branntwein*.

Petite Eau
Mit destilliertem Wasser versetzter *Cognac* mit einem max. Alkoholgehalt von 27 % Vol. Auch Faible genannt. Wird für den *Verschnitt* gebraucht.

Pflümli
Schweizer Bezeichnung für Pflaumen*branntwein*.

Pisco
Südamerikanischer, klarer *Weinbrand* aus Muskatellertrauben.

Plymouth Gin
Klassischer *Gin*-Typ. Ursprünglich schwer und stark aromatisch.

Poire William
Französische und Schweizer Bezeichnung für einen *Branntwein* aus Williams-Christ-Birnen.

Poitin
Irischer Name für schwarzgebrannten *Whiskey*.

Portwein
Bekannter verstärkter Wein aus dem Douro-Tal in Portugal. Die Lagerung und der *Verschnitt* finden in Porto statt.

Poteen
Umgangssprachlicher schottischer Ausdruck für schwarz gebrannten *Whisky*.

Pot-Still
Traditionelle *Brennblase*, bestehend aus einem Kupferkessel mit Schwanenhals.

Primasprit
Geschmacks- und geruchsneutraler Trinkalkohol. Andere Bezeichnungen sind Wein*geist* und *Monopolalkohol*.

Prohibition
Staatlich verordnetes Alkoholverbot. In den USA von 1920 bis 1933.

Proof
Alte Maßeinheit für Alkoholgehalt in den USA. 50 % Vol. = 100 US Proof.

Pruneau
Französische Bezeichnung für Pflaumen*branntwein*.

Pure Malt
Reiner Malz-*Whisky* ohne Zusatz von *Grain-Whisky*.

Queue
= Schwanz. Nachlauf der *Destillation*.

R

Raki
Anisette der Balkanländer aus Anis, Fenchel, Trauben, Rosinen und Feigen.

Rakija
Slawische Bezeichnung für Pflaumen*branntwein*.

Rancio
Bouquet eines voll ausgereiften *Weinbrands* nach etwa 20jährigem Faßlager. Der Ausdruck wird auch für die *verstärkten* Weine verwendet.

Ratafia
Branntwein aus verschiedenen Obstsorten, der durch 2-3malige *Destillation* hergestellt wird. In Italien auch Frucht*likör* aus Schwarzkirschen.

Rauhbrand
Der erste minderwertige Teil eines ersten *Destillations*vorgangs. Er wird nicht weiter veredelt, sondern wieder der Maische zugegeben. Auch *Vorlauf*, *Lutter* oder *Kopf* genannt.

Reiterliköre
In Deutschland übliche Bezeichnung für *Bitterliköre* mit einem Mindestalkoholgehalt von 30 %.

Rektifikation
Wiederholter *Destillations*vorgang.

Rye-Whisk(e)y
In den USA und Kanada *Whisk(e)y* mit einem Roggenanteil von mindestens 51 %.

Rhum
Französische Schreibweise für *Rum*.

Ron
Spanische Schreibweise für *Rum*.

Rum
Wohl bekannteste Spirituose aus Zuckerrohr. *Rum* wird vor allem auf den karibischen Inseln und in Südamerika hergestellt.

S

Sambuca
Italienischer Holunder-Anis-*Likör*. Man serviert ihn mit schwimmenden Kaffeebohnen, die beim Trinken zerkaut werden.

Sauvage
= wild. Bei Spirituosen als Hinweis auf wildwachsende Rohstoffe verwendet.

Schwanz
Anderer Ausdruck für den *Nachlauf* der *Destillation*.

Schwenker
Umgangssprachlicher Ausdruck für ein dünnes, bauchiges Glas. Besonders für *Cognac*, *Armagnac* und *Weinbrand* oder *Brandy* geeignet.

Scotch
Sammelbegriff für schottische *Whiskys*.

Sherry
Bekanntester verstärkter Wein Spaniens. Er wird in der Gegend um Jerez de la Frontera erzeugt.

Single-Malt
Malz-*Whisky*, der in einer einzigen *Destillerie* hergestellt wurde.

Skimmings
Schaum, der bei der Verkochung von Zuckerrohr bei der Rumherstellung entsteht.

Slivovitz
Pflaumen*branntwein* in den Balkanländern. Er wird in Holz gelagert und hat eine goldbraune Farbe.

Sour Mash
Amerikanischer *Whiskey*, bei dem der *Maische* Brennrückstände eines vorherigen Durchgangs zugegeben werden.

Speakeasy
Geheime *Whiskey*-Bar während der amerikanischen Prohibition.

Sprit
Kurzbezeichnung für *Primasprit*.

Straight-Bourbon
Bourbon-Whiskey ohne Zugabe von Neutral*sprit*.

Steinhäger
Hochwertiger deutscher *Gin*. Das Herstellungsverfahren ist sehr aufwendig.

Stoffbesitzer
Amtlicher Ausdruck für Obstbesitzer, die nicht über ein eigenes *Brennrecht* verfügen und im Lohnauftrag *destillieren* lassen.

T

Tafia
Spanische Bezeichnung für minderwertigen *Rum*.

Tannin
Andere Bezeichnung für *Gerbsäure*.

Tête
= Kopf. So bezeichnet man den unbrauchbaren *Vorlauf* der *Destillation*.

Kleines Spirituosenlexikon

Tequila
Mexikanischer Nationalschnaps, destilliert aus der Blüte der blauen Agave.

Topinambur
Branntwein auf Basis der Erdartischocke bzw. Roßkartoffel.

Tumbler
Typisches, zylindrisches Whisk(e)yglas.

Treber
Andere Bezeichnung für *Trester*.

Trester
Feste Rückstände bei der Weinkelterung oder Mostgewinnung. Dabei handelt es sich um Schalen, Stiele und Kerne.

Tresterbranntwein
Branntweine, die aus Wein- oder Obsttrestern hergestellt werden.

Trinkstärke
Der endgültige Alkoholgehalt einer Spirituose, der oft durch Zusatz von Wasser erreicht wird.

Triple
Zusatzbezeichnung für *Zitrusliköre* mit mindestens 35 % Vol.

Triple sec
Zusatzbezeichnung für *Zitrusliköre* mit mindestens 38 % Vol.

Trou Normand
= Normannisches Loch. Es bezeichnet die Sitte, zwischen den Gängen einer kräftigen normannischen Mahlzeit einen *Calvados* zu trinken.

V

Vatted Malt
Verschnitt verschiedener Malz-*Whiskys* ohne Zugabe von *Grain-Whisky*.

Vermouth
Schreibweise für den speziellen italienischen und französischen *Wermut*.

Verschlußbrenner
Gewerbliche *Brennereien*, deren Anlagen über Meßgeräte kontrolliert werden und deren Produktions- und Lagerräume zollamtlich verschlossen sind.

Verschnitt
Die bei der Herstellung von Spirituosen übliche Mischung aus *Destillaten* verschiedener Brennvorgänge, mit dem Ziel, einen harmonischen Geschmack oder einen markentypischen Charakter zu erhalten. Andere Ausdrücke sind *Cuvée* und *Mariage*.

Verstärkter Wein
Weine, denen Alkohol zugesetzt wird. Beispiele sind *Sherry*, *Portwein* oder *Marsala*.

Vinasse
Alkoholfreie Substanz, die bei der *Armagnacdestillation* zurückbleibt.

V.O.
= Very Old. Altersbezeichnung für mindestens 4 Jahre gelagerten *Armagnac* oder *Cognac*.

Vodka
Andere Schreibweise für *Wodka*.

Vorlauf
Anderer Ausdruck: Kopf. Erster und stark unreiner Teil des *Destillations*durchgangs. Er wird abgetrennt und nicht der folgenden *Destillation* beigegeben.

V.S.O.P.
= Very Superior Old Product. Altersbezeichnung für mindestens 4 Jahre gelagerten *Armagnac* oder *Cognac*.

W

Wasser
Mit dem Wort »-wasser« zusammengesetzte Spirituosen-Bezeichnungen gelten für *Obstbranntweine*, vor allem aus Steinobst, deren Zuckergehalt ausreicht, den Gärvorgang ohne weitere Zusätze in Gang zu setzen.

Weinbrand
Sammelbegriff für *Branntweine* aus Trauben bzw. Wein.

Weingeist
Andere Bezeichnung für *Primasprit*.

Weinraute
Traubenstiel einer Weinrebe. Wird in *Grappa*flaschen gegeben.

Wermut
Wermut ist in der Grundform ein verstärkter Wein, dem komplizierte Kräuter*auszüge* beigegeben werden. Andere Schreibweise: *Vermouth*.

Whisky
Das Wort stammt aus dem Gälischen und bedeutet Lebenswasser. *Whisky* wird aus gemälztem Getreide vor allem in Schottland hergestellt. Man unterscheidet Malz-*Whisky* und *Blended-Whisky*. Diese Schreibweise wird auch bei kanadischem *Whisky* verwendet.

Whiskey
Amerikanische Schreibweise. Hier wird *Whiskey* auch aus Mais erzeugt. Die Schreibweise gilt auch für irischen *Whiskey*.

Wodka
Weitgedehnter Begriff für klare Schnäpse. Wodka kann aus verschiedensten Grundstoffen *destilliert* werden. In Polen kennt man auch aromatisierten Wodka. Andere Schreibweise: *Vodka*.

Y - Z

Yea
Südamerikanischer Name für Trester*branntweine*.

Zuckerkulör
Farbzusatz für Spirituosen aus *Karamel*. Geringe Dosen sind geschmacksneutral.

Zuika
Rumänischer, kräftiger Pflaumen*branntwein*.

Spirituosen Historie – Hautnah

Museen

La Cognacthèque
Größte Sammlung von Cognacerzeugnissen.
Cognac, Charente
10, Place Jean Monnet

The Irish Whiskey Corner
Das interessant gestaltete Museum hat auch eine typisch irische Whiskey-Bar sowie einen Shop.
Dublin, Bow Street

The Scotch Whisky Heritage Centre
Nur wenige Schritte vom Schloß entfernt, bietet dieses Museum alles Wissenswerte über den schottischen Whisky.
Edinburgh, 354 Castlehill
The Royal Mile

Museo della Grappa
Das neue Grappa-Museum befindet sich in einem Palazzo aus dem 16. Jahrhundert.
Bassano del Grappa,
Ponte Vecchio

Musée d'Alambic
Im Hause der »Distillerie Jean Gaultier« befindet sich dieses fabelhafte Brennereimuseum.
Saint-Désirat, Ardèche

Musée des Eaux-de-Vie
Hier wird vor allem die Geschichte der Obstbrennerei anschaulich dargestellt.
Lapoutroie, Elsaß
Rue du Général-Dufieux

Brennerei-Museum Otto Klüsener
Die einzelnen Produktionsschritte des Brennens von Kornbranntwein werden an Originalgeräten anschaulich gemacht. Das Museum ist nur nach telefonischer Anmeldung (0 52 41) 66 78 72 zu besichtigen.
Gütersloh, Münsterlandstr. 1

REGISTER

Aalborg 32 f., 126 ff.
Aalborg Export Akvavit 127 f.
Aalborg Taffel Akvavit 126, 128 f.
Aberfeldy 110
Abricot 64
Absinth 58 f.
Absolut 130
Abtei-Spirituosen 62
Achaia Clauss 151
Act of Excise 107
Advokaat 138
Age Inconnu 45, 54
Aguardiente 70, 102
Aiguebelle 62
Alisier 64
Allasch 160
Allexant 56
Alpestre 88
Alter Weinbrand 20
Alter Zuger Kirsch 29
Amaretto 87 ff.
Amaretto dell'Orso 88
Amaretto di Saronno Originale 87, 89
Amaro Digestivo Unicum 79
Amaro Montenegro 77, 79
Amaro Ramazotti 76
Amarula 186, 187
American-Light-Whiskey 165
Americano 85
Amerikanische Bar 170
Amontillado 96 f.
Anada 97
Andreesen 177
Angelburger 33
Anis del Mono 103
Anis Gorila 180
Anis la Castanella 103
Anisette 67
Antinori 72
Aperol 80 f.
Apfel & Williams Obstbrand 29
Apfel 53, 64
Apfelkorn 17
Appleton 176
Apricot-Brandy 122
Aprikose 64, 144
Aquavit 32, 126 ff.
Archer's Peach County 123
Ardberg 110
Arielle 64
Armagnac 46 ff., 61
Arrak 181
Artic 87, 89
Asbach 18 ff., 110
Asbach Privatbrand 20
Asbach Selection 20
Asbach Uralt 19 f.
Asbach, Hugo 18f.
Atholl Brose 108
Au Clos de la Hurvonière 55
Aubépine 64
Auchentoshan 110
Auchroisk 110

Auerhahn 16, 23
Aufgesetzter 17
Aultmore 110
Aurum 87
Averna Amaro Siziliano 76, 78

B & B 62
B. Gelas & Fils 50
Babatzimopoulus 153
Bacardi 174 f.
Bagaceira 102
Baileys Original Irish Cream 117
Bailoni 145
Balblair 110
Ballantine's 35
Ballantine's Gold Seal 109
Balle 177
Balmenach 110
Baltic Special Vodka 158
Balvenie Single Barrel 113
Bananasala 35
Barack Palinka 144 f.
Barbadillo 96
Barbados 175
Barbero 72
Bärenfang 35
Barozzi 72
Barroca 98
Bartleshof 28
Bas-Armagnac 48 ff.
Basi 184
Basilikata 71
Bassanone del Grappa 70
Bastardo 98
Batida de Coco 180
Beefeater 120
Begg 109
Beifuß 64
Bell's 109
Bell's Extra Special 109
Bell, Arthur 109
Bénédictine D.O.M. 62 f.
Benriach 110
Benrinnes 110
Berentzen 17, 32
Berger 59
Bernadynka 160
Berry Bros. & Rudd 110
Bertrand 56
Bessen(genever) 135, 141
Beyer 65
Beyer, Léon 65
Bisquit 39
Bitter 76 ff.
Bitterorangen 66 f.
Black & White 109
Black Balsam 160
Black Bush 115
Black Velvet 168
Bladnoch 110
Blair Athol 110
Blended Whiskey 165
Blended Whisky 109, 111
Bloody Mary 159

Blue Curacao 136
Board of Excise 107
Bobadilla 92, 96
Bocchino 72
Bodegas 94
Bodegas Internacionales 92
Bois à Terroir 40
Bois Ordinaires 40
Bokma 134
Bols 20, 134, 138, 140
Bols, Lukas 136 f.
Bols-Strothmann 16, 33
Bombay Gin 120
Bommerlunder 32 f.
»Bommi mit Pflaume« 33
Bon Cheri 146, 147
Bonaventura Maschio 86
Bons Bois 40
Boonekamp 22, 141
Booth 120 f.
Borovicka 160
Both 16, 20
Both, Anton-Josef 21
Both, Peter-Josef 21
Bouchard 56
Boulard 54
Bourbon 164 ff.
Bowmore 110
Brandy 88, 92 f., 122, 103, 161, 189
Braulio 78
Bristol Cream 97
Brizard, Marie 65
Brown, Gordon 107
Bruichladdich 110
Buchanan 109
Buchanan Blend 109
Bunnahabhain 110
Burekorn 16
Burgeon de Sapin 64
Burrough's Vodka 123
Bushmill 114
Bushmills Malt 115
Buton 73, 85, 86
Byrrh 61

Cacao Choix 160
Cachaca 180 f
Cachaca de Carice 180
Caipirinha 181
Calisay 103 f.
Calva 55
Calvador 53 f.
Calvados 52 ff.
Camel 73
Campari 79
Campari Soda 79 f.
Campari, Davide 79
Campari, Gaspare 79
Campari-Bitter 80
Campbeltown 110
Camus 42
Cana-Rio 180
Canadian Club 168
Canadian Mist 169

Cantina Privata 74
Cap Corse 61
Caperdonich 110
Captain Morgan 176
Capucine 147
Cardhu 110
Cardenal Mendoza 92
Carlos I. 93
Carlos III. 93
Carolans 117
Carpano 80, 82, 84
Carpano Classico 84
Casanis 59
Casoni 79, 87 f.
Casoni Ovoro 87
Cassis 64, 66 f.
Castarède 48
Celebration Cream 96
Centenary 152 f.
Cerise 64
Chabot 48
Champagne 57
Chantré 20
Chantré Cream 20
Charcoal Mellowing 165
Charente 20, 38 ff., 46
Chartreuse 62 f.
Château de Laubade 48
Château de Mérigots 21
Château du Breuil 54
Château Mont Redon 56
Château Montfort 57
Cherry Marnier 67
Cherry-Brandy 122
Cherry-Rocher 66
Chiarlo, Michele 74
China Martini 79
Chinarinde 60 f., 79, 83
Chivas Regal 110
Chocolate Mint 171
Chort-Mutel, Edmund 54
Cidreries du Calvados 55
Cinzano-Bitter 81
Cinzano 84 f.
Cinzano, Carlo Stefano 85
Cinzano, Giovanni Giacomo 85
Clacquesin 67
Clan Campbell 109
Clanrana 123
Clémentines de l'Armagnac 51
Cles de Ducs 46, 48
Clynelish 110
Cobianchi, Stanislao 77
Cockburn's 100
Cockburn, Smithes & Co. 100
Cockspur 176
Cocktail 139
Coconut Creole 137
Cocosala 35
Coeberg 134
Coffey, Aeneas 109
Cognac 18 f., 38 ff., 46, 66 f., 73
Coing 64
Cointreau 65 f.

REGISTER

Colbert 43
Colheita 99
Colli Orientali 73
Colorato 83
Columbus, Christoph 175
Con la Mosca 87
Conde de Osborne 93
Cora 78
Cork Distilleries Co. Ltd. 116 f.
Coretto 77
Corn-Whiskey 165
Corvit 16
Cotentin 53
Cottbus 34
Courvoisier 42, 45
Cragganmore 110
Cream-Sherry 96 f.
Crème de Cassis 66 f.
Croft 96
Croizet 42
Crusted Port 99
Cuarenta y Tres 102 f.
Cuervo 178
Cunnersdorf 23
Cusenier 66
Cutty Sark 110
Cynar 80 f.

D.O.M. 62 f.
Da Zucca 87
Dailuaine 110
Dallas 110
Dalmore 110
Dalwhinnie 110
Danziger Goldwasser 35
De geele Köm 33
De Kuyper 134, 138, 140 f.
De la Croix Maron, Chevalier 9, 38
De Luxe 45, 49
De Villeneuve, Arnaud 8
Decker 20
Defender 110
Delaforce 100
Delamain 42
Denoix 67
Dethleffsen 16, 33, 177
Dettling 29
Dewar 109, 111
Dewar's Ancestor de Luxe 111
Dewar's White Label 111
Dhu 110
Di Borola 72
Dimple 111
Diplomat 147
Distilleria La Cigogne 65
Distilleria Riunite di Liquore 88
Distilleria Tosci 89
Dokator 23
Dolfi 66, 67
Dolin 61
Dolin, Hyppolite 61
Domaine d' Escoubes 50
Domaine de la Romanée-Conti 56
Domaine du Pillon 50

Domecq 93, 96
Domecq, Pedro 94
Domfrontais 53
Don 97
Doornkaat 16, 23, 30
Doornkaat Privat 30
Dopff 65
Doppelkorn 15
Dor 43
Douro-Wine Compagnie 98
Dr. Fernet 77
Dr. Ordinaire 58
Dr. Zwack 78
Drambuie 122 f.
Dry Sack 94, 96
Dubonnet 61
Duca di Civadale 73
Dufftown 110
Dujardin 18, 21
Duke of Gorden 108
Dunder 176
Dunhill 111
Dunhill Finest Scotch 111
Dupont 20
Duval 67

Echt Stonsdorfer 23
Echte Kroatzbeere 34
Echter Rum 174
Echter Steinhäger 30
Eckes 34
Eckes Edelkirsch 34
Edelkorn 15
Edradour 110
Eglantine 64
Elsaß 57
Emilio Lustau 95, 97
Endrinas 103
Eoliki 151
Erdbeere 64
Eristoff 157, 158
Eschen, Johann 25
Ettaler Kloster-Likör 25
Ettaler Kloster-Magenbitter 25
Etter 29
Evan Williams 166
Extra 45, 49, 54
Extra Akvavit 127, 128

Famous Grouse 112
Fassbind 29
Fattoria dei Barbi 72 f.
Fécamp 62
Fernet Branca 77 f.
Fernet Menta 77
Ferreira 100
Fettercairn 110
Fine 45
Finnlandia 130
Fino 96 f.
Fins Bois 40
Finsbury 120
Fior de Vite 73
First Estate 101
Flagman's 96, 100

Flarambel 48
Flensburg 177
Fliederbeerlikör 147
Florio 89
Fockink 134, 138
Forbidden Fruit 171
Four Roses 166
Fraise 64
Fraise du Bois 67
Framboises de l'Armagnac 51
Francoli 74
Franz-Branntwein 18
Frapin 43
Fratelli Bolla 74
Frattelli Averna 77
Frattelli Branca 77
Frattina 71, 74
Frattina di Tocai 74
Freezomint 66
French Extra Dry 61
Friaul 71, 73
Friesengeist 23, 25
Frühstücks-Kümmel 34
Fundador 93
FürSich 17
Fürst Bismarck 16
Fütyülös 144 f.

Galliano 87 f.
Gallo 171
Gammel Dansk Bitter Dram 130 f.
Gancia 85
Garcia Gemez S. L. 103
Garonne 46
Gascogne 46 f.
Gebhard Hämmerle 147
Gelas, Baptiste 50
Gelbes Zertifikat 42
Génépy 64, 66
Genever 119, 134 f.
Gerasdorfer 147
Get 23, 64, 66
Get, Jean 65
Get, Pierre 65
Giffard 66
Gilbert 54
Gilbey's 120 f.
Gilbey, Alfred 121
Gilbey, Walter 121
Gilka 34
Gilka-Vit 34
Gillespie, Malcolm 107, 108
Gin 102 f., 118 ff., 122, 170
Gin Tonic 121
Gin-Fizz 121
Giori 74
Giro 102
Girolamo Luxardo 88
Gisselbrecht 57
Glen Deveron 111
Glen Elgin 110
Glen Garioch 110
Glen Keith 110
Glen Moray 110

Glen Scotia 110
Glen Spey 110
Glenallachie 110
Glenburgie 110
Glencadam 110
Glendronach 110
Glenfarclas 110
Glenfiddich 112
Glengoyne 110
Glenkinchie 110
Glenlossie 110
Glenmorangie 110
Glenturret 110
Gobelet d'Argent 67
Goccia 74
Gold 44, 66
Gonverville, Gilles de 52
Gonzáles Byass 93, 97
Gorbatschow 11
Gordon's Dry Gin 118 f., 121
Gorzalka 158
Grain Whisky 109 f., 112
Gran Duque d'Alba 92
Grand Marnier 65
Grande Champagne 40
Grande Fine 45, 49
Grande Sélection 45, 49
Grant's 112
Grant, William 112
Grappa 57, 70 ff., 170
Grappa alla Ruta 75
Grappa Consenso 74
Grappa di Moscato d'Asti 74
Grappa di Tignanello 72
Grasovka 158
Grassl 34
Green Bananas 35
Greenall 121
Griotte 64
Grog 175
Groseille 64
Grüne Fee 58
Grüne Pomeranze 34
Grusniak 160
Guadeloupe 175
Guyana 175

Hagebutte 64
Haig 109, 111 f.
Haig, John 112
Haiti 175
Hamburger Michel 33
Hansen 177
Hansen, Hans 177
Hardy 40, 43, 189
Harris 100
Harvey's 97
Hasse 16
Haut-Armagnac 48
Havanna Club 176
Heidelbeere 64
Helbing 34
Hemingway, Ernest 70, 75
Henius, Isidor 126
Hennessy 43, 45

205

Register

Hennessy, Richard 39
Henri Bardouin 59
Henri Marie 57
Héritage 42
Herzog Alba 8
Heublein 170
Highland Park 110
Highlands 110
Hine 43
Hine, Thomas 39
Hippokrates 82
Hirschberg 23
Holger Danske 128
Honiggewürzlikör 147
Hors d'Age 49, 54
Hugo, Victor 38
Hulstkamp 32

I. W. Harper 166
Illicit of Destillation Act 108
Illva di Saronno 87
Imperial V.S.O.P. 21
Inchgower 110
Independencia 93
Indoniko 153
Inga 74, 86
Instituto di Vinho Porto 100
Inver House 112
Irischer Whiskey 114 ff.
Irish Coffee 116
Irish Distillers 114, 116
Irish Mist 117
Islands 110
Islay Malt 113
Isle of Jura 110

J & B 112
J. de Malliac 50
J. R. Brillet 42
Jack Daniel's 166
Jagdschluck 24
Jägermeister 23, 24
Jakobi 1880 21
Jakobi 21
Jalowcówa 158
Jamaika 175
Jambosala 35
Jameson 115
Jameson-1780 115, 117
Janneau 50
Jarschinowka 160
Jarzebiak 161
Jean Boyer 59
Jerez de la Frontera 92, 93, 94
Jim Beam 166
Johannisbitter 147
John Begg Finest Old Scotch 109
Johnnie Walker 35, 109, 113
Jonge Genever 135
Joseph Drouhin 56
Joseph Merlin 57
Jubiläums Akvavit 127 f.
Jückemöller 16, 32
Jule Akvavit 127 f.

Julia 74
Jura 57
Justerini & Brooks 112

Kaiser Kümmel 34
Kaiserberg 20
Kalúa 181
Kampanien 71
Kanadischer Whisky 168 f.
Karlsbader Becher Likör 161
Keller, Franz 28
Kersje 141
Kescemét 144 f.
Kescéméti 145
Keuk 34 f.
Kikkoman 184
Kir 76
Kirsberry 131
Kirsch Vieux 29
Kirsche 64
Kiwi Wonder 137
Klarer 14
Kloster Ettal 25
Klosterlikör 25, 62 f.
Knockandu 110
Koerner, Christian Gottlieb 23
Koffein 82
Kontuczowka 161
Korn 14 ff.
Kornbrand 15
Kornett 16
Kosaken-Kaffee 35
Krambambuli 161
Kräuterlikör 22 ff., 64
Kronenkreuz Aquavit 33
Krupnik 161
Kuba 175
Kwai Feh 138
KWV 186

L'Avranchin 53
La Bianca 72
La Duchesse 65
La Ina 96
La Mancha 93
La Vallée d'Orne 53
Labastide 48
Laberdolive 50
Laberdolive, Gérard 50
Lafontan 50
Lagavulin 110
Lagoute, Auguste-Denis 66
Lagrange 43
Lakka 131
Lancia, Bianca 89
Landelt 134
Languedoc 57
Lantenhammer 28
Laphroig 110
Lapponia 130
Laressingle 51
Larios Dry Gin 103
Late Bottled Vintage 99
Le Grand, Alexandre 63
Lehmann 57

Lemon Hart & Son 122
Lemon Hart 177
Lepanto 93
Lérina Verte 62
Les Borderies 40
Levi, Romano 75
Libarna 73
Likendeeler Eismint 34 f.
Lillet 61
Limontje 141
Linie Aquavit 128
Liqueur de Cassis 67
Liqueur du Pêche 67
Littlemill 110
Lochan Oran 123
Lochnagar 110
Loire 57
London Dry Gin 118 ff.
Long John 113
Long John MacDonald 113
Longmorn 110
Lopostolle, Jean-Baptiste 66
Lothringen 57
Louis Royer 44
Louis XIII. 45
Lowlands 110
Luxardo 88 f.

Magenbitter 22
Magno Osborne 93
Mahua 184
Maker's Mark 166
Malibu 123
Malt-Whisky 110 ff.
Malteserkreuz 33, 129
Malvasia-Grossa 98
Mampe 34
Mampe Halb und Halb 34
Manzanilla 96
Maracuja 75
Maraschino 88 f.
Marc 56 ff., 70
Marc de Bourgogne 56
Marc de Champagne 65
Marenco Bitter 81
Mariacron 21
Mariazeller 147
Marie Brizard 65
Marillen 144, 145
Marillenbrand 144, 145
Marken 71
Markgräfler Sauerkirschwasser 27
Marnier 44
Marnique 189
Marolo 75
Marozzi 79
Marqués de Domecq 93
Marquis d'Aguessau 55
Marquis de Montesquieu 51
Marquise d'Ivry 10
Marsala 89
Martell 44, 45
Martell, Jean 43
Martin, Rémy 39

Martini & Rossi 43, 59, 81 ff.
Martini & Sola 85
Martini Cocktail 85, 121
Martini, Alessandro 85
Martini-Bitter 80
Martini-Terrassen 85
Martinique 175
Mascaro 92
Masi Agricola 72, 75
Massenez 57, 65
Massenez, Eugéne 64
Mast 23
Mátás Barack Palinka 145
Mathew Gloag & Son Ltd. 112
Maubec, Jérôme 63
Maykamp 24
McDuff 110
Meder 134
Meisterbrand 21
Meisterkorn 16
Melcher's Rat 21
Melcher, Henricus 21
Metaxa 152, 153
MG 102
Midori 185
Miltonduff 110
Mint Julep 166, 167
Mirabelle 64
Molinari 88 f.
Molloy, Michael 116
Monin 67
Montezuma 178
Moonshining 165
Morand 29
Morin 67
Moritz Thienelt 34
Mortainais 53
Mortlach 110
Moskovskaya 156, 158
Mounier 147
Mount Gay 177
Mourisco 98
Moutwijn 134
Mozart Liqueur 147
Muscadelle 189
Museo Martini 84
Muskateller-Likörwein 188
Myrtille 64

Napoléon 45, 49, 54
Napoléon Bonaparte 31
Nebbiolo di Barolo 74
Nektaria 153
Niedliche Sünde 67
Nikka 185
Nissen 16, 23
Nocello 89
Noilly-Prat 61
Nonino 73, 75
Nonino, Orazio 73
Noyau de Poissi 67
Nusbaumer 57, 65

O'Carolans, Turlogh 117
O.P. Anderson 128

REGISTER

ban 110
bstler 27, 28
bstwasser 27
dakra Taffel Akvavit 129
ld Bushmills 115 ff.
ld Crow 167
ld Fitzgerald 167
ld Forester 167
ld Grand Dad 167
ld Oak 177
ld Tom Gin 118
loroso 96, 97
r-Fee 55
range and Coffee-Bean Cordial 123
rd 110
riginal Rum 174
riginal Schlichte 32
riginal Steinhäger 32
rzechóva 159
sborne 93, 97, 110
sborne, Thomas 97
tard 44
ude Genver 135
uzo 12, 150 f.

acharán 103
addy 116
alais Bénédictine 63
almas 95
alo Cortado 95
andero 181
âpidoux 55
aracelsus 9
ascall 65
assing the Port 101
assoa 66
astis 51, 58 ff.
astis Duval 59
ays d'Auge 52 ff.
ays de Bray 53
ays de la Risle 53
ays du Merlerault 53
each Tree 138
êche 53, 64
êcher Mignon 67
edro Domecq 96
eloni, Francesco 77
eppermint Giff 66
ére Magloire 55
ernod 58 f.
ernod, Henri-Louis 58
ersico 35
ertsova 159
etite Champagne 40
etrus Booneekamp 140 f.
firsich 64
flaume 64
flaumen-Aperitif 184
iave 75, 86
iave Gemma d' Uve 86
icasso, Pablo 58
icolit 73
icon 76
iemont 70, 83

Pierre Dujardin X.O. 21
Pimm's No. 1 121
Pinewinni Royal Scotch 112
Pippermint Get 64
Pisco 180
Pisco Capel 181
Pisco Control 181
Plenty Kiwi 189
Plinius der Ältere 8
Plymouth Gin 118 f.
Poire William 64
Pomme 64
Pommeau 54
Ponche Caballero 102 f.
Port Lodges 101
Portwein 98 ff.
Pot Gascon 46
Potin 115
Pott 177
Pott, Hans-Hinrich 177
Power 116
Power Gold Label 116
Preiselbeere 64
Premieèr Choix 49
Prime Uve 86
Primer 96
Prince Hubert de Polignac 42, 44
Prohibition 10 f.
Provence 57
Pruim 141
Prune 64
Pub 122
Puerto Rico 175
Punt e Mes 81
Puolukka 130
Puschkin 33
Puschkin Red 33

Quinquina 60
Quitte 64

R. & A. Bailey 117
Racke 35
Racke rauchzart 35
Raki 150, 152
Ramazotti 73, 75, 78, 88
Ramos Pinto 101
Rapido 179
Rappis 123
Rayas 95
Red Fox 35
Regnier do Brasil 181
Rémy Martin 44 f.
Renault 44
Réserve 45, 49, 54
Rhabarber 75
Rheinberg 22
Ribolla 73
Ricard 59
Ricard, Paul 59
Riccadonna 85
Rider Maple Liqueur 171
Riemerschmid 28, 35
Rinteln 35

Rio Viejo 96
Riserva Impero 86
Riserva Oro 75
Rives 102
Rocher Fréres 66
Rock & Rye 171
Roger Groult 55
Romanza 88
Romavilla 189
Roncalli 33
Ronchi di Pavia 73
Roner 75
Roosevelt, Theodor 11, 116
Roriz 98
Rosebank 110
Rosemount 189
Rosen-Brandy 161
Rossantico 84 f.
Rossi, Luigi 85
Rote Johannisbeere 64
Roter Rogoschin 33
Ruby-Port 99
Rum 174 ff.
Rum Verschnitt 174
Rumona 181
Russischer Kräuter-Balsam 161
Rye-Whiskey 164
Rye-Whisky 168, 169
Ryff, H. G. 26

Saint Agnes 189
Sala, Angelus 9
Samalens 50 f.
Sambuca 87 ff.
Sambuca al Caffé 87
Sambuca Molinari 88
Sanchez-Romante 92
Sandeman 97, 101
Sanderson, William 113
Sans Rival 151
Sardinien
Sari 78, 86, 88
Sauerkirsche 64
Sauza 178
Savoyen 57
Scharlachberg 21
Schidam 10, 134
Schinkenhäger 31
Schladerer 27 f.
Schladerer, Sixtus Balthasar 27
Schlehenfeuer 35
Schlumberger 57
Schottischer Whisky 106 ff.
Schüly & Hönninger 28
Schumadinski Tschai 161
Schwarze Johannisbeere 64
Schwarzer Adler 28
Schwarzwälder Kirschwasser 26 ff.
Schwedenpunsch 184
Scotch 106 ff
Seagram 75
Seagram's 7 Crown 167, 169
Sechsämter Bitter 24
Sechsämtertropfen 24, 35, 76

Sélection 45, 49
Sempé 51
Semper Idem 22
Sheridan's 117
Sherry 94 ff.
Sibirskaya 159
Sierra 178
Siglio Nero 74
Singapure Sling 131
Single-Malts 111
Sizilien 71
Skimmings 176
Slivovitz 153
Smirnoff 157, 170 f.
Smirnoff, Arseni P. 157
Smirnoff, Vladimir 157
Smith, George 108
Soberano 93
Sola, Teofilo 85
Solchnaya 159
Solera 93, 97
Soplica 159
Sousao 98
Southern Comfort 171
Souza 101
Speyburn 110
Speyside 110, 113
Spitz 146, 147
Springbank 110
St. Patrick 8, 114
St. Raphael 61
Stabrin, Otto 23
Starka 159
Stein, Robert 108
Stock 74, 77, 85 ff.
Stock Diechi Anni 88
Stock X.O. 86
Stock, Lionello 87
Stock-84 86
Stonsdorfer 23
Stonsdorferei 23
Straight-Whiskey 165
Strathisla 110
Strega 88
Stroh 80, 145 ff.
Strothmann 16, 31 f.
Südtirol 71
Sunraku Ocean 185
Suntory 44, 195
Supercassis 67
Superieur 49
Suze 76

Taittinger 110
Takara 184
Talisker 110
Tamnavulin 110
Tannenspitzen 64
Tanqueray 119, 121
Tanqueray, Charles 121
Tawny-Port 99
Taylor's 101
Taylor, Flatgate & Yeatman 101
Teacher's 113
Teacher, William 113

REGISTER

Ténarèze 47 ff.
Tequila 170, 178 f.
Terry 97
The Glenlivet 108
The Macallan 110
Tia Maria 181
Tinta Amarella 98
Tio Pepe 97
Tisserand 21, 23, 35
t'Lootsje 136 f.
Tobermory 110
Tomatin 110
Tomellosso 93
Tomintoul 110
Torben Anthon 131
Tormore 110
Torres 92 f.
Toskana 71
Touriga Francesca 98
Touriga Nacional 98
Treber 71
Trester 71, 73
Trinidad 175
Triple Lime Liqueur 67
Trou Normande 55
Tsantali 153
Tullamore 117
Tullamore Dew 116
Tullibardine 110
Turin 83
Türkischer Mokka 34 f.

Uerdinger 31 f.
Ulisge Baugh Blended Irish Whiskey 116
Umbrien 71
Underberg 22, 76
Underberg, Hubert 22
Unikum 78, 79
Urkamp 140 f.

Van der Hum 186
Vat-69 113
Vecchia Brandy Ricard 86
Vecchia Riserva 86
Vecchia Romagna 73, 86
Vecchia Romagna Riserva Rare 87
Venetien 71
Venezuela 175
Vermouth 60 ff.
Vermouth de Chambéry 60 f.
Vermouth di Torino 82 ff.
Verpoorten 138
Veterano Osborne 93
Vetter 34 f.
Vielle Réserve 49
Vieux 45, 54
Vieux Kirsch du Righi 29
Vila Nova de Gaia 101
Vincelli, Bernardo 62
Vintage Port 99
Virgin Islands 175
Vuisinâr 73
V.O. 45, 49
V.S. 45, 49
V.S.O. 45
V.S.O.P. 45, 49
V.X.O. 45

Wacholder 119
Wacholder mit Boonekamp 32
Wacholderlutter 31
Walker, Johnnie 113
Walnußlikör 67
Washington, George 10
Weinbrand 18 ff.
Whisky Association 109
Whisky-Trail 106
White Port 99
Wiesmoor 23
Wild Turkey 164, 167
Wild Turkey Liqueur 171
Williams & Humbert 96
Winter Apfel 17
Wippermann 31 f.
Wirkkala, Tapio 131
Wodka 33, 88, 103, 156 ff., 170
Wodka Gorbatschow 33
Wood Ports 101
Wurzelechter 88
Wyborowa 158

X.O. 45, 49, 54
Xoxolatl 181

Yamazaki 185
Yeni-Raki 153
Yubileynaja 159

Zeer Oude Genever 135
Zibärtle 27
Ziegler 28
Ziegler No.1 27
Zoca 103
Zyntnia 157, 159

Bildnachweis

Dank gebührt allen Institutionen, Unternehmen und Personen, die bei der Erarbeitung dieses Buches mit Informationen und Bildmaterialien geholfen haben.

Weitere Abbildungen: Armin Faber & Thomas Pothmann, Düsseldorf
Bavaria, Düsseldorf
Werner Otto, Oberhausen
Zefa, Düsseldorf